新股民K线入门一本通

老金◎主编

中国纺织出版社

内 容 提 要

本书对K线的各部分内容进行了全面系统的阐述。在内容编排上由浅入深、循序渐进，以求更具逻辑性。本书不但讲述了K线的基础知识，更侧重于利用K线形态的赚钱方法与技巧。这样既可以使投资者对K线有一个全面的了解，又可以使投资者学会用K线对股市的实时发展进行综合研判。

本书力求在全面、系统、深刻的同时，尽可能地简明实用、通俗易懂。本书既可以成为广大新入市投资者的知识引导，又可以成为投资者实践的有益参考。

图书在版编目（CIP）数据

新股民K线入门一本通 / 老金主编. —北京：中国纺织出版社，2015.8

ISBN 978-7-5180-1790-4

Ⅰ. ①新… Ⅱ. ①老… Ⅲ. ①股票投资—基本知识 Ⅳ. ①F830.91

中国版本图书馆CIP数据核字（2015）第151852号

编委会成员：刘　平　刘跃娟　许继国　宋莉娟　刘明涛
张　林　马军红　潘丽丽　李宝久　张志宏
杨成刚　周　丽　邹保东　侯忠义

策划编辑：曹炳镝　　责任印制：储志伟

中国纺织出版社出版发行
地址：北京市朝阳区百子湾东里A407号楼　邮政编码：100124
销售电话：010—67004422　　传真：010—87155801
http: //www.c-textilep.com
E-mail: faxing@c-textilep.com
中国纺织出版社天猫旗舰店
官方微博 http: //weibo.com/2119887771
北京佳诚信缘彩印有限公司印刷　各地新华书店经销
2015年8月第1版第1次印刷
开本：710×1000　1/16　印张：17.5
字数：204千字　定价：35.00元

前言

作为市场经济的一个重要组成部分的股票市场，已经慢慢地走向成熟与规范，从而吸引了越来越多的人入市投资。这样的“股票热”无论是对股市还是对投资者都是有利的，但并不是每一个入市的投资者都能如愿赚到钱。事实上，多数刚入市的投资者对于K线的掌握不是很熟练，也不能体会K线的精髓所在，从而不能将K线的价值在实际操作中体现出来。

本书正是为了适应广大新入市投资者的需要，以K线的基础知识为出发点，重点讲述了K线以及组合的买卖信号，并从趋势、缺口、技术指标等方面阐述了炒股的方法与技巧，为投资者全面把握K线提供了一个较好的平台。本书编写的初衷在于帮助投资者正确认识K线，提高投资者利用K线炒股的意识，提高投资者的炒股技能，为投资者最终取得成功做一点儿实实在在的事情。

在股市中，无论是庄家、大户还是普通投资者，入市的目的只有一个——赚钱。对于普通投资者而言，如果没有用心学习股票方面的知识和把握必要的投资方法与技巧，没有花费一定的时间与精力去研究股市的发展与股票的运行趋势，是不能在变幻莫测的股市中长久立足的。如果股市是大海，那么K线就是投资者乘风破浪的最好工具。为了帮助投资者更加系统地认识K线、更加高效地利用K线炒股赚钱，本书在编排体系上由浅入深，深入剖析，力求帮助投资者成为利用K线炒股的高手。

本书共分为九章。第一章，讲述了K线的基础知识；第二章，重点阐述了单根K线、双根K线、三根K线以及多根K线的形态及其含义；第三章，详细地讲述了K线的基础形态，包括K线的底部形态、顶部形态以及整理形态等；第四章，阐述了K线趋势的实战技巧，包括趋势的分类、成交量与股价趋势的关系、趋势线的运用以及新股的量价趋势等；第五章，讲解了如何利用K线缺口淘金，着重讲述了不同K线缺口带来的买卖时机；第六章，阐述了常见技术指标的买卖策略；第七章与第八章，着重讲解了K线的经典买卖信号，主要包括通过移动平均线寻找买卖信号、通过趋势线寻找买卖信号以及通过量价关系寻找买卖信号等；第九章，阐述了主力的坐庄过程、主力持仓量的判断方法以及主力常见的陷阱等。

本书的主要特色可以归纳为以下两点：

◆内容丰富，可读性强。本书以K线的基础知识为出发点，逐步阐述了K线及其经典组合、K线基础形态、K线趋势的实战技巧、K线缺口的赚钱策略、技术指标的买卖技巧、K线的经典买卖信号、主力的坐庄过程等。在内容编排上，本书考虑到新入市投资者掌握K线知识的程度不同，由浅入深，以便于投资者进行选择性阅读。

◆与时俱进，实战性强。本书对目前的股市予以分析，并根据股市的发展填充了新的知识，有利于投资者以最前沿的视角去观察与研判股市。而且，本书中所论述的炒股方法与技巧，都在无数实战案例中得到了验证，有很强的实用性，便于投资者现学现用。

本书在编写过程中，参考借鉴了大量相关文献，在此，向所有相关人士予以深深的感谢和诚挚的祝福。由于编者水平有限，书中难免存在错误与不妥之处，诚请广大读者批评指正。

编者

2014 年 11 月

目录

第一章　追踪溯源：K线的由来与基本分析

第二章　实战宝典：K线与K线组合面面观

第三章 无价之宝：透析股市 K 线的基础形态

第四章 炒股妙计：K 线趋势的实战技巧

第五章 赚钱锦囊：利用 K 线缺口淘金

第六章 明镜可鉴：实用 K 线制胜技术指标

第九章 笑傲股市：揭开主力神秘的面纱

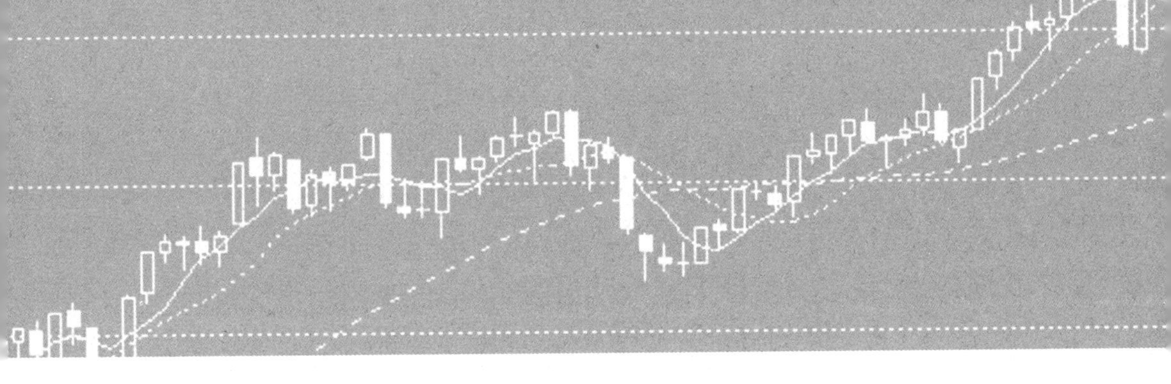

第一章

追踪溯源：K 线的由来与基本分析

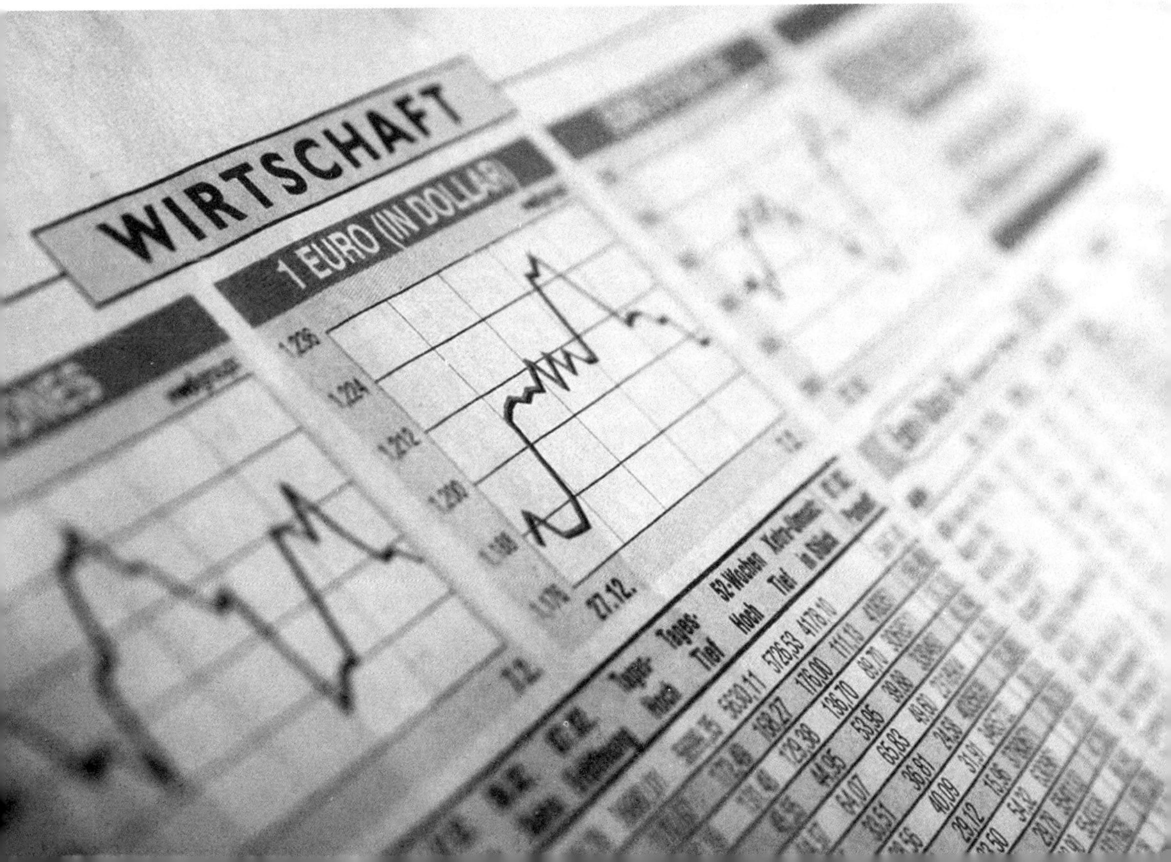

第一节 K 线起源

投资者进入股市后，首先接触的就是 K 线。投资者通过 K 线图可以直观清晰地看到股价的运行轨迹。而且，K 线不仅仅是对历史走势的反映，它更蕴含了丰富的市场信息。因此，投资者需要对 K 线的发展历史有一定的了解。

K 线图这种图表来源于日本德川幕府时代，被当时日本米市的商人用来记录米市的行情与价格波动。当时日本粮食市场上有一位叫本间宗久的商人，为了能够预测米价的涨跌，他每天仔细地观察市场米价的变化情况，以此来分析预测市场米价的涨跌规律，并将米价波动用图形记录下来，这种图形就是 K 线图最初的雏形，故 K 线又称日本线或酒田线（也称酒井线）。而且，日本最早的期货交易理论书籍就是本间宗久所著述的《黄金泉》。他说："当每个人都看空行情时，正酝酿价格上涨的契机；每个人都看多行情时，则构成价格下跌的原因。"这句话就是现在所谓的"反向思维理论"。《黄金泉》强调，阴线与阳线会不断地轮替。所以，阴中有阳，阳中有阴。当某个事件或消息发生时，如果投资者想建立头寸，应该判断市场对该事件的反应，不应该根据消息本身作判断。

1990 年，美国人史蒂夫·尼森以《阴线阳线》一书向西方理想论坛引进"日本 K 线图"，第一次向西方金融界展示了日本长期以来具有强大生命力的 4 种技术分析手段，破解了日本金融界投资人的秘密，展示了蜡烛图、三线反转图、砖块图、折线图的魅力。此书一经问世，立即引起轰动，史蒂夫·尼森因此也被西方理想论坛誉为"K 线之父"。

需要说明的一点是，在日本，"K"并不是写成"K"字，而是写作"罫"（日本音读 kei），K 线是"罫线"的读音，K 线图称为"罫线"，西方以英文第一个字母“K”直译为K线，由此发展而来。

事实上，这种图表分析法在我国以至整个东南亚地区均尤为流行。由于用这种方法绘制出来的图表形状颇似一根根蜡烛，加上这些蜡烛有黑白之分，因而也叫阴阳线图表。通过K线图，投资者能够把每日或某一周期的市况表现完全记录下来，股价经过一段时间的波动后，在图中即形成一种特殊区域或形态，不同的形态显示出不同的意义。投资者可以从这些形态的变化中摸索出一些有规律的东西出来。

K线解析

K线这一测市工具已在世界各地得到了广泛的应用，它在股市上发挥了奇妙的作用。实际上，就目前的多数股市来讲，几乎所有的股票计算机分析软件都采用K线来记录一周、一月、一年或数年的股票历史价格走势。

第二节　K线概要

所谓K线图，又被称为蜡烛图，是以每个交易日（或每个分析周期）的开盘价、最高价、最低价和收盘价绘制而成的。K线的结构可分为上影线、下影线及中间实体三部分（图1-1）。

从K线图中可以看出，K线是一条柱状的线条，由影线和实体组成。中间的矩形称为实体，影线在实体上方的细线叫上影线，在实体下方的细线叫下影线。就实体而言，又可以分为阳线和阴线。一般情况下，当收盘价高于开盘价，也就是股价走势呈上升趋势时，称这种情况下的K线为阳线，中部的实体以空白或红色表示。此时，上影线的长度表示最高价和收盘价之间的价差；实体的长短代表收盘价与开盘价之间的价差；下影线的长度则代表开盘价和最低价之间的价差。反之，当收盘价低于开盘价，也就是股价走势呈下降趋势时，这种情况下的 K 线为阴线，中部的实体为黑色。此时，上影线的长度表示最高价和开盘价之间的价差；实体的长短代表开盘价比收盘价高出的幅度；下影线的长度则由收盘价和最低价之间的价差大小所决定。

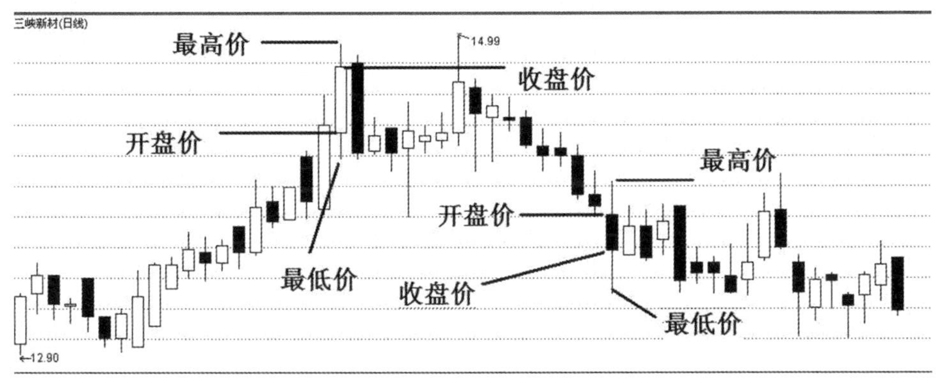

图 1–1 K 线图

为了更好地把握 K 线，投资者还需要对开盘价、最高价、最低价、收盘价有进一步的了解。

一、开盘价

所谓开盘价，也可以称为开市价，是指某种证券在证券交易所每个交易日开市后的第一笔买卖的成交价格。世界上大多数证券交易所都采用成交额最大原则来确定开盘价。如果开市后一段时间内（通常为半小时）某种证券没有买卖或没有成交，则取前一日的收盘价作为当日该证券的开盘价；如果某证券连续数日未成交，则由证券交易所的场内中介经纪人根据客户对该证券买卖委托的价格走势提出指导价，促使其成交后作为该证券的开盘价；在无形化交易市场中，如果某种证券连续数日未成交，以前一日的收盘价作为它的开盘价。

事实上，开盘价是买卖双方当日较量的第一个回合，双方是经过一夜的深思熟虑后作出的决策，开盘价代表买卖双方当天所坚持的立场。开盘时要看是高开还是低开，它表示市场的意愿，是投资者期待当天股价上涨还是下跌的一种表现，对当天的个股行情运行趋势有一定的影响。对于投资者而言，通过分析开盘价的位置，可以预计当日股价运行趋势，以择机买入或卖出。

二、最高价

所谓最高价，是指股票在每个交易日从开市到收市的交易过程中所产生的最高价格。如果当日股票成交价格没有发生变化，最高价就是即时价；若当日股票停牌，则最高价就是前日的收市价。

三、最低价

所谓最低价，也称为低值，是指股票当日所成交的价格中的最低价位。有时最低价只有一笔交易，有时不止一笔交易。

四、收盘价

所谓收盘价，是指股票一天交易活动结束前最后一笔交易的成交价格。如当日没有成交，则采用最近一次的成交价格作为收盘价，因为收盘价是当日行情的标准，又是下一个交易日开盘价的依据，可据以预测未来证券市场的行情；所以投资者在对行情进行分析时，一般采用收盘价作为计算依据。事实上，目前沪深股市的收盘价并不完全是最后一笔交易的成交价格，而是一个加权平均价，也叫已调整收盘价。

作为一种重要的价格表现，收盘价的高低是市场投资者特别是短线投资者必须重视的一个技术数值。当然，在考虑收盘价格的作用时要结合其他的价格表现，包括开盘价、最高价和最低价，有时候还要结合成交的情况来进行综合分析和判断。

阳线、阴线与投资者通常讲的涨跌有所不同。通常来讲，投资者讲的涨跌是指当日收盘价与上个交易日收盘价之间的比较。当 K 线为阳线时，并不意味着股价比前一天涨了，只是表示当天的收盘价高于当天的开盘价。例如某支股票前一个交易日收盘价为 20 元，当日开盘价、最高价、最低价和收盘价分别为 22 元、23 元、20 元、21 元，则该支股票比前一个交易日涨了 1 元，K 线图却为一个上影线长度 1 元，下影线长度 1 元，实体为 1 元的阴线。

第三节 K 线的实战意义

在股市中，K 线技术分析是投资中的基础技术，也是核心技术。它的作用既展示了它在金融市场中的显赫地位，又反映出它在技术分析中是无可替代的王者。K 线技术分析之所以是基础技术，是因为股市技术分析中绝大部分技术指标都源于 K 线，都是以 K 线为基础进行设计的；K 线技术分析之所以是核心技术，是因为如果投资者懂得 K 线技术分析的实战精髓，就意味着投资者已经进入技术分析的高层次境界，已经可以做到运用 K 线技术分析于实战交易中轻松获利，如此就能取得投资上的巨大成功。

事实上，既然多数图形的构成都是由 K 线演绎而来的，那么投资者操作的关键在于剔除杂音、找到资金态度转化和强弱酝酿过程中的核心 K 线。这种方法的核心在于简化，认识到它蕴含着决定未来图形的某些重要信息和逻辑值，通过对它的理解和逻辑阐述，投资者就可以及时发现机遇，并将风险限定在一个范围内。

在实战中，不同的人看 K 线会产生不同的“看法”，因此同样一张 K 线图摆在众多投资者面前，便会被“分析”出众多不同的结果。也正是这样的结果才使得股票市场的博弈更为激烈，也更能吸引众多投资者介入。实际上，K线经常具有形似而神不似的情况发生，即“历史并不会简单地重演”。也正是如此，简单的“阴、阳、十字星”三种K线形态便“画”出了百年来华尔街不尽重复的历史走势，并且也将继续演绎更长久的无法重复的未来行情。

就目前的股市来看，投资者可以选择的技术分析工具越来越多。但是，投资者需要牢记一点，那就是K线才是一切技术分析的基础，是市场资金充分博弈的结果。研究不断变化的K线，才是技术分析的重点。

K线解析

K线的解读已日趋复杂，因为随着投资群体的进步与投资资金的增长，市场上短期的K线往往被操控而存在“陷阱”。因此，投资者需要用相对性的原则和技术分析的手段来进行过滤，相对性的原则包括数量化的衡量标准和分析工作，这样才能提高分析与操作成功的概率。倘若没有了K线图，投资依旧是投资，路途仍然曲折，其他方法依旧可以使用。但在面对投资者身处的投资现实环境时，对K线的思考却不能忽略，因为在某种程度上它是实际投资的起点之一。

第四节　不同周期K线图的分析

一、分钟K线图

在股市中，有一种观点，认为炒股看分钟K线图没有意义，这种观点是不对的，不会炒股的人才会说1分钟K线走势图没用。实际上，恰恰就是从这1分钟K线走势图中，投资者可以看出半个小时以上的走势，可以从全天盘面里知道拐点在哪里，也就能够做到逃在最高区间，抄底在最低区间。客观来讲，普通投资者无法拥有机构投资者那种信息、资金和技术优势，但可以通过其他途径捕捉各种信息。投资者若想做到这一点，就一定得重视分钟 K 线图的作用。

（一）1 分钟 K 线图

对于投资者特别是短线操作者来讲，应该重视 1 分钟 K 线图，但是并不是所有的股票都能通过 1 分钟 K 线图看出名堂来，比如一些小盘股，盘子较轻，很容易上蹿下跳。仅用 1 分钟 K 线图分析其上证指数，很难研判大盘当日的高低点（图 1-2）。

所有的技术分析都是试图通过技术找到一些前兆，而投资者使用 1 分钟 K 线图的主要目的是寻找大盘在一日内的止跌和滞涨前兆。众所周知，上涨是一个持续的过程，在日线里连收五个阳线一般要面临回调，可能一个缩量阴线之后又会继续上涨，但在 1 分钟 K 线图里则不然，上涨和下跌都是一连串的阳线和阴线，当连续一段阳线后的第一个阴线出现，意味着将会有一连串的阴线，当这根线为十字星，且第二个根也变色的话，可以确定盘中的小调整开始了。实际上，从上涨形态上讲，圆弧顶在 1 分钟 K 线图里是比较常见的。

图 1-2 上证指数 1 分钟 K 线图

（二）5分钟K线图

在大盘走势不明朗的时候，个股买点与卖点不好掌握。下面为大家介绍一种利用5分钟K线图把握买卖点的方法。5分钟K线图可以在K线走势图里进行转换，其方法是在日K线走势图的状态下，连续按F8键，就可以转换到5分钟K线图（图1-3）。

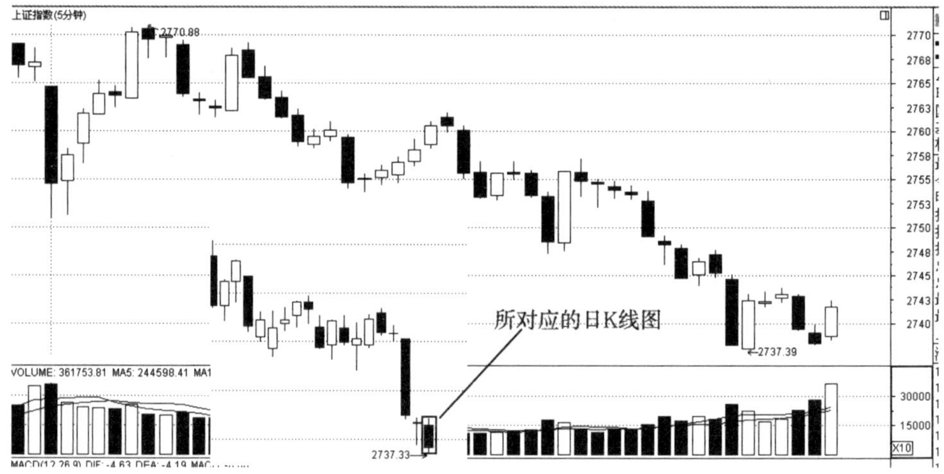

图1-3 上证指数5分钟K线图

当5分钟K线图的均线系统刚刚开始向下发散，均线系统呈空头排列并形成死叉时，是短线卖出的时机。如果投资者做超短线操作的话，看到这种走势就可以卖出股票了。

当看到股价下跌到一定阶段后，均线有走平的迹象，做超短线操作的话，就可以关注均线下一步的走势。如果K线在此处止跌，就可以少量做多，但前提是成交量要配合其放大。

当K线走平止跌，均线系统向上形成金叉后，可以把此点看作是第一买入点，并少量做多。当短期均线向上穿过长期均线时，说明股价有反转的迹象，如果K线3次突破均线并有效站稳的话，可以将K线出现向上跳空的缺口处作为第二买点。这里要注意一点，如果出现跳空缺口，一般来说缺口都是要回补的，所以看到股价上涨过快时，短线操作者千万不要追涨，只要有缺口存在，就有回补缺口的可能，这时可以在缺口处挂买单等候买进。

需要说明的是，这种操作技术只适合短线操作者，不适合中长线的操作者。这个方法也可以作为炒作权证的依据。

（三）15 分钟 K 线图

一般而言，投资者利用 15 分钟 K 线图进行操作，其所发挥的主要作用就是在大环境充满变数的情况下，加深对自己熟悉的个股的感觉，并且通过小波段的操作，牢牢抓住该股，赚取小差价，以减少自己在该股上长期持有时所产生的成本（图 1-4）。

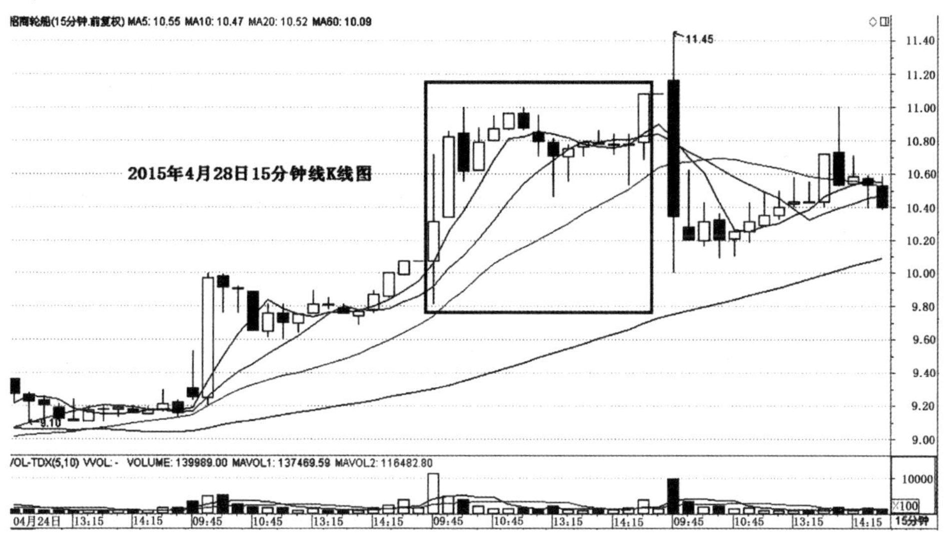

图 1-4 招商轮船 15 分钟 K 线图

在实际操作中，投资者可以借助均线，即在 15 分钟 K 线图上设置一根 21 天均线及一根 5 天均线，当 5 天上穿 21 天均线时，买入；一般情况下，看到 5 天均线下穿 21 天均线时要果断离场。特殊情况下，如该股的日线 KDJ 的 J 值出现 100 时，当股价小于 5 日均线时就可以考虑卖出。需要指出的是，利用 15 分钟 K 线图进行操作的时候，有几个方面值得投资者重视：适合用总资金的小部分操作，适合在大盘不稳定的时候进行操作，严格执行止损纪律。

另外，投资者也可以利用15分钟K线图捕捉最佳买卖时机。具体来讲，打开15分钟K线图，将移动均线分别设置为10日、30日、60日均线。那么股价从空头排列上穿并站稳在60日均线上方，等待10日、30日均线的金叉，股价突破60日均线后，有一部分投资者会选择解套抛压获利了结，那么股价会再次回落到60日均线上，若受到强支撑的话，说明庄家不想再让股价下跌，就在再次突破这个价位时，下方的成交量明显突破前期的量能时，说明庄家开始拉升，这个价位就是最佳的买入点。有买入肯定存在卖出，最佳的卖出点是股价跌破15分钟K线图上的60日均线时。

（四）30分钟K线图

在实战中，30分钟K线图孕育着短线炒作的机会。将股价移动平均线分别设置为20日、120日和250日均线，参考的技术指标为MACD。这样做的目的是为了观察系统中个股目前在时间和空间上所处的价位。实际上，比较20日、120日和250日均线主要是为了了解长短相结合的趋势化含义。换言之，利用30分钟K线图进行短线的操作，实际上做参考的却是长周期的均线以及中长期的技术指标。因为只有这样才能确保将买入价位的风险性降到最低，同时能在时间上占有绝对的优势（图1–5）。

图1–5 吉视传媒30分钟K线图

通常情况下，在 30 分钟 K 线图里，当股价经过调整或者上穿并且站稳于长期均线 20 日均线时或者是出现横盘小幅震荡的期间，短线投资者都可以积极介入，通常获利都会比较多；MACD 技术指标从低位产生两次金叉，处于零轴平衡状态，可看作是股价启动拉升前的蓄势，此时的买点往往具有趋势性的指导意义。

（五）60 分钟 K 线图

一般来讲，如果在 60 分钟 K 线图上（图 1-6），出现剧烈震荡的异动或者盘中上行能量不足的情况，那么在此前提下，如果某日出现下面三种情况中的一种，甚至是三种情况中的任意两种复合情况（下跌的可能性几乎是百分之百），必须果断出局：第一，当某小时上涨阳量小于下跌阴量，同时随后出现的下跌阴量仍然在放大时，显示多空力量开始转化，空方占优，同时价格跌破 5 单位均线，指标在技术高位出现死叉；第二，某小时下破 5 单位均线后，两个小时都被均线压制，无法站回均线，5 单位均线向下拐头，结合指标的技术位置，为卖点；第三，突然没有任何征兆的下跌，技术指标快速下滑至 20 以下超卖区，只能耐心等待其技术反抽，在指标重新反抽到技术高位时。同理，如果第一个卖点与第二个卖点出现的时候，若股价已下滑到重要均线支撑位或者指标下滑到超卖区，可等待其进行技术反抽。

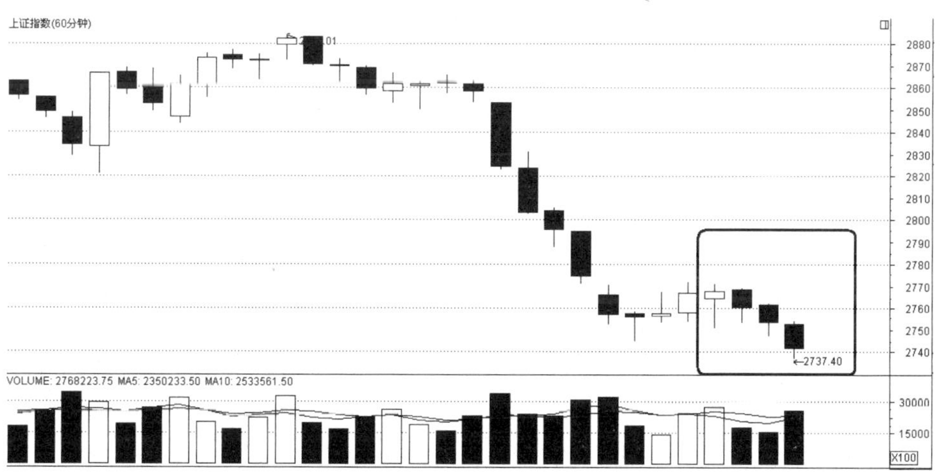

图 1-6　上证指数 60 分钟 K 线图

二、日K线

所谓日K线，是将每天的K线按时间顺序排列在一起，反映该股票自上市以来每天的价格变动情况的K线图。从日K线的概念可以看出，日K线以交易日为单位，适合短线投资者使用。若投资者需要研究中期行情，应借助周K线、月K线甚至是年K线。

在实际操作中，如果投资者好好利用日K线，可以及时领悟庄家的意图。具体来讲，体现在以下几点：第一，庄股经过耐心吸纳后，某些庄家为了吸引跟风者，会制造类似大阳线突破长时间平台的图像，这些股票为庄家绝对控盘或有重大题材支撑；第二，股价缓慢爬升，有的日K线连拉小阳线，有的日K线阴阳相间，从图表上看形态非常漂亮，但涨幅并不大，使投资者有介入的冲动；第三，有些个股经过第一阶段的上涨后，其股价远离庄家成本区域，而且市场的认可度也降低，虽然股价持续创新高，但追涨者较少，使其交易清淡，逐渐成为冷门股。其实这些股票仍在庄家手中，庄家只是在等待大盘的时机或公司的机遇，股价在高位经过一段时间的运行后，成交量萎缩到了极少，如果突然出现放量或异动，此时可以果断跟进。需要指出的一点是，对于这种庄家强控盘的股票，第一波行情往往难以把握，但经过调整后，可从日K线上看出庄家是否已出货，如果在调整过程中成交量没有明显放大，说明庄家仍在场内，一旦重新启动可果断介入。

三、周K线

所谓周K线，指以股市周一的开盘价、周五的收盘价、全周最高价和全周最低价来画的K线图，反映的是一周多空双方力量的博弈结果（图1–7）。

不少投资者都比较重视对日K线图的分析，但对于周K线，在短线的操作中却常常并不十分留意。其实日K线是对一个交易日的记录，由于其变化太快，极易出现技术性陷阱。而周K线反映的是一周的交易状况，短期K线上出现的较大波动在周K线上一般都会被过滤或烫平。因此，如果能够将日K线的分析和周K线的分析相结合，对操作指导的效果会更好。另外，投资者需要明白：周 K 线与日 K 线有本质的区别，不能将周 K 线当日 K 线来分析，把日 K 线的那一套拿过来分析周 K 线。周 K 线图与日 K 线图的本质区别在日 K 线反映的是一天的股价，周 K 线图反映的是一周的股价，投资者要学会习惯用周 K 线的概念来研究周 K 线图。

图 1–7　上证指数周 K 线图

对于买卖时机的把握，投资者首先要分析周 K 线是否安全，再分析日 K 线的组合和量价关系配合是否合理，然后才能在适当的时机选择具体的操作。一般而言，将两者结合起来分析，在操作时可以避免很多失误。如果仅仅依靠日 K 线的组合来判断中线的操作方向，难免会面临较多不确定性风险，同时容易形成追涨杀跌的习惯，在强势行情中往往会过早抛掉手中获利的筹码，在弱势行情中又由于反弹力度时强时弱难以掌握，很容易被套。

需要强调的是，对周 K 线的分析在应用一般 K 线分析的基础上，还应该注意以下几点：

1. 周 K 线在连续出现阴线而超跌时，若出现两根以上的周 K 线组合表明有止跌的迹象，表明其后可能会有力度较大的反弹或反转行情出现。此时，投资者不必急于卖出，可以持股观察一段时间。

2. 在连续的下跌行情中，对周 K 线而言，要等到较长的下影线和成交量极度萎缩同时出现时，才能决定是否入场操作。

3. 如果周K线在连续上涨之后出现了较长的上影线，同时成交量也明显放大，表明行情即将进入调整，为卖出信号。

4. 如果大盘下跌后出现转暖的迹象，在有理由认为反弹不会演变成为反转的情况下，周K线若出现了实体较大的光头光脚的大阳线，应视为见顶回落的信号。

此外，由于周K线的时间跨度远远大于日K线，在出现同样的K线组合的情况下，周K线所预示的买卖信号的可信度要远高于日K线。在实战中，如果投资者能把对周K线的分析和其间的股价形态分析结合起来，效果更佳。

四、月K线

月K线是基于本月内的所有日K线作出的，月K线的开盘价是本月第一根K线的开盘价，月K线的收盘价是本月最后一根K线的收盘价，月K线的最高价是本月所有日K线的最高价中的最高价，月K线的最低价是本月所有日K线的最低价中的最低价。

一般而言，在研究大趋势时，投资者一定要以月K线为主，周K线与日K线为辅的做法。因为月K线在年、季度、周、日K线之间，对于研判中长期趋势还是比较可靠的。而且，月K线中的现象有一定的规律可循。比如，月K线图中出现五连阴、塔形底K线组合，则表示短期或中长期底部到了，此时积极做多，获利机会更大；月K线图中出现巨阳线，K线上带有长上影线，表示短期或中长期顶部到了，此时积极做空可以规避大的风险。

通常来讲，如果月K线出现股价下跌趋势末期时，再配合大成交量，表示股价可能反弹回升；若月K线出现股价上涨趋势末期或高位盘整期时，再配合大成交量，表示庄家可能盘中卖盘尾拉，应注意卖出时机；出现极长上影线时，表示卖压大。因此若月K线出现股价上涨趋势的末期时，再配合大成交量，表示股价可能一时难以突破现状，将陷入盘整，甚至是回跌。另外，十字线可视为反转信号，若月 K 线出现股价高位时，且次日收盘价低于当日收盘价，表示卖方力道较强，股价可能回跌；若月 K 线出现股价低位时，且次日收盘价高于当日收盘价，表示买方力道较强，股价可能上扬。

在实战中，一个善于跟庄，善于追寻黑马踪迹的投资者，完全可以从月 K 线捕捉黑马股。实际上，利用月 K 线寻找黑马股的方式很简单。通常情况下，月 K 线的均线形成黄金交叉时，便是个中长线黑马股初步产生的最佳时机，此时果断买入，以中长线投资的心态持股不放，其收益必定十分可观。

需要说明的是，月 K 线无论是向上或向下运动，只要触及关键点位，多空双方必有激烈的争夺，一次性决定结果的情况是很少出现的，这就要求投资者当股指首次触及关键点位时要有逆向操作思维。比如当股指往上走的时候，第一次突破年线等关键点位时，就可以大胆做空；反之，当往下走的时候，第一次穿破年线或第一次击破上升趋势线等关键点位时，就可以大胆做多。但是必须注意的是，这里说的是第一次，当第一次出现这种情况时，采取逆向操作是相当有把握的，但次数一多则就另当别论了，即当市场下跌时就顺势做空，否则就做多。也就是说，就不能采取逆向思维的方法了，应顺势操作。

K 线解析

事实上，不同周期的 K 线应以目标周期为基础，周期长的最接近现实情况，但是实用性却不佳；周期短的太过灵活而让人难以相信，综合地运用各个周期的优点会让 K 线的应用显得更为合理。对于投资者来讲，最重要的一点是每天思考可能出现的情况，并采取有针对性的策略，以便以 K 线为基础作出决定。

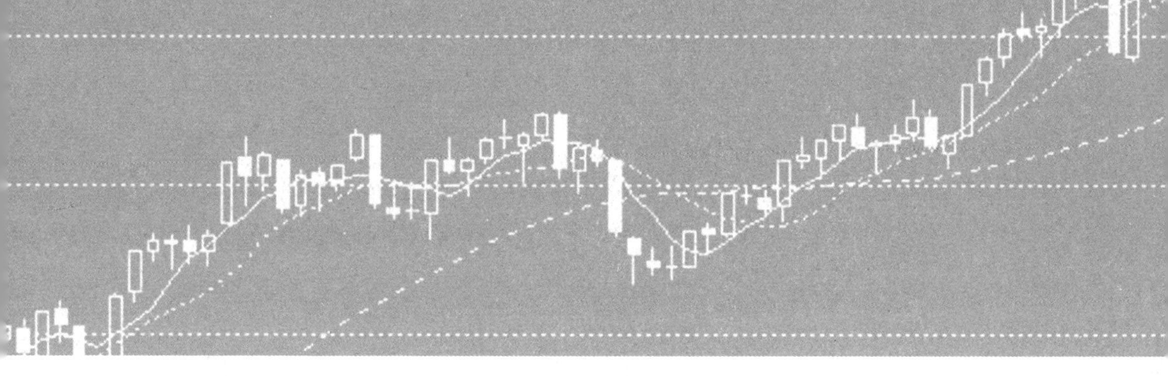

第二章

实战宝典：K 线与 K 线组合面面观

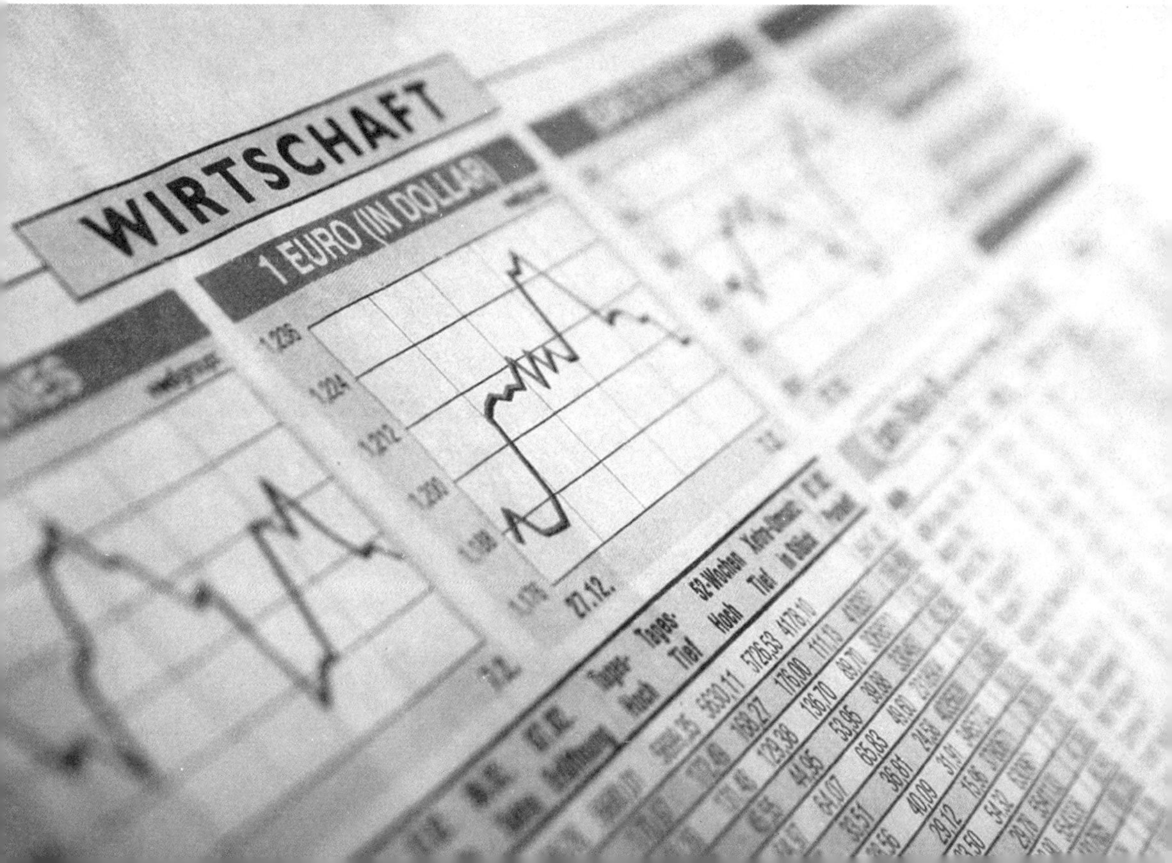

第一节　解析单K线

一、单一K线

单一K线分阳K线和阴K线。阳K线即收盘价高于开盘价的K线；阴K线即收盘价低于开盘价的K线（图2-1）。

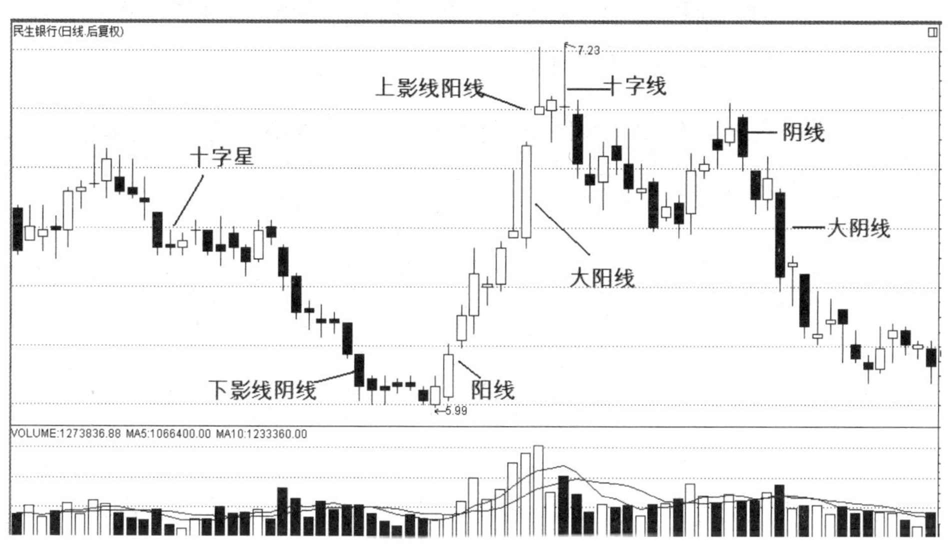

图2-1　阴阳K线的种类

（一）小阳星与小阴星

小阳星的技术特征是，全日股价波动很小，开盘价与收盘价极其接近，收盘价略高于开盘价（图2-2）。小阳星的出现，表明行情正处于混乱不明的阶段，后市的涨跌无法预测，此时要根据其前期K线组合的形状以及当前所处的价位进行综合判断。

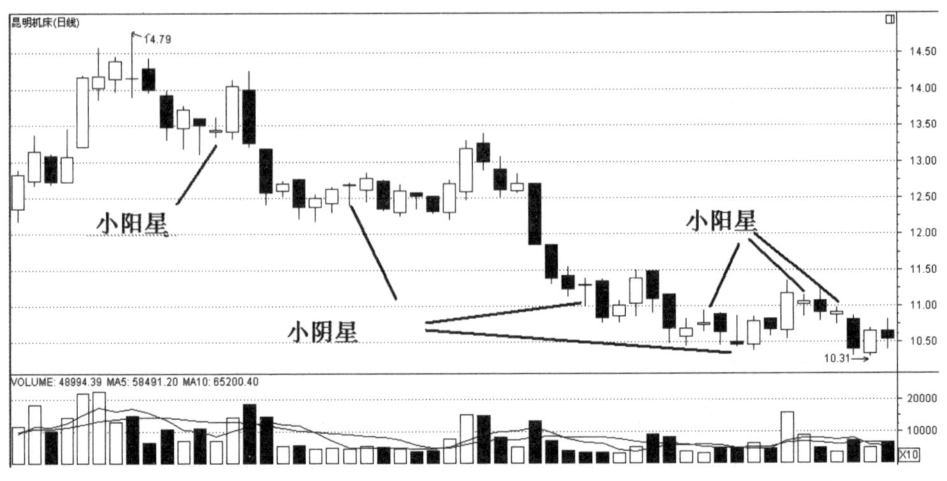

图 2-2 小阳星和小阴星

小阴星的分时走势图与小阳星相似，只是收盘价格略低于开盘价格，其表明行情疲软，发展方向不明（图 2-2）。

（二）小阳线与小阴线

小阳线与小阴线是指开盘价与收盘价相差不大，K 线实体比较短，并带有较短的上下影线，没有上下影线的称为光头光脚小阳线与光头光脚小阴线。

小阳线的波动范围较小阳星增大些，多头稍占上风，但上攻乏力，表明行情发展扑朔迷离（图 2-3）。

小阴线表示空方呈打压态势，但力度不大，若出现在大阳线之后，代表着空方力量薄弱，后市涨势可以确定（图 2-3）。

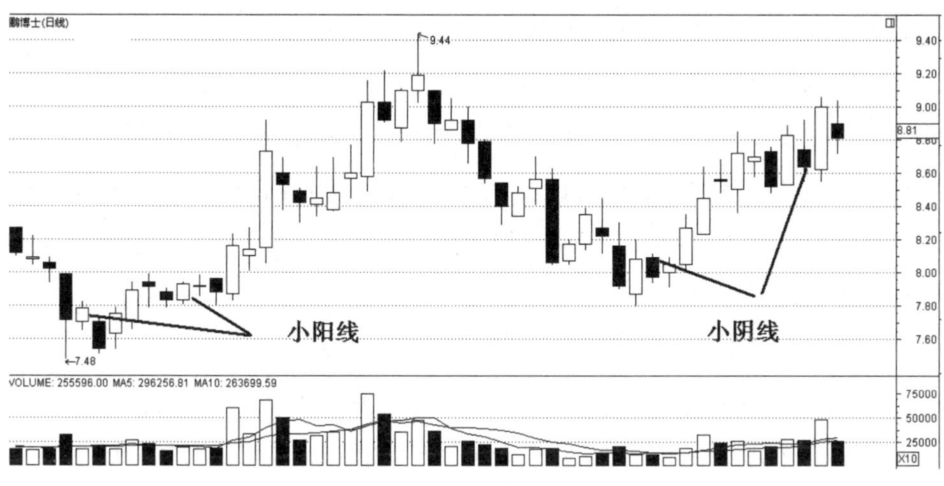

图 2-3 小阳线和小阴线

（三）中阳线与中阴线

比小阳线与小阴线的实体再放大些的是中阳线与中阴线，其开盘价与收盘价的波动范围更大（图 2-4）。

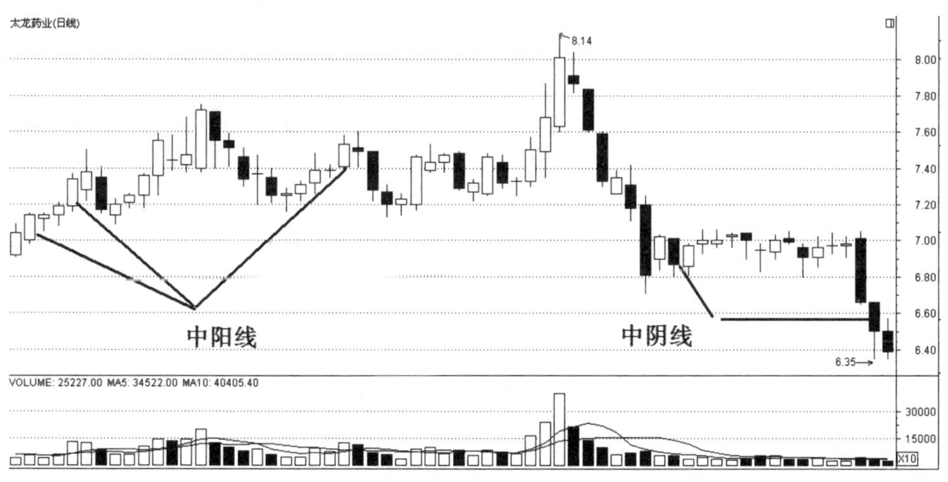

图 2-4 中阳线和中阴线

中阳线在上升行情中出现，则意味着行情向上攀升；在下跌行情中出现，则意味着股价向上反弹；如果中阳线是靠全天盘中不断振荡走高的走势形成的，往往预示次日该股仍然有良好的发展趋势；如果中阳线是靠尾盘突然拉升形成的，投资者需要提防次日容易出现回调走势。

中阴线在上升行情中出现，则意味着行情向下回档；中阴线在下跌行情中出现，则意味着行情向下深跌；如果中阴线是在全天盘中不断震荡走低的走势中形成的，往往预示着次日股价仍然有继续下跌的趋势；如果中阴线是因为尾盘突然跳水形成的，而在二级市场价格并不高时，则须注意次日容易出现股价回升走势。

（四）大阳线与大阴线

大阳线与大阴线的K线实体较中阳线与中阴线更长。

较低价开盘后一路上升，并以全天较高价收盘，就可以有较短的上下影线存在，但在整体感觉上其较短的上下影线可忽略，阳线实体巨大，称为大阳线（图2-5）。

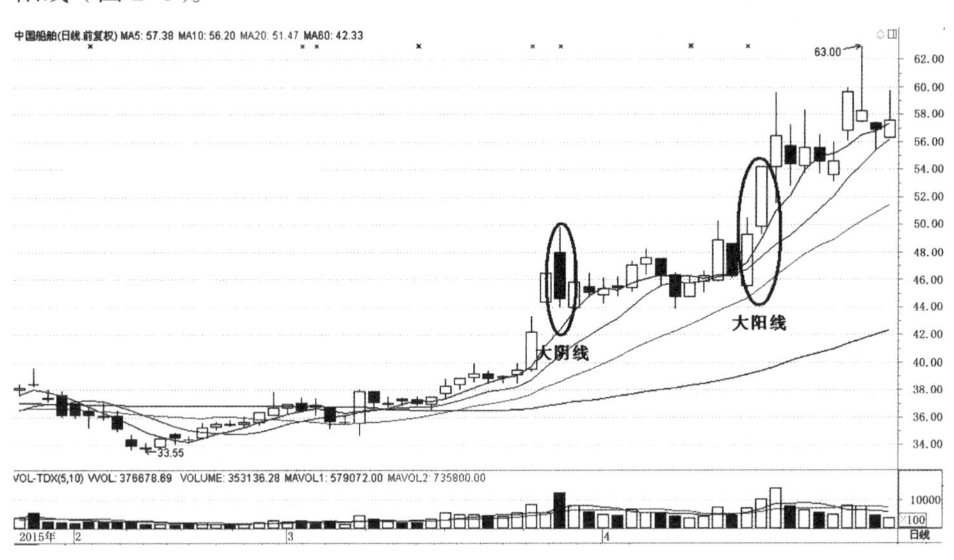

图2-5 大阳线与大阴线

大阳线在技术上表示多方力量强劲，买方占绝对优势，空方毫无抵抗能力，经常出现在脱离底部的初期，或盘整后重新发力启动，如果伴随成交量的有效放大，是一种明确的涨势信号，可择机跟进买入。

以较高价开盘后一路下跌，并以全天较低价收盘，可以有较短的上下影线，阴线实体巨大，称为大阴线。大阴线在技术图线上表示空方力量强劲，卖方占绝对优势，多方毫无还手之力。经常出现在头部开始下跌的初期，或者反弹结束后重新遭到空头打压的过程中。在具体操作中，如果手中持有的个股在上升行情末段出现放量的大阴线，俗称“放量长黑”（图 2-5），那么就应该在收盘前果断地卖出手中所持股票，决不可犹豫不决。

如果在当天收盘前不能卖出所持股票，那么也应该在第二天开盘后一个小时内卖出所持股票，通常开盘后一个小时内，即时走势会略有升高，前一天遭受重创的多头，在开盘后会做垂死挣扎，这时应该坚决卖出，这个“卖点”就是俗称的“逃命的机会”，卖晚了损失会更大。

K 线解析

上述 8 种 K 线都是根据 K 线实体的长短，也就是开盘价与收盘价相差的距离分类的。其中，小阳星与小阴星的 K 线实体波动范围在 1% 以内；小阳线和小阴线的波动范围一般在 1% ～ 3%；中阳线和中阴线的波动范围一般在 3% ～ 5%；大阴线和大阳线的波动范围在 5% 以上。

二、星形 K 线

所谓星形 K 线，是指一些十字星形状的 K 线，实体很短但带上下影线，且与邻近的 K 线实体有一定的距离，从而看上去就像夜晚天空中闪闪发光的星星一样。

“星”的形成是由于股价出现了开盘与收盘价相同或相近的情况，全天股价波动不大的横盘走势。因此，就“星”本身的含义来说，仅仅表示多空双方势均力敌，在股价上差距很小；另外也隐含着多空双方都在观望，等待机会。除此之外并没有其他含义，更不能直接预示股价的未来趋势。但是，势均力敌的现象在不同的走势背景下出现却能够表示非常不同且意义明确的含义。

（一）十字星

在 K 线中，开盘价到收盘价之间的价格段称为实体，价格波动超出实体之外的部分称为影线，实体上下都有较实体长的影线，将其叫作十字星。十字星所反映的情况一般理解为多空双方能量暂时较为平衡，一方未能压倒另一方，所以未做方向选择收阳线或收阴线（图 2-6）。

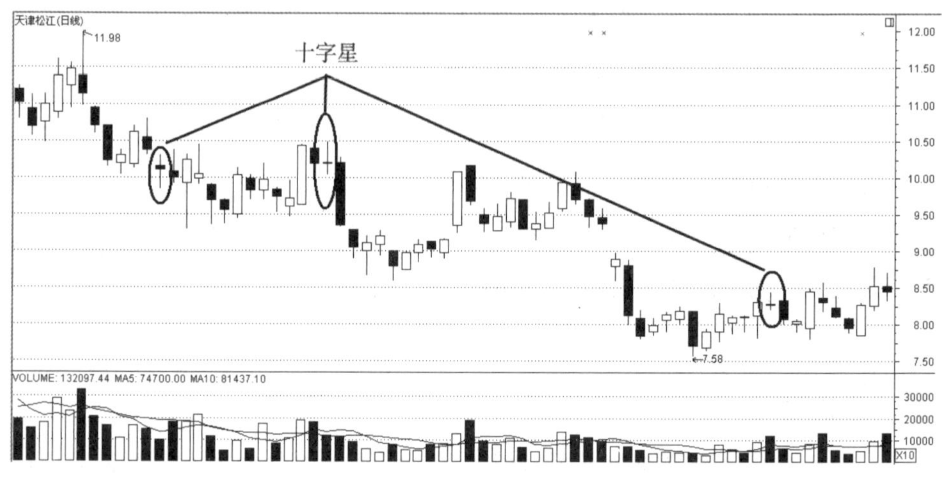

图 2-6 十字星

在实际操作中，股价当日收十字星，证明个股上涨也难，下跌也不易。但在关键点位，其意义就比较重要了。第一，上涨初期跳空“十字星”。中小投资者可在后期逢低积极进入，一是判断跳空缺口是否会被回补；二是看后期是否是放量上涨或缩量整理，以判断其个股后期走势的有效性。第二，上涨中期“十字星”。上涨中期的个股，第一天阳线，第二天收作“十字星”，是庄家资金震荡洗盘的一种手法，故意做出上涨无力的样子，缩量收作“十字星”是其要点。第三，上涨末期“十字星”。一只个股在上涨末期收作“十字星”，一般有见顶嫌疑。第四，盘中“十字星”。一只个股在其股价波动的过程中总出现“十字星”，此时的意义不大，只是庄家资金在震荡洗盘。通过洗盘后，个股如能放量拉升，则可积极参与。

（二）射击之星

一般而言，射击之星的技术形态是一根带长上影线的 K 线，其位置主要出现在某只个股股价攀升的顶部，是一种十分明显的见顶信号（图 2-7）。从出现射击之星技术形态的个股的连续 K 线形态可以看到，当这类个股的股价一直向上攀升，达到了一个相对高的位置时，庄家往往会在顶部做一次加速向上的突破性拉升，但收盘时，股价会回落至较低位，这时的 K 线形态在其顶部出现了一根带长上影线的 K 线。

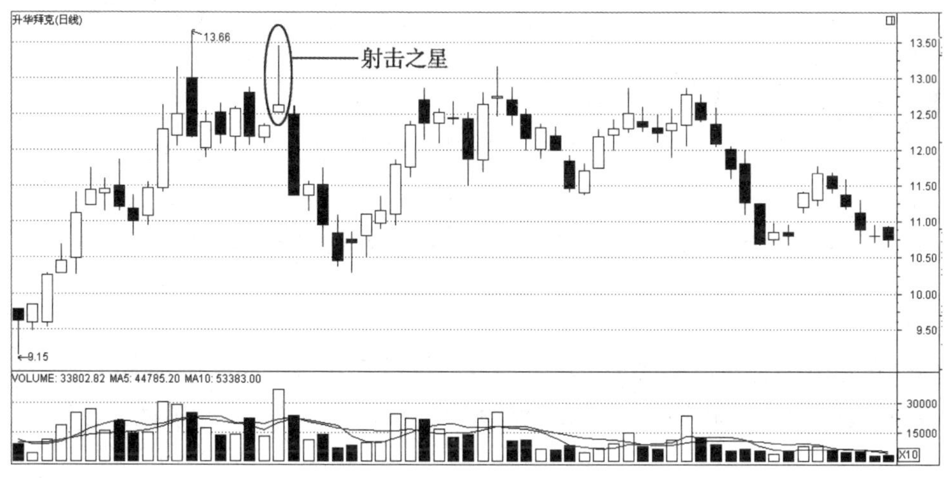

图 2-7 射击之星

实际上，射击之星是该股失去上升动能的表现，是股市庄家出货的常见表现。一般情况下，后市要想突破射击之星造成的高价位，往往需要相当长的一段时间。这种形态出现后需引起股民足够的警觉，比较安全的策略就是先退出观察，以免长时间被套牢在高位。

（三）一字星

所谓一字星，是指个股当天的收盘价、开盘价、最高价和最低价，这四个价位全部相等（图 2-8）。盘中股价没有任何波动起伏，股价被牢牢地封在涨停或压制在跌停的位置。实际上，全天的开盘价、最高价、最低价、收盘价数值都是同一价位的现象，说明市场上极度看好或看空该股，造成其交投十分不活跃，股价无法出现正常的波动。这种星形在早期股市中，由于涨、跌停板的限制范围较小，曾经一度频繁出现。近年来，在高控盘的庄股和问题股的跳水中也屡见不鲜，一些超级牛股也曾经有过类似的走势。

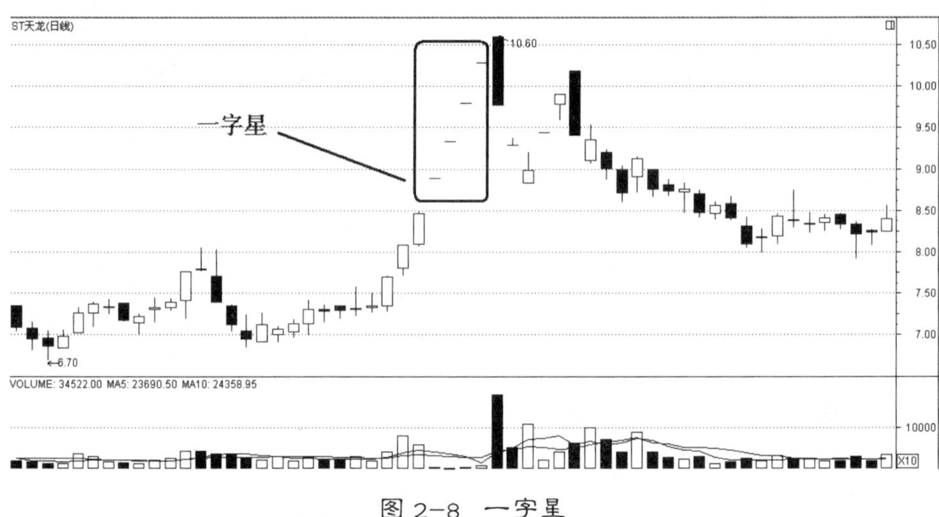

图 2-8 一字星

在实战中，一字星通常可以分为开盘涨停或开盘跌停两种状态。但不论是出现在上涨或下跌时，一字星都是表示股价将继续原有趋势的明显信号。

K 线解析

需要指出的是，在实战中，用小星星来判断大势的反转是很受限制的。这是由于在分析小星星的含义时必须结合大势。例如，必须依据其是处在趋势的末期、中期以及周围的 K 线形态才能够判定，而当各方面条件满足时不但错过了最佳时机，而且投资者往往已经不需要观察星星就可以看明白大势走向了。因此，小星星仅能作为一个辅助手段来判断大势，而不能独立使用。

三、长影 K 线

（一）长上影线 K 线

一般而言，长上影线 K 线在分时走势图上的表现就是尾盘回落，往往次日开盘股价依然走低或者直接低开（图 2-9）。次日股价运行的范围即是当日股价走势的最高点与收盘价之间。长上影线 K 线不能对后市给出明确的指示，也不代表后市股价会下跌，它只能说明当日股价冲至最高点时遇到阻力，空方趁机出货使尾盘走低。

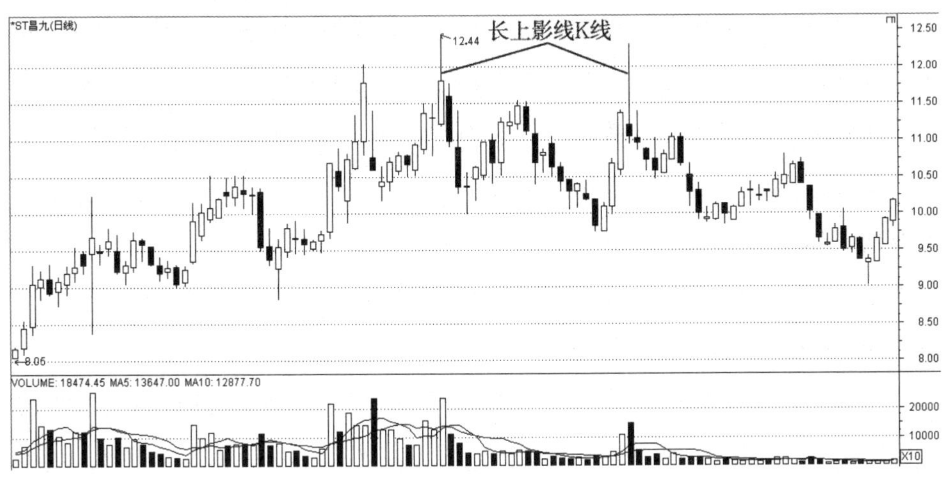

图 2-9 长上影线 K 线

在实际操作中，长上影线 K 线出现的位置不同，其表示的意义也不尽相同。具体来讲，投资者需要把握以下几点：

第一，连续下跌后出现的长上影线 K 线。一般是庄家在建仓之后想拉升个股的股价，不巧的是因为大盘走势不佳造成抛盘过多，结果造成个股收盘呈长上影线 K 线。建议在收出长上影线后，先将其加为自选股进行关注，其需要一段时间来洗盘震荡，当出现放量大阳线突破这根上影线区域时，就证明该股的拉升行情真正开始了。

第二，上涨中期出现的长上影。前期总体涨幅并不是很大，是其主要关键看点。即第二日高开高走或无量低开反涨，并放量突破该上影线。反之，则还将维持反复的区间震荡走势。

第三，上涨末期出现的长上影。庄家要撤退，总会在 K 线图上留下一些痕迹，若某股已有较大的涨幅，某天出现一根带长上影线的 K 线，伴随着较大的成交量，此形态通常为庄家逃跑时来不及销毁的“痕迹”，预示股价短期将见顶，后市极有可能反复下跌。这种 K 线形态为一根 K 线（可为阳线亦可为阴线），带着长长的上影线，同时伴随着较大的成交量，股价往往会在当日反转向下。此形态通常在升势末期出现，股价加速上扬之后出现跳空缺口，当日股价快速拔高之后直线下跌，留下长长的上影线。此时，建议投资者参考 30 分钟的 MACD 和 KDJ 的技术指标，如果这两个指标均出现死叉，那么投资者就需要及时出局；如果周 K 线形成放量长上影线，那就可能形成中长期顶部区域，更要警惕其即将面临的巨大回落风险，及时设好止损位是最好的选择。

第四，阻力位的长上影。处在阻力位的长上影线 K 线，特别是长上影线 K 线为阴线时，次日回调概率最大。

另外，需要强调的一点是，投资者对带长上影线的 K 线应保持高度警觉，特别是大批股票同时出现该形态时，大盘见顶的可能性极大。

（二）长下影线 K 线

一般情况下，产生下影线的原因是多方力量大于空方力量而形成的。开盘后，股价由于空方的打压一度下落，但由于买盘力量旺盛，使股价回升，收于低点之上，产生下影线。带有下影线的 K 线形态，可分为带下影线的阳线、带下影线的阴线和十字星（图 2-10）。要更为精确的判断多空双方力量，还要根据不同的形态作出判断。

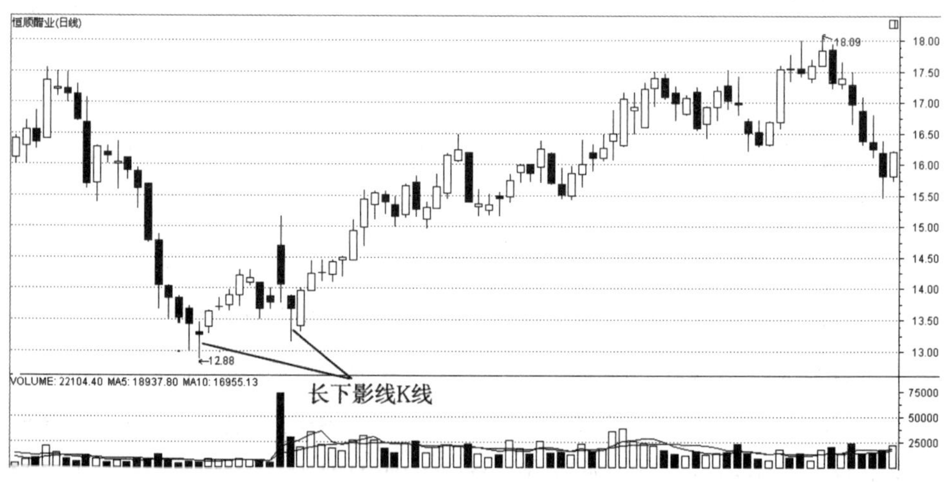

图 2-10 长下影线 K 线

就一根带有很长下影线的K线而言，投资者往往会以为下面有支撑。其实，对于这种K线必须进行区分，如同带长上影线的K线一样，要看K线的相对位置才可以判别。通常来讲，处于相对低位的长下影线称为“定海神针”，是见底的确认信号；而处于相对高位的长下影线称为“空方试探”，是股价即将大幅下跌的确认信号。对于这两种长下影线的识别，一般应把握以下两点：第一，看其所处的位置。如果股价高企，且已露出调整端倪，若出现较长的下影线K线，并不能证明股价已止跌，只说明由于庄家存货尚多，必须制造震荡或稳住股价，以便逐步卖出手中的筹码。所以，这种下影线属于“空方试探”者居多，股价随后还将继续下跌。而止跌性下影线K线所处的位置从大盘的角度来看，若大幅度调整的话，其股指跌幅超过30%，且出现长下影线，则止跌信号较可靠；若是中小幅度的调整，股指跌幅在25% ~ 15%之间，出现较长下影线也可基本认为是止跌信号。第二，看长下影线K线出现后紧跟在其后面的两根K线的组合。一般而言，紧跟的第二根K线可以是小阴小阳，关键是第三根，如果是阳线，则证明带长下影线的K线为止跌性K线；若是阴线且阴线实体较长，则属下探性K线。

在实战中，对于长下影线K线，投资者还需要把握下面几点：第一，在上升通道中（以30日均线是否调头为准），出现长下影线K线，一般后市仍能盘升；第二，在下降通道中或者在股价刚从一个相对高位开始下跌时，出现长下影线K线，且收盘价在5日、10日均线之下，后市仍以做空为主，特别是出现带长下影线的阴线，投资者就要更加坚决离场；第三，在底部横盘较长时间后，出现长下影线阳线，通常后市能有5%左右的升幅；第四，高位除权后整理时间不够的，出现长下影的K线，后市仍以盘整为主；第五，在下跌过程中，遇到重要的支撑位，并出现长下影线K线，仍有一定的升幅；第六，高位横盘后出现长下影线K线，投资者最好避之，若紧接着拉升，应伴随成交量的放大坚决离场；第七，从一个相对高位，股价开始往下跌，虽然30日均线仍然呈现多头排列，但若带长下影线的K线是阴线，且在5日、10日均线之下，后市以盘跌为主；第八，若股价在盘跌时，尾市却被大手笔买盘拉起而出现带长下影线的K线，那么次日仍会下跌。

（三）锤头线K线

锤头线K线的特征为K线实体很小，一般无上影线（即使有，上影线也很短），但下影线长（图2-11）。

图 2-11 锤头线K线

通常情况下，在下跌过程中，尤其是股价大幅下跌后出现锤头线K线，股价转跌为升的可能性较大。这里要注意的是，锤头线K线止跌回升的效果如何，与下列因素有密切关系：锤头线K线实体很小，下影线越长，止跌作用就越明显；股价下跌时间越长、幅度越大，锤头线K线见底信号就越明确；锤头线K线有阳线锤头与阴线锤头之分，其作用与意义相同，但一般来说，阳线锤头线K线的力度要大于阴线锤头线K线。

对于投资者而言，在下跌行情中见到锤头线，激进型的投资者可试探性做多；稳健型的投资者可在锤头线出现后再观察几天，如股价能放量上升，即可跟着做多。此外，如果投资者见到双底呼应要全仓杀入，如果随后成交量急剧放大，特别是出现巨量，同时锤头线K线与前一根K线有跳空缺口应满仓杀入。需要指出的一点是，下影线越长越好。

（四）倒锤头线

所谓倒锤头线，是一根实体很小上影线很长的线形，他有广义和狭义之分，广义的倒锤头线，既可以出现在顶端，也可以出现在底端。狭义的仅指出现在底部的。

出现在顶端的规范的称谓是顶部长上影小 K 线，俗称“射击之星”，表示股价将下跌。出现在底端的被称谓是底部长上影小 K 线，俗称“倒锤头线”，是行情已经下跌到一定深度后出现，表示市场多头已经开始反抗，随时都有可能见底（图 2-12）。

图 2-12　倒锤头线

具体来讲，倒锤头线的特征有：出现在下跌途中；阳线（亦可以是阴线）实体很小，上影线大于或等于实体的两倍；一般无下影线，少数会略有一点下影线。

一般情况下，如果投资者遇见倒锤头线，第二天又高开，K 线充实前一天的上影线，需要及时买进该股票。

另外，在实际操作中，投资者需要关注以下几点：第一，当倒锤头线出现后，必须等待下一个时间单位的看涨信号对它加以验证。第二，底价区的倒锤头线通常被认为是一种强势K线，是股价见底的较强烈信号。如果倒锤头线和下影线下穿原有的低位线，则这种信号更加可靠。

顶部倒锤头线（顶部长上影小K线）与底价区相比，在中期或历史和股价天价区内出现倒锤子线和情形要少得多。一般来讲，天价区出现的倒锤子线是否形成顶部要看其股价运行位置。如果股价位于倒锤头线阳线实体部分之上，那么后市发展值得投资者进行关注。然而，如果股价在一定范围内小幅波动或者转为下跌，那么基本就可以判定为顶部了。

四、光秃K线

（一）光脚阳线

所谓光脚阳线K线是指全天的最低价与开盘价相同，没有下影线但可以带有上影线的一种阳K线。具体来讲，开盘价即成为全日最低价，开盘后，买方占据明显优势，股票价格不断攀升，表示上升势头很强，但在高价位处多空双方有分歧，股价下跌，最终仍以阳线报收（图2-13）。

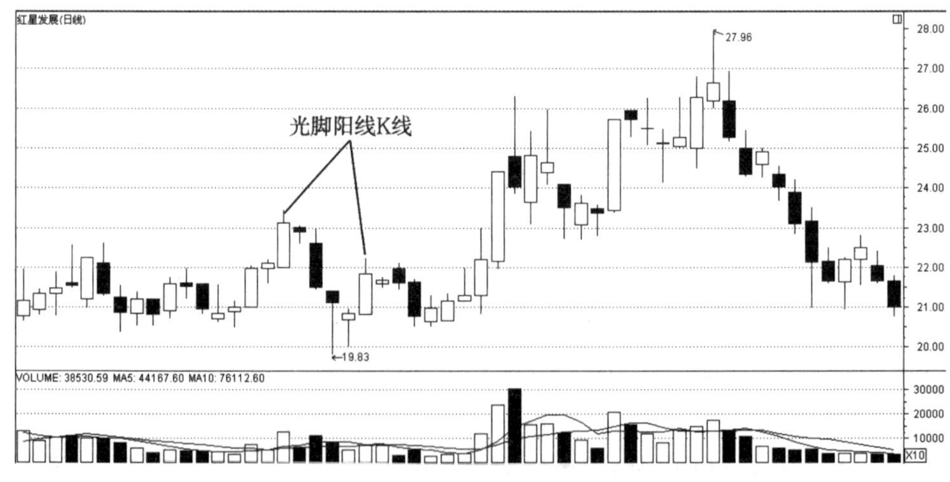

图2-13 光脚阳线

就光脚阳线而言，实体部分与上影线的长短不同，买方与卖方力量对比不同，投资者需要具体对待。通常情况下，如果在低价位区域出现光脚阳线，且实体部分比上影线长，表明买方开始聚积上攻的能量，进行试盘；如果在高价位区域出现光脚阳线，且实体部分比上影线短，表明买方上攻的能量开始衰竭，卖方的能量不断增强，行情有可能在此发生逆转。

一般而言，光脚阳线表示上升势头很强，但在高价位处多空双方有分歧，持仓需要谨慎。而且，光脚阳线属于持续形态中的组成部分，一般不会出现大的趋势反转，但投资者要注意紧随其后的几个交易日所出现的 K 线形态。

另外，需要强调的是，虽然光脚阳线的出现意味着股价趋势向好的方面发展，但也要看它所出现的位置。当出现在上涨行情初期或是上涨途中时，光脚阳线是一种看多做多的信号，但当股价有了较大的涨幅，尤其是在上涨后期已出现了快速拉升走势后再出现光脚阳线，此时就要想到是不是庄家在骗线，骗线的目的当然是为了引诱投资者高位接盘，以便顺利出货。虽然有些个股高位出现光脚阳线后股价仍会继续向上盘升，但获利风险却在加大，因此对于不善于短线操作的普通投资者来说应该回避，以免遭受损失。

（二）光脚阴线

所谓光脚阴线，是一种带上影线的阴实体。收盘价即是全日最低价。开盘后，买方稍占据优势，股票价格出现一定的涨幅，但上档抛压沉重。空方趁势打压，使股价最终以阴线报收（图 2-14）。

对于光脚阴线，投资者需要根据上影线与实体长度的比较进行分析：第一，实体长度长于上影线的光脚阴线说明多方虽有推高意图，但空方的打压更坚决，力量更强大；第二，实体长度等于上影线的光脚阴线说明多空经过交战，空方占据着主动地位；第三，实体长度短于上影线的光脚阴线说明空方虽然略占优势，但多方也蕴藏着反扑的力量，当然这还要看 K 线所处的价位高低而定。

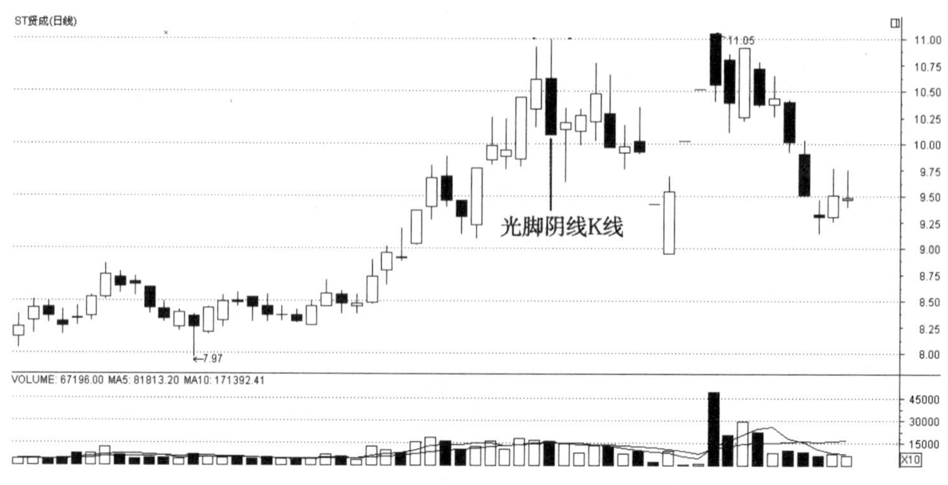

图 2-14　光脚阴线

通常来讲，光脚阴线的出现表示股价虽有反弹，但上档抛压沉重，空方趁势打压，使股价以阴线报收。其中K线的上影线和实体越长，表示空方实力越强。一般情况下，如果在低价位区域出现光脚阴线，表明买方开始聚积上攻的能量，但卖方仍占有优势；如果在高价位区域出现光脚阴线，表明买方上攻的能量已经衰竭，卖方的做空能量不断增强，且占据主动地位，行情有可能在此发生逆转。

（三）光头阳线

所谓光头阳线，是指当天以最高价收盘的一种上涨的K线形态。具体来讲，最高价与收盘价相同，开盘后空方实力较强，价格下跌。但在低价位上得到多方的支撑，空方受挫，价格向上升过开盘价，一路上扬直至收盘，收在最高价上。光头阳线是有下影线而没有上影线的阳线（图 2-15）。

一般而言，光头阳线有很多种，例如光头小阳线、光头大阳线以及长下影线光头阳线等。事实上，光头阳线的重点不在于大阳线还是小阳线，重点在于“光头”，也就是说，重点在于它是以当日最高价收盘的。

一般而言，光头阳线K线形态说明多方力量由弱转强，将空方的进攻击退。这种K线也要根据下影线与实体长度的比较进行分析：第一，实体部分比下影线长的股价下跌不多，即受到买方支撑，价格上升，破了开盘价之后，还大幅度上升，买方实力很强；第二，实体部分与下影线相等的表示买卖双方交战激烈，但大体上是买方占主导地位，对买方有利；第三，实体部分比下影线短的表示买卖双方在低价位上发生激战，遇买方支撑逐步将价位上推。上面实体部分较小，说明买方所占据的优势不太大，如卖方次日全力反攻，则买方的实体很容易被攻占。

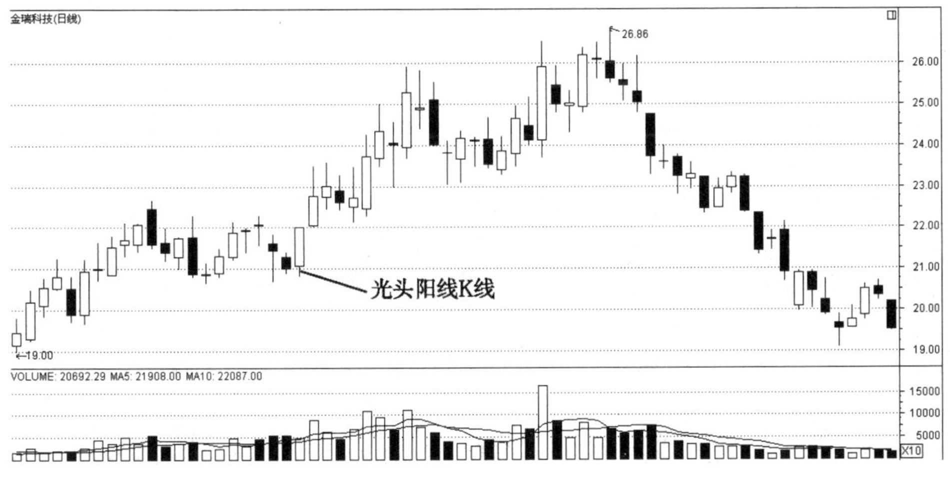

图 2-15　光头阳线

在实战中，光头阳线若出现在低价位区域，在分时走势图上表现为股价探底后逐浪走高且成交量同时放大，预示一轮上升行情的开始。如果出现在上升行情途中，表明后市继续看好。

（四）光头阴线

所谓的光头阴线，是一种带下影线的阴实体，开盘价是最高价。一开盘卖方力量就特别大，价位一路下跌，但在低价位上遇到买方的支撑，后市可能会反弹（图 2-16）。

对于光头阴线，投资者需要根据下影线与实体长度的比较进行分析：第一，实体部分比下影线长的表示卖压比较大，一开盘，股价大幅度下跌，在低点遇到买方抵抗，买方与卖方发生激战，影线部分较短，说明买方把价位上推不多，从总体上看，卖方占了比较大的优势；第二，实体部分与下影线等长的表示卖方把价位下压后，买方的抵抗也在增加，但可以看出，卖方仍占优势；第三，实体部分比下影线短的表示卖方把价位一路压低，在低价位上，遇到买方顽强抵抗并组织反击，逐渐把价位上推，最后虽以阴线收盘，但可以看出卖方只占极小的优势，后市很可能买方会全力反攻，把小阴实体全部吃掉。

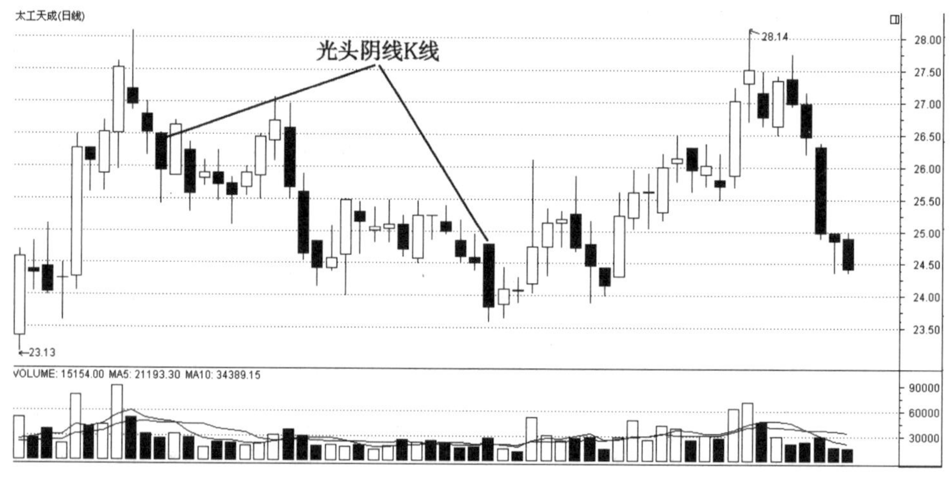

图 2–16　光头阴线

在实际操作中，如果光头阴线出现在下跌趋势的中途和盘整末期跌势的开始，均表示后市股价继续下跌的可能性较大，操作上尽早卖出为佳；如果出现在上升趋势中，要看短期多方的反攻力度，特别是在长期上涨之后的高价位，要提防股价趋势的逆转；如果出现于低价位，说明抄底盘的介入使股价有反弹迹象，虽然短期内股价不会立即出现大幅上涨，但由于有买盘在低价位区介入，后市会有一定的上涨机会。

（五）光头光脚阳线

所谓光头光脚阳线，是K线的上下两头都没有影线的长阳线实体，即最高价与收盘价相同，最低价与开盘价一样。上下没有影线，从开盘买方就积极进攻，中间也可能出现买方与卖方的斗争，但买方发挥出最大力量，始终占优势，使价格一路上扬，直至收盘。这种类型的 K 线被认为是极度强壮的 K 线（图 2-17）。

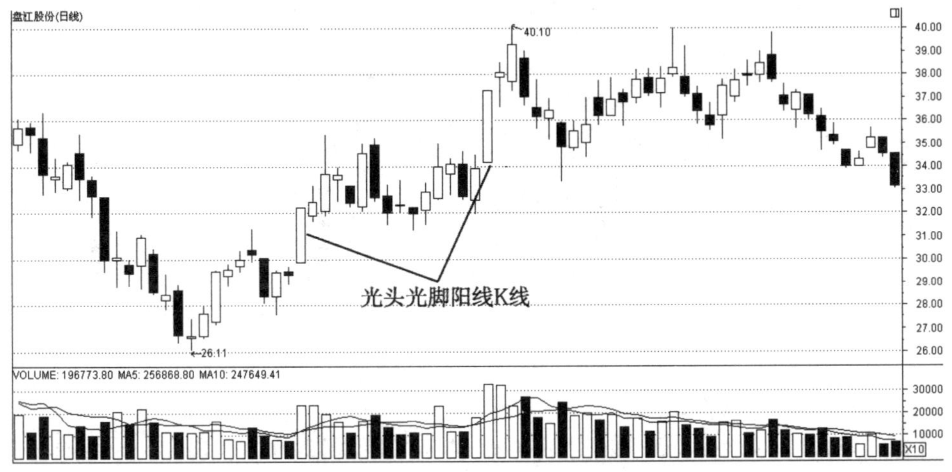

图 2-17 光头光脚阳线

实际上，该 K 线表示强烈的涨势，股市呈现高潮，买方疯狂涌进，不限价买进。握有股票者，因看到买势旺盛，不愿抛售，出现供不应求的状况。

一般来讲，光头光脚阳线可以分为以下两种：第一，光头光脚大阳线，经常出现在股价向上突破或高位拉升阶段，表明多方占据绝对优势，空方难以组织有效的抵抗，从其后续 K 线来看有可能出现跳空阳线或者高位十字星；第二，光头光脚小阳线，经常在上涨初期、回调完毕或横盘整理时出现，表示多方力量逐渐增强。

客观地讲，光头光脚阳线通常可以成为牛市的继续或熊市反转的一部分。一般情况下，出现光头光脚阳线 K 线，第二天的行情多数是会有一个惯性冲高的过程。

（六）光头光脚阴线

所谓的光头光脚阴线，表示开盘价即成为全日的最高价，而收盘价则成为全日的最低价，上下没有影线（图 2-18）。

图 2-18 表示股价从一开始，卖方就占绝对优势，握有股票者不限价的

疯狂抛出，造成了股民的恐慌心理。市场呈一面倒的态势，直到收盘价格始终在下跌，最终以全日最低价作为收盘价。

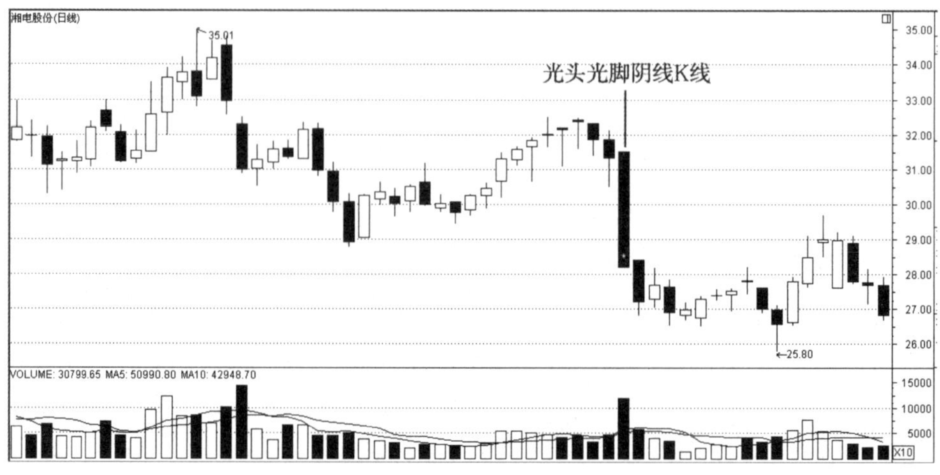

图 2-18 光头光脚阴线

一般而言，光头光脚阴线可以分为以下几类：第一，光头光脚大阴线：一般多出现在股价见顶或下跌途中，股价当日开盘后下跌，被大量抛盘封于跌停，出现这种 K 线后，第二天股价顺势下跌的概率很大，通常会低开，如果在高位遇到这种 K 线，且成交量很大，说明股价见顶，要及时出局，避免被深套，下跌途中遇到这种 K 线，不要抄底，后市继续下行的概率很大。第二，光头光脚小阴线：经常出现在下跌初期、反弹结束或横盘整理的行情中，表示空方逐渐占据优势。

在实际操作中，光头光脚阴线的出现，表明空方在一日交战中最终占据了主导优势，多方无力抵抗，股价的跌势强烈，次日低开的可能性较大。如果在股价的高位区出现光头光脚阴线 K 线，投资者最好在第一时间将手中持有的股票抛光，尽可能地回避风险。

K 线解析

综上所述，K 线的形态有很多种，如单一 K 线、星形 K 线、长影线 K

线、光头光脚 K 线等，K 线形态可以表示不同的股市含义。学会分析 K 线是炒股入门学习及炒股实战中技术分析的基础。K 线反映的是股市多空双方的一种争斗，其为炒股操作提供了重要的技术分析依据。

第二节　解析双根 K 线组合

一、跳空阳线覆盖前日阴线

所谓跳空阳线覆盖前日阴线，俗称为“曙光初现”，是由两根走势完全相反的较长 K 线构成，前一天为阴线，后一天为阳线。第二天阳线向下跳空低开，开盘价远低于前一天的收盘价，但收盘价却高于前一天的收盘价，并且阳线的收盘价深入第一根阴线的实体部分中，达到前一天阴线实体的一半左右的位置（图 2-19）。

一般而言，跳空阳线覆盖前日阴线的特征有以下几点：第一根 K 线一般为大阴线，承接之前的下跌行情；第二根 K 线为大阳线，并且其收市价应该在第一根实体的一半以上，如果超过之前的实体高度，则更有效；第二天开盘价跳空低开，低于第一天的收盘价。

在实战中，跳空阳线覆盖前日阴线的形态出现后，投资者可以制定建多策略，但之前还需轻仓。也不要被第 1 天的大阴线所迷惑，还要观看第 3 天股价走势是否上涨，以确定其反转上扬。跳空阳线覆盖前日阴线在熊市中应用时，要加上一个附加条件，那就是跳空阳线覆盖前日阴线形态的第二根阳线的最低价必须是 13 个交易日以来的最低价，这主要是用于避免投资者在熊市中贸然追高，防止增大操作风险。然而，如果市场趋势向好，股市运行在牛市行情时，投资者则不必过于拘泥于这条规则。因为，牛市中股价涨多跌少，如果强调买入 13 天以来的最低价，就会错失良机。

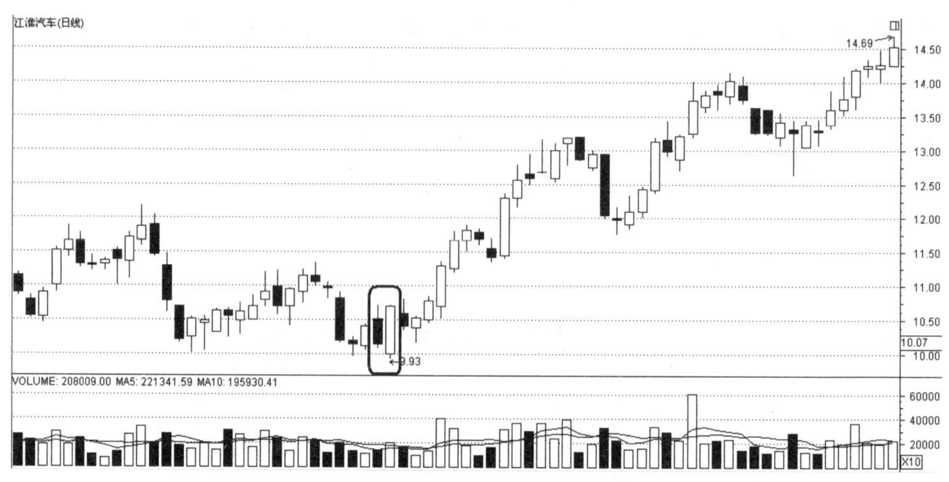

图 2-19 跳空阳线覆盖前日阴线

事实上，跳空阳线覆盖前日阴线也可以应用于对大盘的分析，常常能通过它把握市场的拐点。投资者需要注意的是，用于大盘分析的跳空阳线覆盖前日阴线形态的技术要求，与用于个股分析的技术要求有所不同，由于股指包含的市场容量较大，其短期震荡幅度远远小于个股的股价震荡幅度。因此，在分析大盘的 K 线组合形态时，对技术要求的标准可以适当放宽，只要大致符合跳空阳线覆盖前日阴线的基本条件就可以。

另外，投资者在应用跳空阳线覆盖前日阴线 K 线组合时应该注意以下几个方面：第一，量能的变化情况。伴随 K 线组合形态同时出现缩量，表明股价已经筑底成功。第二，股价所处的环境位置很重要，如果个股涨幅过大时，出现跳空阳线覆盖前日阴线的形态，则有骗线的可能性。第三，出现跳空阳线覆盖前日阴线形态后，如果股价立即展开上升行情，则力度往往并不大。相反，出现跳空阳线覆盖前日阴线形态后，股价有一个短暂的蓄势整理的过程，往往会爆发出强劲的个股行情。

二、顶部下插大阴线

所谓顶部下插大阴线，俗称为“乌云盖顶”，是两根不同颜色及处于图表顶部的 K 线组合，属于一种见顶回落的转向形态，通常在一个上升趋势后出现。第一根 K 线为升势阳线，显示升势持续向上发展，短期向好。第二根 K 线则为大阴线，其开盘价需比前一日阳线的开盘价高，而收盘后实体下延则必须以低于第一根阳线实体长度的一半为标准。事实上，若投资者将第一根阳线的开盘价及第二根阳线的收盘价一起分析，便会出现一个射击之星形态，同样代表后市发展利薄（图 2-20）。

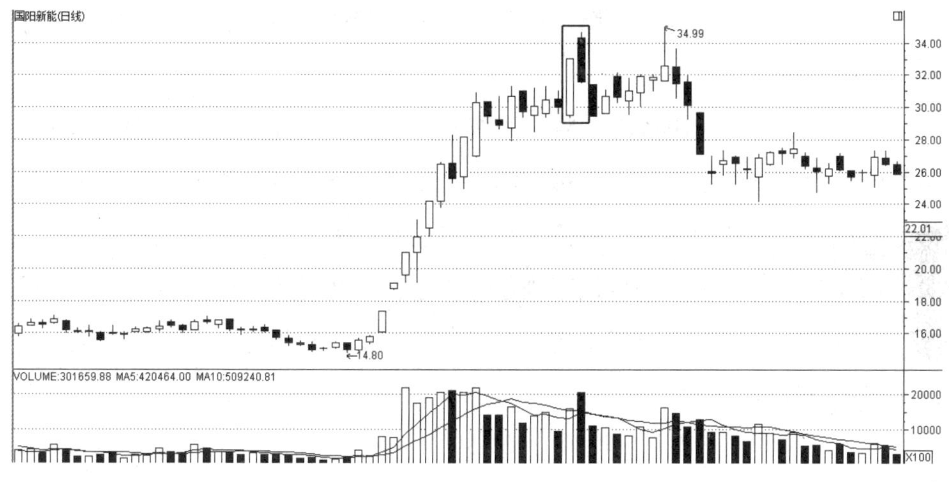

图 2-20 顶部下插大阴线

一般来说，顶部下插大阴线的特征有以下几点：第一根 K 线为大阳线，承接前期的上涨行情；第二根 K 线为大阴线，收市后实体延伸至第一根大阳线实体的一半以下。如果全部吞噬该阳线实体，就是看跌吞没形态，见顶意味更强。

在实际操作中，投资者在见到顶部下插大阴线形态后，可以制定初步的看空策略。在之前的上涨趋势中，不要被前一天的大阳线所迷惑，但也要观看第三天的 K 线走势是否呈下跌状态并确定下跌形态。在顶部下插大阴线做空时，有一种设定止损的方法为在第二天形成的 K 线高点之上设立止损单。另外，投资者不要仅依赖 K 线形态而忽视相关的策略，要注意通过对止损单的管理、风险报酬关系等整体技术面的研习来提高交易的胜算，这是利用 K

线进行交易的正确途径。

此外，投资者在应用顶部下插大阴线时应注意以下几个方面：第一，第二根K线（即阴线）应高开于第一根阳线的最高价之上，但收盘价大幅回落，该阴线实体深入到第一根阳线实体部分一半以下，否则分析意义不大，而且深入的幅度越大，表明股价回落信号越强烈；第二，第二根阴线在开市阶段曾经向上突破明显的阻力位然后掉头向下，说明多头上攻乏力，大势见顶的迹象已经显露；第三，第二根阴线的成交量明显放大，说明庄家高位派发的意愿已很强烈。

对于顶部下插大阴线的陷阱，投资者可以从以下几点加以识别：首先，关注股价的整体位置。如果股价刚刚上涨不久，则洗盘的可能性较高；若股价已经很高，获利盘甚多，股价下跌的可能性较大。其次，参考均线系统。股价刚反转不久，中期平均线刚刚走平或上行，此时为陷阱的可能性很大；反之，股价大幅拉升，短期平均线直线拉起，是空头出逃。最后，可根据后市走势加以确认。

三、长K线包短K线

所谓长K线包短K线，俗称为“身怀六甲”，又名“母子线”“孕线”，它是由两根K线组成，前一根K线的实体较长，后一根K线的实体相对来说要短一些。两者之间的排列位置比较奇特，后一根K线的最高价与最低价，均未超过前一根K线的最高价与最低价。看上去就好像是长K线怀中的胎儿，因此被称为“长K线包短K线”（图2-21）。

概括地讲，长K线包短K线形态的特征有以下几点：长K线包短K线可出现在股价走势的不同阶段，由一根较长的K线和一根较短的K线组合而成；较短的一根K线实体被较长的一根K线实体部分完全包容，后面一根K线可以是小阳线、小阴线或十字线；如果长K线包短K线中较短的K线是一根十字线，则被称为“十字孕线”。

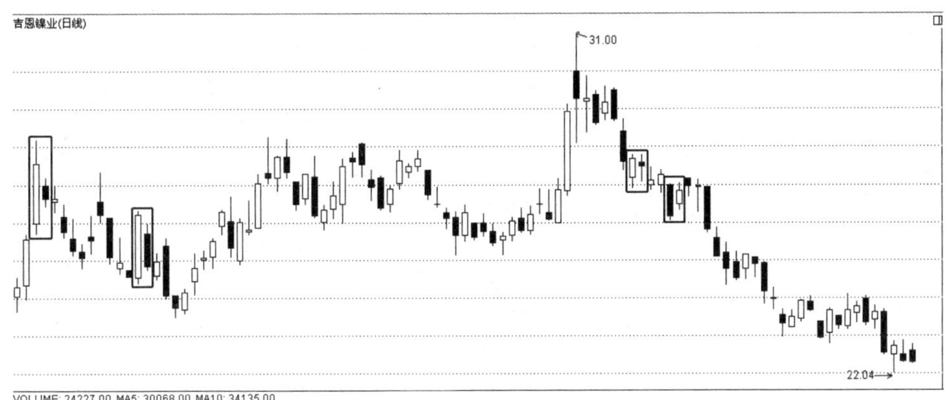

图 2-21 长 K 线包短 K 线

一般而言，长 K 线包短 K 线的具体应用有以下几点：长 K 线包短 K 线在高位出现时是见顶信号，股价有可能见顶回落；在下降途中出现，是续跌信号，股价还会继续下跌；若在低位出现，是见底信号，股价有可能见底回升；在上升途中出现，是续涨信号，股价仍会上升。

另外，投资者在应用长 K 线包短 K 线时应该注意以下几个方面的问题：第一，成交量。该 K 线形态最理想的量能变化是前一个交易日的成交量有效放大，而后一个交易日的成交量又迅速萎缩，并且如果行情继续调整，则量能也会随之减少，这表示后市行情出现反转的可能性较大。第二，股价或指数。出现该 K 线形态后，该股在走势上一般会有一个短期整理的过程，使得原来大幅震荡的走势逐渐平稳，然后再寻求突破方向，投资者如果在方向确认后介入将会比较稳妥。第三，市场环境。长 K 线包短 K 线的 K 线形态如果是出现在极度低迷的弱市中时，往往更容易形成强烈的反转行情。

四、十字孕线

所谓十字孕线，有的书中也将其称为“十字胎”，指的是股价在收出一根大阳线或大阴线之后，出现了一颗十字星，它是长 K 线包短 K 线的一种特殊形态（图 2-22）。

图 2-22 十字孕线

一般来说，十字孕线形态的出现具有以下市场意义：十字孕线只代表股市原来的趋势难以维持，但并不是说股市行情即刻会发生反转；十字孕线也可能是股市多空力量暂时的平衡点，若股市原有的力量仍占主导地位，则其演变成盘整状态的可能较大；十字孕线出现在上升趋势中看跌的效力要比其出现在下跌趋势中看涨的效力强许多；十字孕线是比长 K 线包短 K 线重要许多的主要反转形态。

与长 K 线包短 K 线的判别方法一样，当出现十字孕线时，后市有机会转向，其转向信号比长 K 线包短 K 线强烈。十字孕线既可在头部出现也可在底部出现，不过其在实战中出现的次数较少。见顶十字孕线表现为在上涨过程中出现巨阳 K 线，随后突然出现跳空低开并收出阴或阳十字 K 线，其为重要的见顶信号；见底十字孕线表现为，在下跌过程中出现巨阴 K 线，随后突然出现跳空高开并收出阴或阳十字 K 线，其为重要的见底信号。

五、穿头破脚

所谓穿头破脚，是由两根 K 线所构成的一种组合形态，其中后一根 K 线的实体部分要将前一根 K 线的实体部分覆盖掉。该 K 线形态是股票市场中最为激烈的一种 K 线形态，它的出现不是预示股市的大跌就是暴涨（图 2-23）。

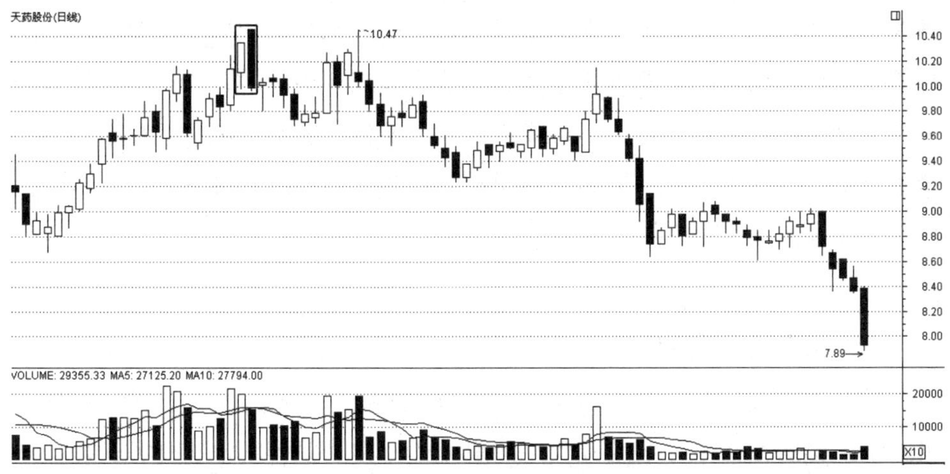

图 2-23 穿头破脚

事实上，穿头破脚有两种形态，即位于底部的穿头破脚和位于顶部的穿头破脚。从技术层面来说，位于底部的穿头破脚是股价回升的信号；位于顶部的穿头破脚是股价见顶回落的信号。事实上，无论是底部还是顶部出现的穿头破脚，都是转势信号，即由原来的跌势转为升势，或由原来的升势转为跌势。

一般而言，投资者在实际操作中应把握以下几点：穿头破脚形态组合用于分析大盘的可靠程度要高于个股；形成该形态必须事先有明显的上升或下跌趋势；穿头破脚的实体部分必须完全超过前一根 K 线的实体部分，而上下影线可以不作考虑；包含穿头破脚的 K 线数目越多，说明反转趋势越强烈；在穿头破脚的同时成交量应急剧放大，单日换手率应在 3% 以上，若能达到 8% ~ 10%，则反转的可能性极大。

客观地讲，穿头破脚 K 线形态的实际操作意义为：当股价从低位向上长期上升，涨幅大多已经达到 30% ~ 40% 以上时，出现高位放量滞涨并出现此 K 线形态的大阴线时，即是强烈的卖出信号；反之，出现此 K 线形态的大阳线时即是买入信号。

另外，对于穿头破脚这种K线形态是被庄家利用为震仓还是出货，投资者通常需要从以下几点加以识别：首先，若穿头破脚出现后，该股从此一跌再跌，则说明出货的可能性大；其次，若穿头破脚出现后，该股很快便收复失地，则说明这是震仓行为，可择机介入；最后，若穿头破脚现象出现后，该类个股以开盘即涨停的形态上升，则应持股不动，直到哪天不以开盘即涨停的方式开盘，才能全线清仓。

六、顶部现平行阴线

所谓顶部现平行阴线，俗称为“双飞乌鸦”，一般出现在个股的前期有了一定涨幅的行情中，前一日收为一根阳线，次日股价跳空高开，却收出了一根小阴线，小阴线的收盘价与前一日阳线的收盘价之间留有一个跳空的缺口，第二天股价再次跳高开盘，又收出了一根小阴线，这根小阴线比前一日的小阴线稍大一些，把前日的小阴线从头到尾都包围了（图 2-24）。

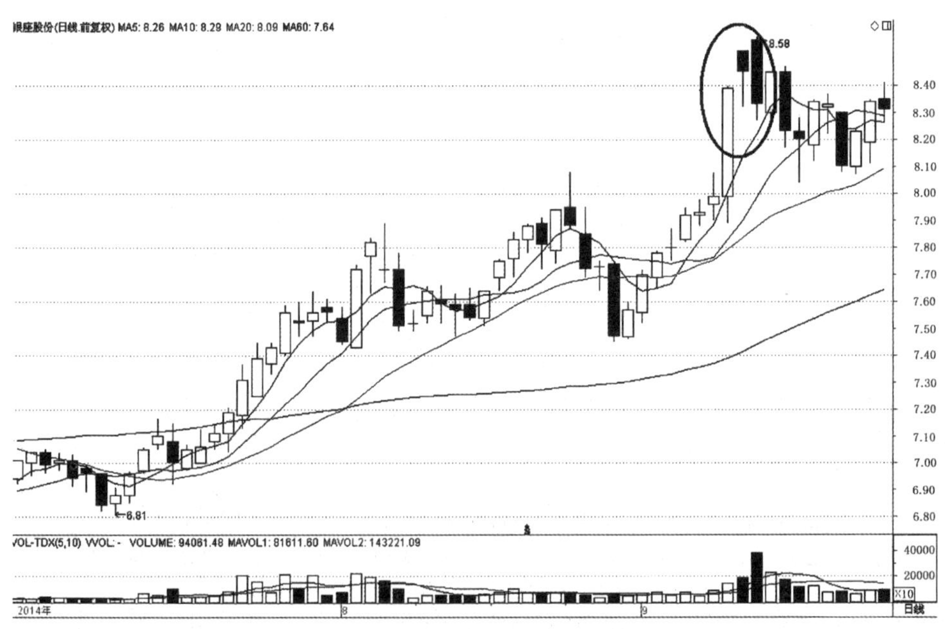

图 2-24 顶部现平行阴线

概括地讲，顶部现平行阴线具有以下形态特征：两根阴线的排列是第一根 K 线跳空高开后却仍以阴线报收，而第二根阴线也是跳空高开或者平开且成交量放大，且实体部分较长，但与第一根阴线形成类似于穿头破脚的图形。

在实战中，如果股票在连续的上涨过程中，出现顶部现平行阴线的 K 线形态，则表示未来短线看跌，该股行情不容乐观。通常情况下，顶部现平行阴线 K 线形态达不到标准形态的要求，在观盘时，只要发现是处在高位且是在阳线后出现的两条阴线，不管它符不符合要求都应卖出，这是逃顶最省事的办法。值得投资者重视的是，顶部现平行阴线 K 线形态的最佳卖出时机是该形态形成的当天，如当天因故没来得及卖出，也应在第二天出手，出货时丝毫不能手软，手软就要吃大亏。

此外，顶部现平行阴线的 K 线实体越大，其下跌空间就越大。因此，投资者应该密切关注顶部现平行阴线的阴线实体大小。

K 线解析

在 K 线形态中，两根 K 线的组合形态最为常见和实用。受两根 K 线组合形态不同的影响，分别代表了该股发展趋势的反转或持续；判断 K 线组合形态所代表的含义最重要的标志是第二根 K 线收盘价和第一根 K 线开盘价与收盘价之间的关系，其将对该股未来走势有很好的预见作用。特别强调的是，所有 K 线形态都需要其后走势的验证，含义才能确定；K 线组合形态很重要，但如果能结合随机指标、量能、均线等共同使用，其效果将会更加明显。

第三节　解析三根 K 线的组合形态

一、底部现阳线反转

所谓底部现阳线反转，俗称为早晨之星，其位置主要出现在某只个股的底部，是一种十分明显的见底信号。

一般来讲，底部现阳线反转的特征有：在下降趋势中某一天出现一根长阴实体；第二天出现一根向下跳空低开的星形线，且最高价低于头一天的最低价，与第一天的阴线之间产生一个缺口；第三天出现一根长阳实体，且其长度至少要升至第一根阴线实体的二分之一处。如果能够“包容”第一根阴线则最好不过了。需要说明的是，第一根 K 线可以是中阴线，也可以是大阴线，但不是小阴线，第二根 K 线应该是一根止跌性的 K 线，如小阴线，小阳线，十字星，不是大阳线或中阳线。第三根 K 线则是实体较长的中阳线或大阳线。另外，第一根 K 线后出现的第二根 K 线，可以是一根 K 线，也可以是两根 K 线，第三根 K 线的大阳线变为第四根 K 线。

在实战中，底部现阳线反转是典型的底部形态，通常出现在股价连续大幅下跌和数浪下跌的中期底部或大底部。实际上，在底部容易出现底部现阳线反转组合，如果在市场出现大幅上涨之后，再度出现做多的信号是底部现阳线反转，买入的信号就要打折扣。

一般情况下，底部现阳线反转的出现，表明大势可指见底回升。对于投资者而言，利用底部现阳线反转作为买进信号，其大前提是股价已有一定的跌幅，否则可能会出现判断失误。

另外，底部现阳线反转也有可能会被市场中的庄家所利用。要识别底部现阳线反转是否为陷阱，关键要把握下面几点：第一，看股价的整体位置。

如果股价前期下跌幅度较大，已经严重超跌，底部现阳线反转成为反转信号的可能性比较大。如果在下跌途中，下跌动能还没有得到有效释放，则很可能是诱多陷阱，短暂反弹后将重归跌势。第二，看量。如果下跌的时候无量而上涨的时候放量，这样的底部现阳线反转应更可靠，反转的成功率更高。如果反弹无量能配合，则更可能是诱多的陷阱。第三，需要后市确认，如果底部现阳线反转是陷阱则很快会滞涨，然后反转下跌，因为陷阱不可能隐藏很久。图 2-25 为 2015 年 2 月 10 日的物产中拓，在底部出现阳线反转信号后，股价一路飙涨，至 4 月 13 日，上涨了 98%。

图 2-25 底部现阳线反转

二、顶部现阴线反转

所谓顶部现阴线反转，俗称为黄昏之星，是由三根 K 线组成的一种意味着上升趋势中止的 K 线形态。

一般来说，顶部现阴线反转的特征有以下几点：第一日，股价继续上升，出现一根实体较长的阳线；第二日，震荡缩小，既可为阳线也可为阴线，构成星的部分，如果为阳或阴十字星则更佳，这种组合又可称之为“黄昏十字星”；第三日，出现阴线，并且下跌吞食第一根阳线实体的一部分或全部。

需要强调的是，在实际操作中，第二根K线的性质较为重要，阴线比阳线见顶的可能性要高，阴或阳十字星比阳线见顶的可能性要高。另外，第三根K线如果以向下跳空缺口形式出现，则向下破位的可能性将大大增强。如图2-26所示。

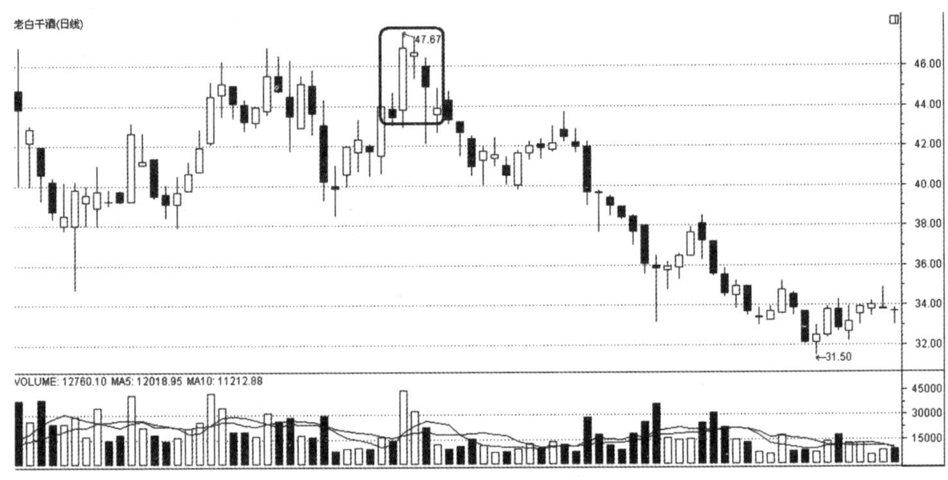

图2-26 顶部现阴线反转

在实战中，顶部现阴线反转的情况同底部现阳线反转正好相反，它是较强烈的上升趋势中出现反转的信号。顶部现阴线反转的K线组合形态如果出现在上升趋势中应引起注意，因为此时趋势已发出比较明确的反转信号或中短期的回调信号，对于投资者来说可能是非常好的卖出时机或中短线回避的时机。同时如能结合成交量进行研判，对于提高判断的准确性有更好的帮助。事实上，顶部现阴线反转充当顶部的几率非常之高，在牛市的后期，要特别警惕这种反转信号。投资者遇到这种K线组合，不宜再继续买进，应考虑及时减仓，并随时做好停损离场的准备。

客观来讲，在一段大的上涨趋势中，中间的位置可能出现了顶部现阴线反转的组合，虽然不会改变大的上涨趋势，但在出现该组合后，市场仍然可能短期选择向下调整，所以在短线交易中，顶部现阴线反转的组合仍然可以帮助投资者进行行情判断。需要说明的是，对于激进的短线客而言，顶部现阴线反转当中的第三根 K 线，即阴线本身就是一个较好的止损点或止盈点，但这种简单的运用对于中线投资者而言还是有一定的偏差，因为在强势的多头上涨行情中，有时顶部现阴线反转往往也有可能以失败告终。此时，最好的办法就是：在顶部现阴线反转出现之后再静等二至三天，如在这一时间内反弹能吞食掉昏星第三根阴线实体 2/3 以上，说明多头力量仍具有一定的实力，操作上不必过早出局；如在二至三天内反弹未能吞食掉昏星第三根阴线实体 2/3 处，说明空头力量已基本获取主动权，可确定空头已占上风了，下跌趋势已确立；如果在二至三天内不出现小幅反弹，甚至自由落体出现暴跌的态势，说明空头力量已全面爆发，此时要快刀斩乱麻，趁早出局，现金为主。

三、并列三阳线

所谓并列三阳线，俗称“红三兵”，是由三条上升的阳线组成的图形（图 2-27）。

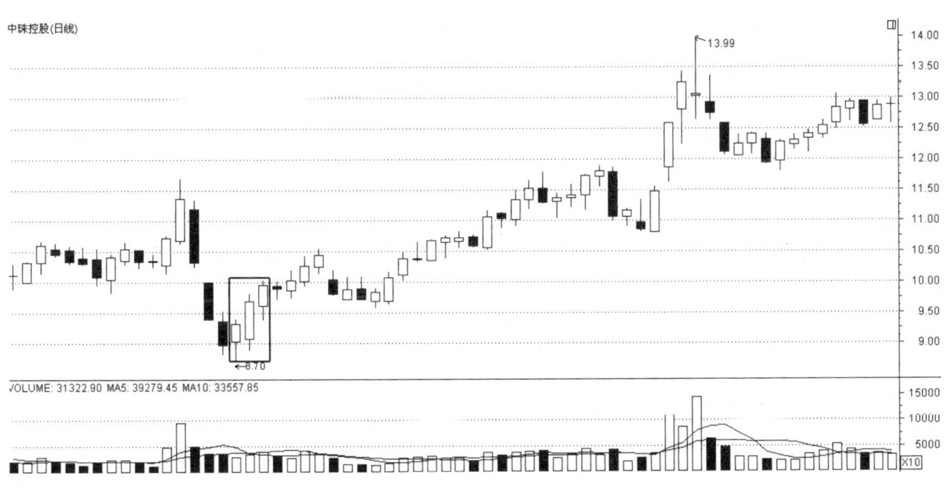

图 2-27 并列三阳线

概括地讲，并列三阳线的特征有以下几点：三条阳线应为中小阳线，三条阳线的实体要大体相当；第二条阳线和三条阳线分别要在前一条阳线实体的中心值之上开盘；第三条阳线必须在第二条阳线的最高价之上收盘。一般情况下，具备以上三个特征的三条阳线，才是标准的并列三阳线K线组合。

在实战中，并列三阳线可在任何位置出现，只有在低位和上升途中出现的并列三阳线，才是可靠的买入信号；在高位和下降途中出现并列三阳线时，则应考虑出货。通常来讲，并列三阳线如果发生在下降趋势中，是市场的强烈反转信号。每天开盘价较低，收盘价却是最近的新高，多头力量推动股价向上盘升；如果股票在较长时间的横盘后出现并列三阳线的走势形态，并且伴随着成交量的逐渐放大，则是股价上升的前奏，可密切关注。

在实际操作中，投资者需要注意以下几点：第一，并列三阳线出现的频率很高，但符合条件的则相当少。并列三阳线这一形态是珍贵的稀有之物，尤其是出现在低价位的并列三阳线，更是千载难逢的买入机会，所以它特别受投资者的青睐。有不少投资者把连续出现的三条上升的阳线都视为并列三阳线，严格地讲，这是一种误解。第二，处在高位的并列三阳线，要注意获利了结，更不能把它当成上升途中的并列三阳线而买进股票。第三，处在低位的并列三阳线，如果第二条线或第三条线创下了前五六个交易日的新高值时，后市股价就有可能进一步攀高，可放心买入。如果是三条大阳线，股价有可能回档，应慎重操作。另外，处在任意位置的并列三阳线，如果是三条大阳线，总升幅已经达到10%以上时，则是短线的超买信号，应卖出股票。第四，下降途中出现的并列三阳线，多为反弹结束的信号，应卖出股票。

需要特别强调的是，并列三阳线属于一种相对温和的见底反弹信号，它没有突发性和爆发性的特点，不是大逆转行情的标志，而是在前一轮较大行情后陷入中期调整时见底的信号。因此，投资者必须在那些有惊人上涨幅度之后又经历了较长时间调整的个股中寻找此类转折中的投资机会。建议从那些创出历史新高之后股价出现了较为深度调整，但从基本面判断其在后市还将出现更高价位的品种中去寻找。

四、并列三阴线

所谓并列三阴线，俗称“黑三兵”，也可以称为“绿三兵”，由三根小阴线组成（图 2-28）。

图 2-28　并列三阴线

概括地讲，并列三阴线的特征有以下几点：其可在涨势中出现，也可在跌势中出现；由三根小阴 K 线排列组合而成；三根小阴 K 线的开盘价、最高价、最低价、收盘价依次是一根 K 线比一根 K 线低。

通常情况下，并列三阴线说明空头逐渐占据优势，是卖出信号，后市继续下跌的可能性大。在行情处于相对较高位时，一旦出现了并列三阴线组合，表明空方的力量开始凝聚并已达到相当强势的地位，是典型的反转卖出信号。后市行情的发展，将向下开始急挫式的下跌，此时将三根连续的阴线视作一根超级大阴线也无妨，操作上应放空卖出。在股价处于相对低位时，并列三阴线的出现表明做多的力度正在走向衰竭，即使后市再行下挫，其可涨幅的空间必然狭窄，反而大有随时见底反弹的可能。所以，对此时并列三阴线之后的态势，则应采取逢低吸纳的多头策略。

事实上，并列三阴线虽然跌幅不大，但连续的下挫也足以威慑投资者的心理。因此，并列三阴线也经常被庄家用来制造诱空陷阱，营造惨淡的市场气氛，逼迫投资者交出廉价的筹码。对于投资者而言，判断并列三阴线是转势信号还是诱空陷阱，需要把握以下几点：关注股价整体位置。大幅下跌之后出现的并列三阴线K线组合很多是诱空陷阱，在最后一跌完成后股价可能很快就会反弹。在上涨途中，也经常会出现并列三阴线洗盘的现象，中长线投资者可继续持股。在大幅上涨后出现的并列三阴线则预示着股价很可能会反转下跌，后市应该还会有较大的跌幅。洗盘的并列三阴线通常量能明显萎缩，说明庄家并未出逃；反转信号的并列三阴线不一定放量，但其前后应该有异常的量能放大。此外，投资者需要关注其后市的走势。

五、三大阳线并列上行

所谓三大阳线并列上行，又可以称为“三阳开泰”，是在低位时连拉三根阳线，预示着股市可能见底回升，股票的上涨或下跌信号可以从中捕捉到。三天的K线都为中阳或大阳线，三大阳线并列上行对每根阳线是否有上影线无限制，即不要求为光头K线（图2-29）。

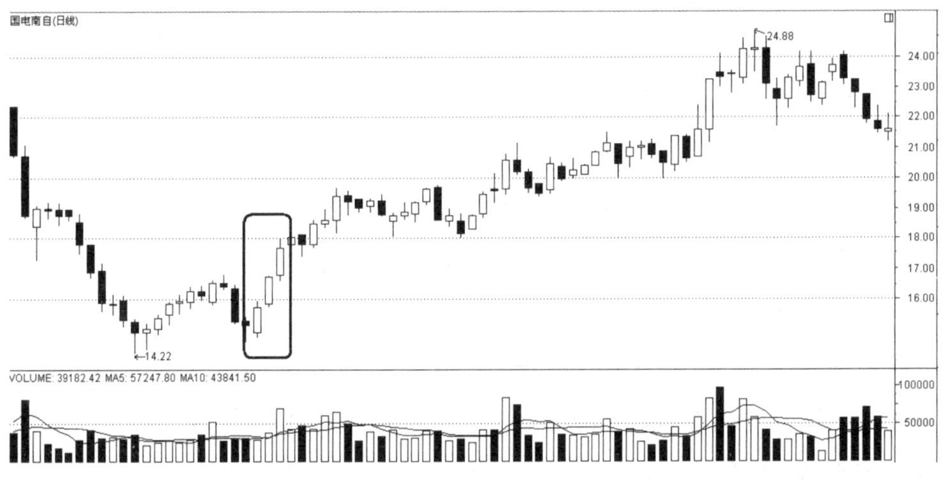

图2-29　三大阳线并列上行

三大阳线并列上行的K线组合形态显示为股价开始企稳转强，为加速上涨的信号。其技术特征为：由三根连续创新高的中阳线或大阳线组成；其出现在上涨行情的初期；每一天的最高价都高于前一天的最高价，每一天的最低价都高于前一天的最低价；每一天的开盘在前一天的实体之内，也就是每根阳线的开盘价低于前一天的收盘价，但高于前一天的开盘价。

一般而言，三大阳线并列上行的具体表现为：在股价有所企稳之后与加速上扬之前，多头能量在短时间内的快速爆发，稳中有升并连拉三根大阳线，呈现加速上升的特征。

作为重要的三根大阳线的组合，若三大阳线并列上行这种 K 线组合形态出现在低价位或盘整中，反映出继续上升的可能性居大。此外，值得投资者注意的是，在研判过程中要注意第三根阳线的实体大小与上影线的长短，如阳线的实体呈现逐渐缩短或者出现上影线较长的情况时，说明该三大阳线并列上行 K 线的组合形态缺乏进一步上涨的动力。

六、顶部连续三大阴线

所谓顶部连续三大阴线，也可以称为“三只乌鸦”，是指股价在高位连续运行多日，突然出现连续三根阴线的 K 线组合，该组合从外观上看恰似三只乌鸦坐在将要枯萎的大树之上，即三只乌鸦挂树梢（图 2-30）。

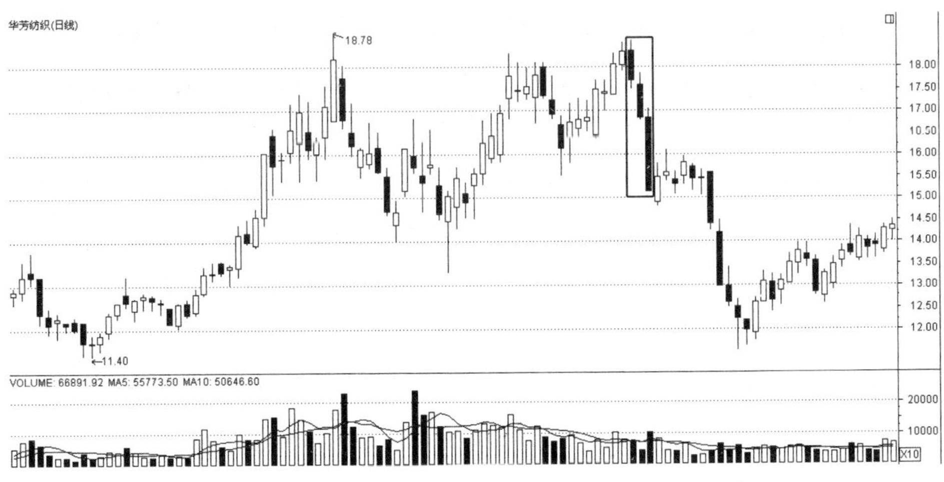

图 2-30　顶部连续三大阴线

中国的传统观念认为，乌鸦是不吉利之物，意喻不祥，所以投资者喜欢把三根连续的阴线比喻成三只乌鸦，后市看跌的意味深重。事实上，连续的实体阴K线说明卖方的力量逐步强大，而买方的力量越来越弱，这样的卖出过程会使得下跌的潜力更大。

一般而言，顶部连续三大阴线的技术特征有以下几点：在上升趋势中连续3天出现阴线；每根阴线的收盘价低于前一天的最低价；每天的开盘价在前一天的实体之内，也就是每根阴线的开盘价低于前一天的开盘价；每天的收盘等于或接近当天的最低价。

在实战中，此K线组合形态常常发生在重要的上升阻力区附近，原因是上涨行情受制于重要阻力的压制，无法突破，转而掉头向下，从而演化成顶部连续三大阴线的组合形态。如果此K线组合形态出现在上升行情中，说明上档卖压沉重，多方每次跳高开盘，均被空方无情地打压下去。当顶部连续三大阴线出现在底部区域时，很有可能是向上反转初期的信号。而且，需要指出的是，顶部连续三大阴线形态出现以后，次日或第三日可能会收出阳线，这时的阳线往往是由持股者的惜售心理造成的，当股价再度靠近敏感区，原本在未来要抛盘的筹码会不约而同地砸盘。

对于投资者而言，一旦发现顶部连续三大阴线K线的组合形态出现，可先获利了结或止损出局，其较好的获利点与止损点为此K线组合形态中第三根阴线形成的临收盘前，或之后一两天之内出现的小阴小阳线时。

需要强调的一点是，标准的顶部连续三大阴线K线组合形态并不是很常见，但是一定要记住，形成顶部连续三大阴线的必要条件为出现在顶部阻力区域。

七、两阴夹一阳

所谓的两阴夹一阳，又可以称为“空方炮”，是由两条较大的大阴线夹着一根小阳线的K线组合形态（图2-31）。

图 2-31 两阴夹一阳

一般来说，两阴夹一阳的特征有以下几点：其由三根 K 线组成；前边的第一根阴线较长，中间的阳线较短，后边的阴线低于前边的第一根阴线。

事实上，两阴夹一阳的 K 线组合图形既可以出现在涨势中，又可以出现在跌势中。在涨势中出现，是见顶信号；在跌势中出现，是继续看跌。对于投资者来说，如果发现股价在高位区域出现两阴夹一阳的 K 线组合形态时，应立即卖出手中的持股，以回避头部风险。而且，投资者也可以通过以下几点来分析两阴夹一阳这种 K 线组合的实战意义：分析第一根阴线出现后的成交量；考察第二根阳线的位置和成交量，分析第二根阴线的收盘价与第一根阴线收盘价的关系。

在实际操作中，如出现以下情形，则是高价位见顶的信号：K 线组合在一轮巨幅升势之后出现，或者在高位横盘时出现；第一根阴线出现时，位于中期平均线之下；第二根阳线的跳空反弹反击无力，成交量也相应萎缩；第三根阴线收盘价低于第一根阴线的收盘价，有明显的跳空现象。一旦在高价位区出现以上征兆的两阴夹一阳，投资者应当果断清仓。但如出现在低价位区，而且在形态上也与其不符，就有可能是庄家在骗线，是庄家刻意震仓的行为。

需要说明的一点是，两阴夹一阳的K线组合形态中的阳线也可以是十字小阳线。有时还会出现两根大阴线夹数根小阳线，且第二根阴线把前几根小阳线全收复的K线组合的形态中，同样具有看空意义，应卖出手中持有的股票。

八、两阳夹一阴

所谓两阳夹一阴，又可以称为“多方炮”，就是一根小阴线夹在两根阳线中间，在实战中是一组非常实用的K线组合，这个组合出现后，股价继续上涨的概率极大（图2-32）。

图 2-32 两阳夹一阴

一般来说，两阳夹一阴的形态特征如下所述：其由三根K线组成，两边是阳线，中间是阴线；二根K线的中轴基本上处于同一水平位置上；阴线的实体部分要小于两根阳线的实体部分。

在实际操作中，投资者需要把握以下几点：第一，当股价在一段时间内下跌后，出现两阳夹一阴的走势，表明股价即将见底，止跌回升，这是短线介入的好机会；第二，当股价经过一段时间的上升之后，突然出现两阳夹一阴的组合图形，是庄家洗盘或整理的特征，这是极好的超短线机会，这时投资者应果断地杀入，以博取差价；第三，对于强势股，收阴线时就应是买入时机，只是此时买入不如待确认第二日收阳线时买入可靠性更大，因为收阴线后接下来一日的走势非常关键，一旦再收阴线，有可能形成短期头部或调整的时间将延长，因此两阳夹一阴的最佳买入时机应在阴线之后收阳线的当日尾盘或第二天跳高开盘之时，特别是短线炒作更应如此，止损点可定在阴线的最低价被跌破时；第四，在上升行情中，除两阳夹一阴外，有时也出现两阳夹数阴的形态，也属于上攻形态和短线的买入时机，一般以两根或三根阴线居多，且两根或三根阴线未能将前一根阳线吞掉，其后一根阳线都将前面的两根或三根阴线收复，后市仍将上涨。

此外，并不是所有的两根阳线夹一根阴线都能理解为看涨的两阳夹一阴，这与阳线和阴线的力度有关，一般要求中间的阴线力度不能太大，同时右边的阳线最好对阴线形成包围之势。而且，两阳夹一阴的出现在横盘整理格局中突破向上的概率最大。

K 线解析

在股市中，两根 K 线的各种组合较多，三根 K 线的各种组合就更多、更复杂了。但是，两者考虑问题的方式是相同的，都是由最后一根 K 线相对于前面 K 线的相对位置来判断多空双方的实力大小。由于三根 K 线组合比两根 K 线组合多了一根 K 线，获得的信息就多些，得到的结论相对于两根 K 线组合来讲要准确些，可信度更高些。这一点完全可以理解，多一根总比少一根好，因为考虑的内容能更全面。

第四节 解析多根K线组合

一、两阳夹三阴

一般来讲，K线组合中的两阳夹三阴常出现在上涨的过程中，某日先是收出一根比较大的阳线，以后连续的几天收出小阴线，整体的重心好像是在往下移，但是每根小阴线的收盘价都没有跌破前期那根较大阳线的开盘价，接着在最后一根小阴线的收盘价附近收出一根较大的阳线，上升趋势再次明确，其走势类似于大写的英文字母“N”（图2-33）。

图2-33 两阳夹三阴

事实上，若不出意外，在两阳夹三阴出现之后，股价都会形成一轮较大的升势。而且在具体操作中，中间小阴线不一定是3根也可能是4根、5根或多根。小阴线是庄家清洗浮筹的手段，当一些人看淡时庄家会突然发力，再拉出一根大阳线。宣告一轮震仓洗盘暂告一个段落，接着又要发动向上的攻势了。

需要指出的是，在上涨趋势中见到连续几根小阴线也许会令很多投资者出局，以为趋势开始反转，过早卖掉了手中的股票，其实这个时候只需要注意一点，就是连续收出的这几根小阴线都没有跌破前期大阳线的开盘价，所以这几根小阴线可以看作是庄家的一个洗盘动作，可以配合成交量等指标进行辅助分析，以免被洗出局，丢了牛股。

二、两阴夹四阳

所谓的两阴夹四阳，是指在连续下跌过程中一根大阴线后边跟着四跟小阳线，但始终没涨破前边大阴线的开盘价的 K 线组合形态（图 2-34）。

图 2-34 两阴夹四阳

一般而言，两阴夹四阳的技术特征有以下几点：其由六根大小不等的 K 线组成；出现在下降趋势中；先出现一根大阴线或中阴线，接着出现四根向上爬升的小阳线，但这四根小阳线都没有冲破第一根阴线的开盘价，最后一根大阴线或中阴线又一下子全部或大部分吞吃了前面四根小阳线。

事实上，两阴夹四阳的出现，表明多方虽然想反抗，但最终多方在空方的打击下显得不堪一击。这表明股价还会进一步向下滑落。因此，投资者见此 K 线组合图形后应顺势而为，以减仓操作或者空仓保留资金观望为宜。

值得投资者注意的是，无论是两阳夹三阴还是两阴夹四阳，在K线中都很难找到标准的图形，中间所夹的阴线或阳线也可能是三根或五根，这些都是两阳夹三阴或两阴夹四阳的变异图形。所以，看到此类图形就要多加注意。

三、K线五连阳

所谓K线五连阳，是由五根低开走高或跳跃的小阳线组合而成的，它所对应的成交量也呈温和放大之势。其市场含义为庄家积极压低回补增仓，而又不使股指过于快速大幅上扬的一种较为隐蔽的增仓行为。在实战中，K线五连阳往往出现在股价长时间下跌后和股价上升途中。

事实上，出现在上升途中的K线五连阳的形态特点是，脱离盘档初期，不断出现小阳线，最后因空头弃守阵地，造成腾空而上的长阳线，因此中间出现的小阳线是三条或三条以上。在行情脱离盘档上升时，追求差价的短线投资者获利便抛出股票，形成上涨阻力。错过买低价机会的人又不敢高档抢进，甚至产生反抗心理，加入空头阵营，股价回落，但在大户及有心人的撑持买进下，收盘前散空回补与实多买进，形成小阳线。一连几天行情都能够小幅爬升，此时较迟钝的多头敢放心买进而不急于杀出，较灵敏的空头已意识到局势改观，“轧空”势在必行，因此回补进甚至翻多。供需发生不平衡，空头抢补与庄家多头的吸拉，长阳线终于脱颖而出。经过长期争战，多头筋疲力尽，股价即进入盘整阶段，甚至回落。

对于短线投资者而言，出现股价上升时五连阳的行情，就要考虑第五日收盘清仓。一般来讲，连拉五条阳线，第五日往往不是巨量就是大量，巨量往往就是多头的最后一击。从获利程度上来讲，五连阳使不少前期埋伏者获利丰厚，他们会有退意；从场外未进场的观望者的角度来讲，股价短线已高，他们也在等待回调。所以第五日清仓或减码是明智的选择。

值得投资者注意的是，小阳线上升时的角度和斜率越陡越好，如果连续五根小阳线收盘都在轨道线之上时，是难得的买入机会。但是，投资者在实操中也要注意，最好是在下跌行情中经过长时间的持续大幅下跌的第三浪，并且股价在反复筑底时，形成这种五连阳组合走势。另外，也要注意区别一些大幅上涨后的个股，在其回调途中，庄家刻意做的小阳串组合以吸引短线客的多头陷阱。在股指充分下跌筑底成功后的低位五连阳，其可靠程度非常高，可操作性也非常强。低位五连阳的出现是一些志在长远的庄家资金增仓回补的重要信号，投资者在介入后一般不要轻易的进行短线操作，以免将廉价的筹码炒掉。

四、五连阴收大阴线

所谓五连阴收大阴线，一般是由六根阴线组成，常常出现在一波下跌行情的末期，表现为走势图上连续 5 天收出阴线。这 5 条阴线中，可允许其中的一条阴线与上一条阴线并列，即两条并列的阴线中有一条阴线的跌幅为零，其他阴线须有一定跌幅，中间也可插一根小阳线，但最后一定是出现一根跌幅不小于 3% 的大阴线。需要指出的是，此形态可由六根或六根以上的阴线组成，最后一根阴线跌幅不低于 3% 即可。五连阴收大阴线的图形如图 2-35 所示。

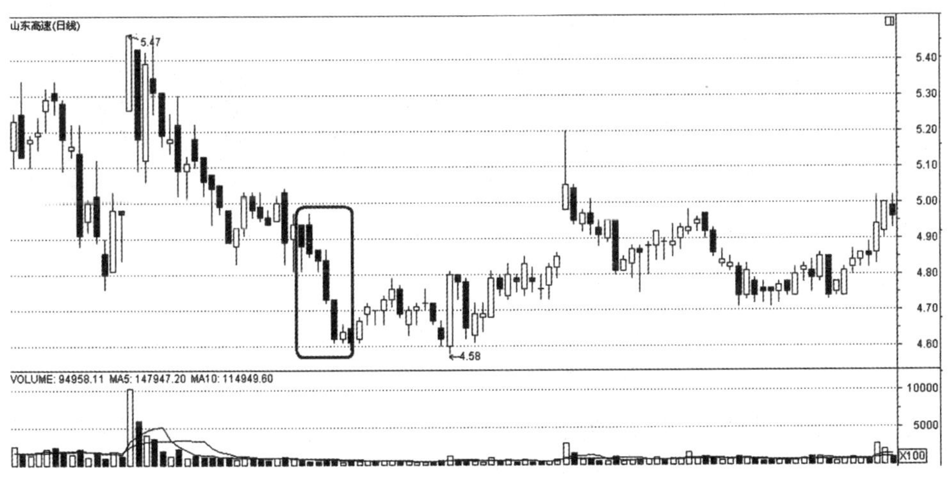

图 2-35　五连阴收大阴线

在实际操作中，当股价行情阴阳交错拉出五条阴线后，出现一条长长的大阴线，可判断“已到底部”，如果隔日高开，即可视为反弹的开始。而且，在五连阴收大阴线K线形态形成的次日，如果股价低开高走，收出阳线，则当价格盘中穿越头一天阴线收市价时可跟进；若股价次日收出阳线，激进者可当日逢底建仓，因为至少这个位置已经是底部区域；稳健型投资者则待收出阳线后的第二日再买入。

此外，值得投资者注意的是，若五根阴线之后没有出现大阴线，而是以多根小阴线代替，只要出现见底迹象，一样可以买入。

五、一阳包多阴

所谓一阳包多阴，是指一根大阳线孕育后面两根或两根以上的小阴线，也就是后面两根或两根以上的小阴线实体都在大阳线的实体之内（图2-36）。

图2-36　一阳包多阴

该图形的含义为：

1. 该形态如果在下降趋势中出现，显示后市将继续下跌的信号；

2. 该形态如果在涨幅较小的波段高位出现，显示阶段性顶部信号；

3. 该形态如果在涨幅很大后的高位出现，显示顶部信号。

在实际操作中投资者如果遇到一阳包多阴形态，可以考虑以下操作方式：

1. 个股在经过较小幅度的下跌后出现该形态，阳线对企稳作用有限，还会下跌，应继续卖出股票；

2. 个股在上涨了一定的幅度后出现该形态，表示上升行情告一段落，短期见顶，也应卖出股票；

3. 如果是在涨幅很大的高位出现该形态，要坚决卖出股票，离场休息。

六、一阴包多阳

所谓一阴包多阳，是指一根大阴线孕育后面两根或两根以上的小阳线，也就是后面两根或两根以上的小阳线实体都在大阴线的实体之内（图 2-37）。

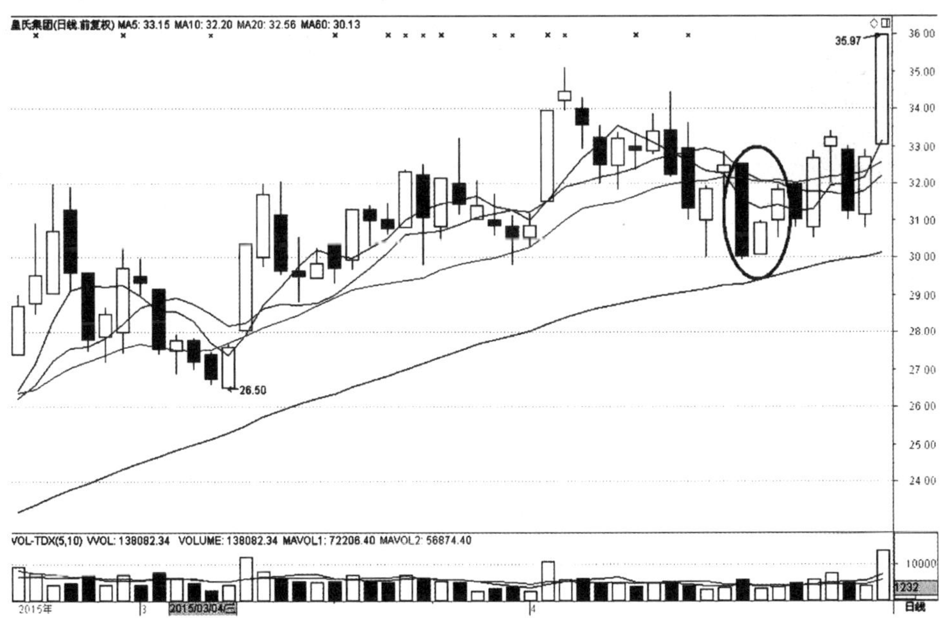

图 2-37　一阴包多阳

该图形的含义为：

1. 该形态如果在上升趋势中出现，显示后市将继续上升的信号；

2. 该形态如果在跌幅很大后的低位出现，显示底部信号；

3. 该形态如果出现在涨幅很大后的高位，显示卖出信号。

在实际操作中投资者如果遇到一阴包多阳形态，可以考虑以下操作方式：

1. 在上升趋势中出现该形态后，虽然显示会继续上升，但是应该等到股价超过大阴线的开盘价后再买入；

2. 在跌幅很大后的低位出现该形态后，如果还有其他的K线提示底部信号，就应坚决大胆地买入，中线持有等待盈利。

K线解析

总而言之，投资者不仅要看一至两根K线，还要看三至多根K线的组合，买卖双方决战时对抗力量的强弱变化，便可清晰洞察，双方的胜负一目了然。我们通过两根或三根K线的组合推衍出多根K线的变化分析，这些组合的定式需要投资者在实战中细致体察，方能真正掌握K线的精髓。

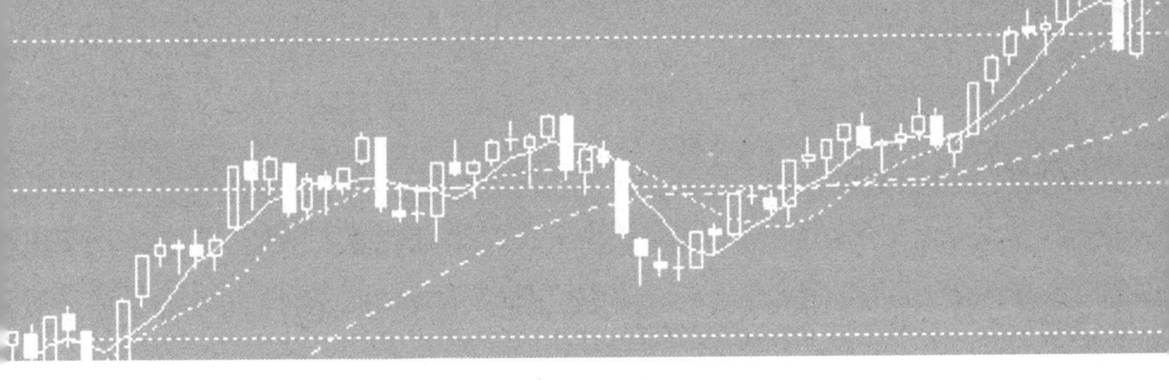

第三章

无价之宝：透析股市 K 线的基础形态

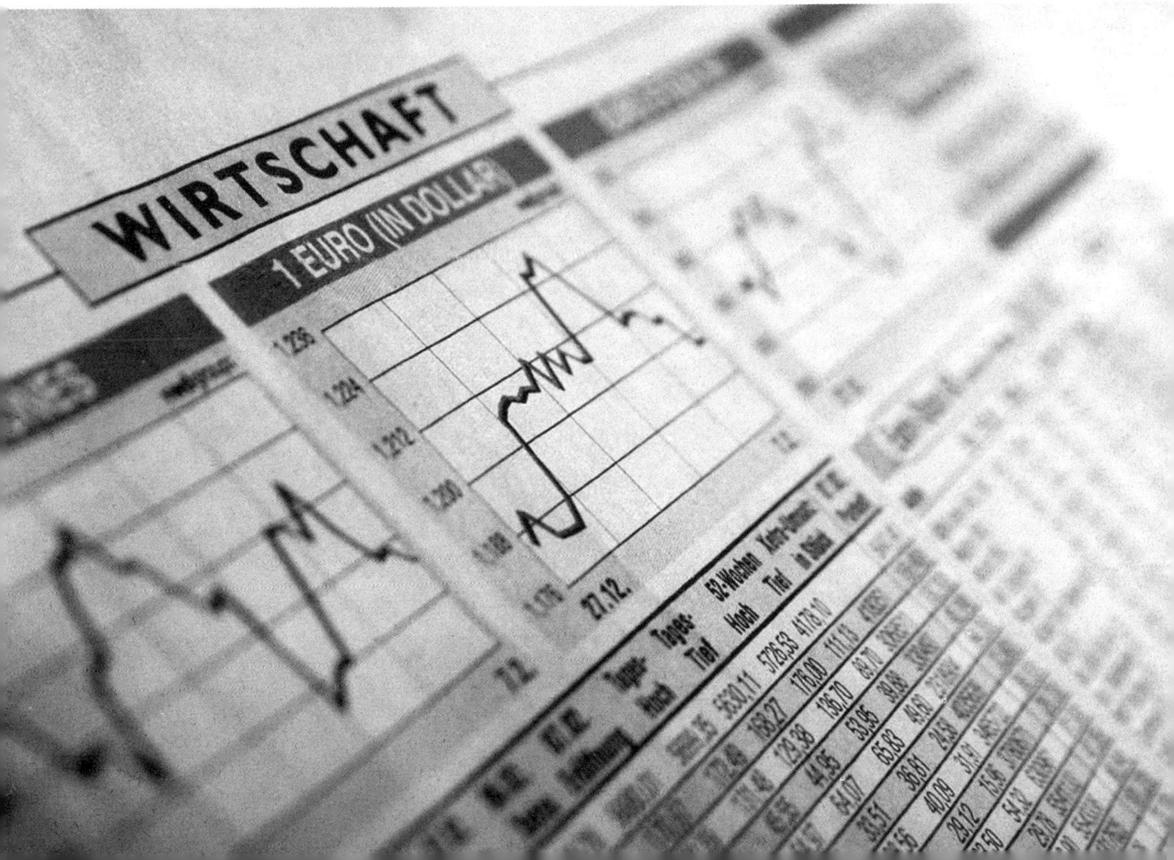

第一节 底部形态

一、剖析五种经典底部形态

（一）圆弧底

顾名思义，圆弧底是指K线连线呈圆弧形的底部形态。与潜伏底相似之处在于它同样常出现于交投清淡的个股中，耗时几个月甚至更久，因此具有相当大的能量，圆弧底通常是中长期底部（图3-1）。

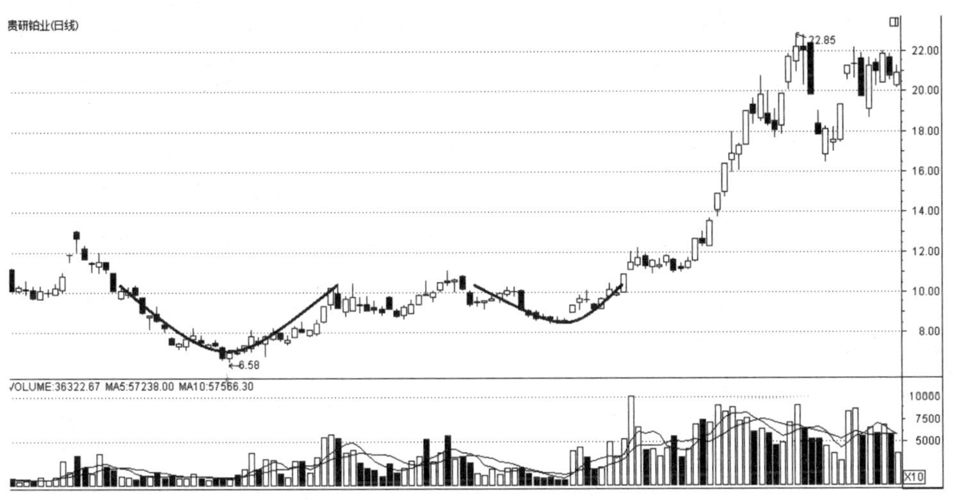

图3-1 圆弧底

从图3-1中可以看出，圆弧底可以分为圆弧的左半部分与圆弧的右半部分。左半部分是跌的过程，右半部分是涨的过程，一半比较流畅，一半比较曲折。涨的过程，尤其是在面临突破前，不可避免地会面临着反复，只要能保持相对强势，成交量也能出现明显放大，最终一旦突破上去，涨起来的空间就会更广阔。

一般而言，圆弧底的形态特点有下面几点：股价处于低价区；股价变动简单且连续，先是缓慢地下滑，而后是缓缓上升，K线连线呈圆弧形；成交量变化与股价变化相同，先是逐步减少，伴随着股价回升成交量也逐步增加，同样呈圆弧形，耗时较长；“圆弧底”形成末期，股价迅速上扬形成突破，成交量也显著放大，股价涨升迅猛，往往很少回档整理。实际上，圆弧底形成的时间一般较长，从形态上也比较好辨认，一旦个股出现了圆弧底，通常便到了该股的底部，圆弧底形态形成的时间越长，该股股价上升的幅度也就越大。

事实上，圆弧底走势是由高价回落一段时间后，在低位徘徊，不是立即上升，而是缓缓上升，变成圆弧形的底部。一般而言，圆弧底或是从高位跌下来，或是庄家没有掌握足够的筹码，在大市处于盘整期经庄家打压后形成的。股价下跌一段时间后，抛盘减少，庄家就慢慢收集筹码，不急于推高股价。这时，随着抛压减轻，成交量随之缩小。当庄家还要增加吸筹量时，又不得不慢慢抬高价格，于是成交量也随着价格上升而不断放大，也形成了与价格走势相似的圆弧底。大多数情况下，圆弧底都预示着庄家在收集筹码，一旦收集完成，买方势力完全控制市场，股价迅速攀升，因为底部耗时长，换手充分，所以向上突破后，卖方无力抵抗，往往无须回档，短期升幅即可相当惊人。

在实战中，圆弧底形态的确认一般要等到股价从底部涨回到下跌前的高点时（即碗沿处）才可以，此时股价已经从底部上涨了20%，但由于圆弧底是非常充分的调整走势，真正的涨升才刚刚开始，寻找圆弧底的最佳介入时机的意义不大。在确认圆弧底后，投资者应该立即介入，因为这个底部形态很可靠，随后股价的涨升幅度会很大，及早介入一般会比晚介入好。但谨慎的投资者可以在冲破“碗沿”后的回调时介入，或选在股价靠近10日均线附近时介入。如投资者已经提前在底部介入，到形态确认时已经有不小的利润了，但千万不要就此罢休。圆弧底形成的时间较长，投资者一定要有很大的耐心，才能品尝到最后胜利的滋味。

通常情况下，投资者在运用圆弧底这一投资技能的时候，必须注意个股与大市的技术“共振”，即只有在大市和个股同步见底的时候，才能进行投资操作；单纯大市见底和个股见底都不能作为稳健投资的信号，这是圆弧底形态最为关键的投资要点所在。在具体操作的时候，由于圆弧底耗时长，所以不应过早介入。首先，在买入之前必须确认成交量的底部已形成；其次，要在连续几日温和放量收阳线之后；再次，如果在圆弧底形成末期出现整理平台，则应在成交量萎缩至接近突破前期成交量水平时及时抢进。最后，一旦个股左半部圆弧完成后股价出现小幅爬升，成交量温和放大形成右半部圆弧，便是中线投资者分批买入的时机，股价放量向上突破时是非常明确的买入信号，其突破后的上涨往往是快速而有力的。因此可见，在圆弧底出现的末期应是最佳的买入时机。

然而，由于圆弧底易于辨认，有时太好的圆弧底反而会被庄家利用为出货骗钱。像某些个股除权后在获利丰厚的情况下，庄家就是利用漂亮的圆弧底来吸引投资者的。因此，如果公认的圆弧底久攻不能突破或突破后很快走弱，特别是股价跌破圆弧底的最低价时，仍应止损出局观望。

需要说明的是，圆弧底除上述形态特征外，还有两个细节会在某些圆弧底的形态中出现：在刚刚经过底部的中点时，某日成交量突然放大，股价蹿升，但很快又恢复到平缓的上升趋势中；在圆弧底形态形成的结束位置会出现一个平台，随后平台被突破，大幅上升行情开始。

（二）V形底

V形底通常出现在下跌的行情之中，一般的表现是大盘一路呈下跌势头，在下跌最猛烈的时候突然峰回路转，出现戏剧性的转化，股价或者指数出现快速回升，一路上扬，其形状似英文字母“V”，因此称为V形，其底部就称为V形底（图3-2）。V形底也称尖底，是指股价经过连续下跌，或突如其来的某个因素扭转了整个趋势，在底部伴随大成交量形成十分尖锐的转势点，一般仅需2～3个交易日，随后股价出现近乎垂直的急升，从底点快速涨升，成交量剧烈放大。

图 3-2 V 形底

一般情况下，V 形底可分为两种类型：一种是连续长阴下跌见底后，在底部不作整理直接以连续长阳的方式展开上攻，形成典型的 V 形底部形态；另一种是连续长阴下跌见底后，在底部不作整理，展开一两天的长阳上攻后，进行强势横盘整理，然后再次上攻，形成类似于半边肩形的 V 形底部形态。实际上，V 形底没有明确的量度升幅，一般都会回到原来的起点区域。此外，在 V 形底反转当天，日 K 线往往会形成十字星、带长下影阳线或大阳线等形态。

客观地讲，V 形底反转虽然是很有上升潜力的形态，但它不容易操作，只给投资者一次买入的机会。因为在短时间内暴涨给投资者研判的时间非常短，机会稍纵即逝，股指和股价在底部停留的时间极短，所以想在底部抄底几乎是不可能的。因此，短线投资者可以在股价刚放量上涨时追涨买入。如果投资者已经报了买单，但因股价上涨速度过快没能成交，则应坚决撤单，报更高价追入，不过要考虑股价已经达到的位置，太高了就要放弃买入。在实际操作中，有以下几点值得投资者予以重视：第一，V 形底反转后股价上涨要有成交量的支持，没有成交量的支持，该形态不可靠；第二，V 形底转点的一两个交易日有时成交量极小，有时成交量极大，成交量极大的情况出现时可能是上涨的前奏；第三，V 形底反转必须有重大的利好消息的配合，如没有利好消息的配合，V 形底不容易形成。

另外，V 形底有时会演变为延伸 V 形底走势，在带量向上突破延伸 V 形底的徘徊区时可以追买。而且，V 形底不易在图形完成前被确认，在遇到疑似 V 形底的情况下，如果已经买进的投资者则应随时留意股价发展的方向，保守投资者则可等到可以大成交量确认股票 V 形底反转形态时再追买。一旦 V 形底形成，要敢于进场，前期下跌的幅度越大则后市上涨的空间就越大，不要错失制胜的良机。

（三）W 形底

一只股票持续下跌到某一水平后出现技术性反弹，但回升幅度不大，时间亦不长，股价又再次下跌，当下跌至上次低点时却获得支持，再一次回升，这次回升时成交量要大于前次反弹时的成交量。股价在这段时间的移动轨迹就像英文字母 W，这就是 W 形底走势（图 3-3）。

图 3-3 W 形底

通常情况下，W 形底的形态特征有以下几点：双底的第二个底点都较第一个底点稍高，原因是先知先觉的投资者在第二次回落时已开始买入，令股价无法再次跌回上次的低点，同时也意味着市场做多的力量占据上风，否则就表明当前走势是弱势的，即这种双底是很弱的；形成第一个底部时，底部回升的幅度是最高点的 10% ~ 20%；W 形底的两个低点形成的时间相隔超过一个月为常见；成交量明显放大，不仅是上涨过程中有成交量的配合，并且在下跌缩量中与前期相比成交量也是明显放大的，表明有新资金介入，成交量越大越好。当然，如果是缩量直接涨停则是更强的表现。

在实际操作中，一旦出现 W 形底形态，通常是反映在向下移动的市况由熊市转为牛市。一旦形成 W 形底图形，必须注意图形是否会穿破阻力线，若穿破阻力线，示意有强烈的需求。一般而言，双底形成突破颈线处，从理论上来说是一个买入点，但实际上投资者还是要冒比较大的风险，一旦双底上冲失败，在这个点位买进者就会被套牢。因此，在突破颈线处买进的投资者要随时做好停损离场的准备。对于 W 形底的应用，比较保险的操作方法就是在股价突破颈线回抽试探颈线支撑有效，再次放量上攻时买进，这样盈利的把握性就会更大些。

需要说明的一点是，许多投资者往往喜欢在市场趋势下跌中运用这种技术形态来判断底部和预测未来，但在实际的走势中，如果大的趋势是向下的，途中出现这种短期的 W 形底多数情况下会演绎成 M 头形态继续走低。真正成功的使用该种技术形态是在大趋势向上的途中，市场股指或者个股股价遇到了获利回吐的压力后出现的调整和波动，只有这时成功的概率才较高，而在大趋势向下的情况下运用这种形态判断底部常常是错误的。因此，在具体的个股操作时，建议投资者关注那些大趋势向上（至少不是向下）的个股。

（四）潜伏底

一般来讲，股价在一个极狭窄的范围内横向移动或缓慢阴跌，每日股价的高低波幅较小，且成交量亦十分小，仿佛像冬眠时潜伏在底部的蛇，这种形态就是潜伏底（图 3-4）。

图 3-4 潜伏底

一般而言，潜伏底的特点有以下几方面：第一，低位整理的时间漫长。所谓“潜伏”，亦即长期备受市场的冷落，被投资者打入冷宫，在大盘的多次行情中表现平平，一度成为人们忽略的冷门股。“长期”的标准，短则一年，长则数年。第二，筑底前已有充分调整。只有跌得深、跌得透，才会为后市的上升打开空间。第三，低位明显有增量的资金介入。成交量是股价上行的“石油”，只有在低位添加充足的能量，庄家才能向更高、更远的目标迈进，投资者可统计一下在低位潜伏期的成交量以及换手率，低位换手率越高，通常庄家吸纳的筹码就越多。

客观地讲，潜伏底大多出现在股市惨淡之时，及一些股本少的冷门股上。由于这些股票流通量少，而且公司不注重宣传，其前景模糊，结果受到投资者的忽视，稀少的买卖使股票的供求十分平衡，股价在一个狭窄的区域里一天天地移动，既没有上升的趋势，也没有下跌的迹象，其表现令人感到沉闷，就像是处于冬眠时期的蛇，潜伏不动。最后，该股突然出现不寻常的大成交量，原因可能是受到某些突如其来的消息，例如公司盈利大增、分红前景好等的刺激，股价亦脱离潜伏底大幅上扬。在潜伏底中，先知先觉的投资者在潜伏底形成期间不断做着收集性买入，当该形态突破后，未来的上升趋势将会强而有力，而且股价升幅比例甚大。因此，一旦投资者发现潜伏底明显向上突破，就应该及时入场跟进，通常会获得不菲的收获。

需要指出的是，潜伏底往上突破有两种情形：一种是突破上档压力线后直接往上走，这种走势居多；另一种是突破上档压力线后，经回抽再往上走，这种走势较少见。潜伏底突破上档压力线上扬时往往会出现大阳线后再拉大阳线，超涨之后再超涨的现象，这是潜伏底往上突破的一个重要特征。因此，在潜伏底涨升初期，短线操作者可大胆追涨买入。潜伏底突破后，成交量应稳步放大配合股价上涨，否则涨势不可能像预期的那样好。短线投资者必须在底部出现明显突破时方可跟进，突破的特征是成交量激增。当时确认的“潜伏底”在突破后又跌回平台区域甚至跌破前期的最低价，这有可能仅是下跌中途的整理，应止损出局。

事实证明，虽然潜伏底具有巨大的上升潜能，但是真正能抄到潜伏底并享受到潜伏底往上飚升带来丰厚投资回报的人却很少，其原因可以归纳如下：首先，入市时间选择不当。潜伏底的主要特征是成交量几乎处于停滞状态，而且历时很长。在中外股市中耗时几个月的潜伏底屡见不鲜，有些竟会长达数年之久。有些投资者在潜伏底构筑过程中，因过早入市受不了股价不死不活的长时间的折磨，在股价发动上攻行情前离它而去，这是很可惜的。因此，潜伏底的入市时间应选择在股价放量上冲这一阶段。其次，不敢追涨。潜伏底一旦爆发，上攻势头十分猛烈，常常会造成连续逼空的行情，而多数投资者对潜伏底爆发出来的直蹿行情不知所措，一看连续拉出的大阳线就不敢再追涨了。

总而言之，在实战中，投资者需要牢牢记住以下几点操作策略：第一，不要“走漏眼”。潜伏底形态的个股通常成交量很小，股价变化不大，容易被投资者忽视。然而，一旦爆发，其涨幅相当惊人。避免“走漏眼”的一种有效方法，是将日K线显示窗口的时间放大到半年甚至一年以上，这样容易发现股价波幅小，日K线呈“一条线”形态的个股。第二，不要过早介入。“潜伏底”耗时较长，而且在向上突破之前，也许真的是一支毫无希望的弱势股。如果过早介入，会将资金锁定在相当长的一段时间内。较佳的介入时间是在放量向上突破的 2 ~ 3 天。第三，“横有多长，竖有多高”。在底部横盘时间越长，积累的上攻能量越大。同样是“潜伏底”突破形态，应选择底部耗时较长的个股介入，其获利会更加丰厚。

（五）头肩底

所谓头肩底，在图形上是由左肩、头、右肩及颈线组成。三个连续的谷底以中谷底（头）最深，第一及最后谷底（分别为左、右肩）较浅及接近对称，因而形成头肩底形态（图 3-5）。

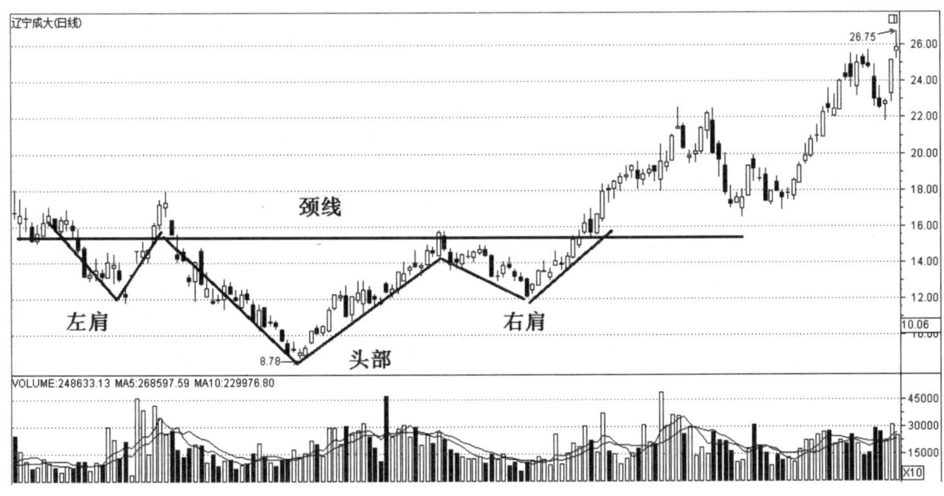

图 3-5 头肩底

一般来讲，头肩底的形态特征有以下几点：多发生于空头行情的末跌段；头肩底形态必须有三个低峰点，并且头部的低点要明显低于双肩。左肩和右肩低点位置大致相等，个别头肩底右肩低点略低于左肩，但头肩底的右肩低点一定低于左肩反弹高点；成交量呈 V 形或头肩顶状态分布，有时三部分大致相当，但颈线突破时一定需要大的成交量配合。

在实际操作中，头肩底是一种较为常见的底部形态，往往预示着市场实现了阶段性止跌，此后有望展开一轮反弹走高的行情，因此形成该种形态后往往会成为支撑市场信心的标志。然而，由于随着股指的不断变化，是否形成头肩底并不容易判断，并且有的还会演绎成为其他形态，所以必须结合成交量及以往的走势特征进行综合分析。

对于投资者来讲，看到头肩底的图形时，就要想到这是股价见底回升的信号，这时不要再继续看空，而是要做好随时进场的准备。一旦看到股价放量冲破颈线，就要考虑买进一些股票，这就是第一个买点。如果股价冲破颈线位后出现回抽动作，并在颈线位附近止跌回升，股价再度上扬时，投资者就可以加码跟进，这就是第二个买点。有一点需要注意的是，如果股价向上突破颈线时，成交量并没有配合放大，就要想到这很可能是一个假突破，这时投资者要逢高卖出股票，先退出观望，以免股价继续大幅下跌。头肩底形成的过程用时越长，其表示股价反转的可信度也就越大。

需要指出的是，所谓的头肩底技术形态并非都有机会，也有失败的时候，投资者在选择此类个股机会的时候需要把握以下几个方面：首先，选择那些基本面良好、有长远发展前景的品种作为参与的对象；其次，选择个股的时候，应关注那些右肩略高于左肩并且有明显放量的个股品种；第三，向下突破探底的时候，其下跌的幅度不应太深，反弹的时候力度要大于下跌的速度。

二、底部形态的确认技巧

一般而言，底部的出现必须符合技术方面的两大条件：各种技术指标向上突破下降趋势线，由于各阶段其下降趋势线均有所不同，一般以 25 日平均线为准；从形态上看，以前的最低底部都会是参考点。如果在一年内有几次都是在某一最低位置反弹上升的,那么该位置即可认为是某个中期的底部。

在运用底部形态的炒作过程中，决定成败最关键的因素是辨别底部形态的可信程度。对于底部形态的可信程度，投资者需要关注以下几点：第一，庄家坐庄受时间的成本限制，无法在长期走势中做图骗线，所以越是形成时间跨度长的底部形态，可信度越高，越容易形成历史性的底部；第二，小盘股容易被庄家控盘，所以，大盘股的底部形态相对而言比小盘股的底部形态可靠，指数的底部形态往往会比个股的底部形态更加可信；第三，底部形态构筑成功后，在右侧的上涨过程中，伴随成交量温和放大的，较为可信，而无量配合的持续上涨，往往预示着庄家已经控盘，这种底部形态是否可信，还要结合其他分析手段进行确认；第四，在底部形态的构筑过程中，如果有些不规则的形态，往往是一种自然形成状态，比较可信，反之若底部形态太过完美很有可能是陷阱，投资者需要谨慎操作。

就底部形态来讲，投资者需要把握“四个到位”。所谓四个到位，是指成交量的萎缩到位、股指的调整到位、技术指标的超卖到位以及热点的冷却到位。其中，成交量的萎缩到位是指成交量随着大盘的回落而急速萎缩，并不时地出现地量。然而，地量并不能决定股市一定是调整到位了。如果股指继续下跌，而成交量在创出地量后开始缓慢地温和放量，成交量与股价之间形成明显的底背离走势时，才能说明成交量调整到位。至于股指的调整到位，在强势市场中可以通过波浪理论或者黄金分割率进行测算，但在弱势调整中，只能通过观察市场做空能量进行估算。当做空动能趋于衰弱的情况下，股指就会达到跌无可跌的地步。而技术指标的超卖到位，是根据多种指标在同一时期中在月线、周线、日线上同时发生底背离进行综合研判的。另外，“热点冷却到位”中的热点是指前期的庄家热点，热点板块的调整到位，将会起到稳定市场重心的作用。前期主流板块的成功探底，也有助于调整行情的早日结束。

此外，对于底部形态构筑坚实的板块，投资者要密切加以关注，至于底部形态构筑得是否坚实可靠，主要可以从以下两方面进行判断：第一，成交量。只有放量的个股，才能确认底部形态的可靠程度，将来才有大幅涨升的希望。第二，底部形态的构筑时间。特别要关注那些底部形态形成的时间长，近期又没有随大盘一起破位的股票。对这类有完好底部形态的个股，投资者不必急于介入，应该等待其已经正式启动时，把握恰当的时机，准确及时地出击，这样可以最大限度地提高资金的利用率，以免在一些启动过晚的个股中耽误了牛市行情的机遇。

在实战中，一旦投资者遇到底部形态，那么在进行确认的时候，还应谨记以下几点：首先，不要指望抄最低点。大部分投资者认为反弹即是底部，抢反弹是高风险的行为。因此等待底部形态成熟后再大量买进，以免在跌势中被低点的低点套牢。其次，不要迷信底部量。价跌量缩的道理大家都知道，但量缩了还可以再缩。所以应等待大盘指数走稳后，六日均量连续三日迅增才能确认。另外，不要认为底部是一日。俗话说，“天价三日低价百日”就是这个道理。一般来说，底部有几种形式。W底及圆弧底是较为常见的底部，绝不要去抢V形底，因为V形底经常就是一个右肩，一旦买入就会有被套住的可能性。

三、抄底策略

所谓抄底，是指以某种估值指标衡量股价跌到最低点，尤其是在短时间内大幅下跌时买入，预期股价将会很快反弹的操作策略。在股市中，买最便宜的股票是所有投资者都向往的投资机遇，更是价值型投资者信奉的盈利模式。但是，究竟什么样的价格就是“最便宜”，或称“底”，并没有明确的标准。抄底往往是对已经发生的在最低点买入的描述，但很难判断其未来在什么样的点位是底部。此外，有些股票价格快速下跌并不是因为低估，往往是因为公司基本面确实发生了问题，如果在这个时候买入，不仅股价不会很快反弹，相反在基本面未明了前还有进一步下跌的可能。因此，投资者在抄底的时候，就需要讲究一定的策略。

事实上，抄底并不是一件容易的事情。成功抄底更有“三难”：时机选择难、品种选择难、策略选择难。时机选对，再差的股票也会涨；时机选错，再好的股票也要跌。大盘从高点下行，何时触底无人能知。唯一有效的方法是，根据自身的风险承受能力选择抄底时机。

具体地讲，投资者在抄底的时候，可考虑以下几点操作策略：

第一，分批抄底。从稳妥出发，分批抄底较适宜，即事先设好计划，每当大盘和个股的股价下一个台阶，就买入一定数量的目标品种，直至预期中的底部出现，完成全部建仓。需要注意的是，分批抄底时先买谁、后买谁要视个股的表现而定。一般情况下，首批买入的是先于大盘和个股调整、打算买入的品种中跌幅最大的股票，第二批、第三批买入时，依次类推。

第二，保持足够的仓位。无论是高位重仓或满仓、跟着市场一路下跌的投资者，还是高位减仓后空仓、轻仓的投资者，当底部出现时都需要保持足够的仓位。投资者可以抓不住最强势的品种，但不能让资金闲着。而且，投资者需要树立防踏空的意识。如果在“牛末熊初”，持股不动是不明智的，那么在暴跌已经发生、极有可能“熊去牛来”的情况下，割肉轻仓才是更不明智的。因此，若股价已经处于底部区域，投资者需确立强烈的仓位意识，牢记“仓位也是硬道理”这一投资真谛。

第三，捕捉合适的目标个股。抄底的个股选择有三种方式：(1) 追击强势股。追击强势股要注意两点，一要在第一时间追进，一旦看准目标就及时下手；二要一次性买入，若分批建仓、越涨越买，会增加持仓成本，轻则影响收益，重则不盈反亏。(2) 低买备选股。相比追击强势股，较实惠的方法是低买备选股，即抄底前精选几只熟悉的待买股票，拟好待买时机、品种、价格和数量，伺机买入。有了周密的计划，操作就能有的放矢。(3) 在低位买入曾在高位逃顶时卖出的股票，是抄底最稳妥的方法，即既不追强势股，也不开新仓位，而是仍接回逃顶股。操作时要做到两个不变：一是品种不变，即专门买回逃顶时卖出的股票；二是数量不变，即当初逃顶时卖出多少，抄底时就买回多少。

第四，通过技术面予以研判。历史行情证明，市场的大型底部也是可以从部分技术指标上得以印证的。比如，当周线图表上的一些技术指标，如 MACD、KDJ 等出现低位背离现象时，往往意味着部分长线资金开始进场吸纳股票，由此也导致了技术指标并不随着股价继续下跌而下跌。此外，当日线、周线以及月线等短期、中期、长期指标同时发生见底信号时，投资者就要密切留意后市的运行方向；如果周线、月线等中长期指标表现不好，但日线等短期指标开始走稳时，市场可能会在短期内面临反复，但市场的中长期走势仍旧需要观察。另外，在牛市中，当目标股票技术系统的月线 KDJ 指标，周线 KDJ 指标，日线 KDJ 指标，即所有周期的指标均在 20 以下低位全部金叉共振向上攻击发散时，是千载难逢的买进机会。

第五，关注涨停。底部放量的第一个涨停板，是买入股票的最佳时机，无论是从短线还是从中线来看，都会有很好的获利机会。

第六，从新股角度进行分析。在实际操作中，投资者也可以通过新股辨别二级市场是否到了一个可以买入的阶段。A 股的历史经验表明，当新股上市后迅速跌破发行价后，二级市场往往进入了大型底部区域。这会引发部分资金回流至二级市场，后者也会产生行情。同时，如果新股上市后上涨幅度不高，使得一级市场的资金申购收益率有限，也会引起外围资金的关心，从而悄悄入场。相反，当新股上市后被爆炒，二级市场也会面临相当大的风险。

一般而言，抄底后大盘和个股出现上涨，这是所有抄底者都希望看到的结果。对中长线投资者来说，无论大涨或小涨，都可以持股不动，耐心持有、静观其变；对于坚持波段操作的投资者来说，可以找高点分批获利了结，变账面盈利为实际收益，待大盘和个股再次回落，再行二次抄底。然而，无论以哪种方式介入，抄底后大盘和个股都有继续下跌甚至大跌的可能。对此，每位参与抄底的投资者都要有充分的思想准备，制订必要的应对措施并严格执行。

K 线解析

总而言之，盘中底部形态的研判主要适用于两方面：一是适用于短线职业高手进行盘中“T+0”等超短线操作，二是适用于所有投资者在实施买入时操作。通过对底部形态的研判，把握最佳的买入时机。

第二节 顶部形态

一、解析五种经典顶部形态

（一）圆弧顶

在圆弧顶形态中，股价呈弧形上升，虽然顶部不断升高，但每一个高点微升即回落，先是出现新高点，而后回升点略低于前点，如果把短期高点相连接就可形成一个圆弧顶状。同时在成交量方面也会形成圆弧状（图 3-6）。

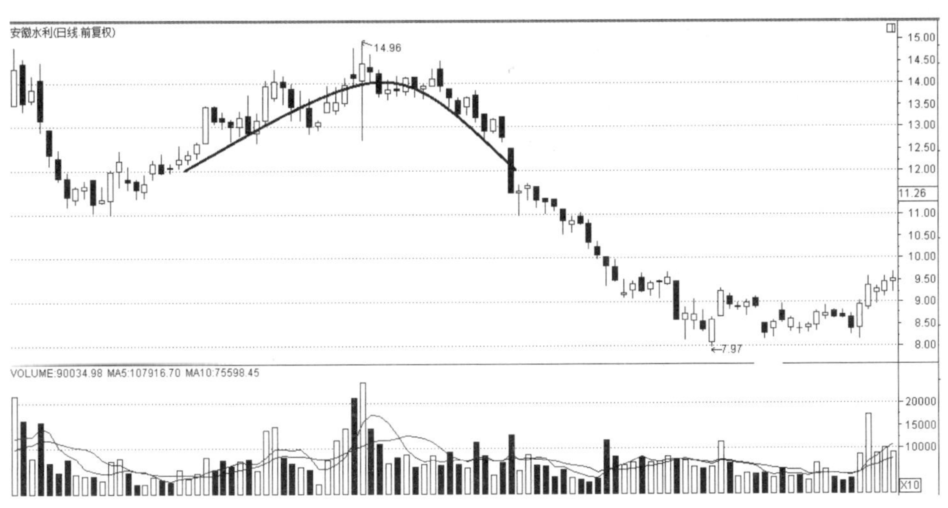

图 3-6 圆弧顶

一般来说，圆弧顶的形态特征如下所述：股价位于高价区；成交量总是在圆弧顶刚刚开始构建时比较大，而在弧顶位置成交量持续收缩，当圆弧形态即将完成时，成交量将会再次放大；耗时较长。

在股市中，圆弧顶是一种常见的顶部反转形态，投资者及市场分析人士均相当重视对其的研判，在头肩形反转形态中，股价起伏波动较大，反应多空双方争斗激烈，在突破颈线后，形态成立。而圆弧顶形态是渐进的过程，市场多空双方势均力敌、交替获胜，使股价维持在一段较长时间的盘整局面，最终才会出现向下的反转行情。

在具体应用中，投资者需要把握下面几点：第一，圆弧顶出现的位置在很多情况下都不代表真正的顶部位置，它往往比最顶部稍矮一些，这也就意味着现实中的圆弧顶往往出现在价格的中高位置上；第二，在实盘中出现频率并不高的圆弧顶，一旦形成之后，投资者应当立即采取操作，因为这一形态完成后的量度跌幅将是不可测的，这一量度跌幅将可能远远超过投资者的心理预期；第三，圆弧顶往往出现于绩优股中，由于持股者心态稳定，多空双方力量很难出现急剧变化，所以庄家在高位慢慢派发，令K线形成圆弧；第四，有时当圆弧顶形成后，股价并不立刻下跌，而是反复横向发展，形成徘徊区域，称作“碗柄”。一般来说，碗柄很快便会被突破，股价会继续朝着预期中的下跌方向发展,但却提供给了投资者在下跌之前的一个退出机会。

值得投资者注意的是，一旦研判出圆弧顶走势应及早离场，不可抱有侥幸心理，即使遇到少有的利用此法洗盘，也毫不遗憾。绝大多数情况下，其后的弱市时间将是非常漫长的，毫无中长线投资价值。

此外，需要说明的是，在我国的证券市场上，庄家炒作股票即将完成时，往往会推出一些利好消息以吸引买家进场接盘，最奏效的办法莫过于上市公司高比例送转股票，利用这一利好消息，既可以进一步拉高股价，同时也可以使股价最终形成除权缺口和股价水平绝对值的自然降低，这时候出货将变得十分轻松。而在除权之后的出货过程中，庄家多数都采用了股价横盘整理，成交量有序放大的盘整出货法，实际上以复权价来看，除权前后的股价走势，或多或少都具有一些圆弧顶的形态。

（二）V形顶

所谓的V形顶，也可以称为尖顶，是指股价经过连续急速上涨后，突如其来的某个因素扭转了其整个发展趋势，在顶部伴随大成交量形成十分尖锐的转势点，一般需要两三个交易日，随后股价以上升时同样的速度下跌，出现近乎垂直的急挫，从高点快速下跌到底点附近，成交量逐渐减小，整个移动轨迹就像倒写的英文字母 V。作为一种重要的顶部反转形态，V 形顶常出现在大、中、小行情的局部高点，形成长期或中短期的头部，其形态大小决定反转后的杀伤力（图 3-7）。

图 3-7 V 形顶

一般来讲，V 形顶的特征有以下几点：V 形顶部一般与前一相近顶部相比出现量价背离的走势，V 形顶部见顶后其后的下跌几乎无反弹，V 形顶部出现后次日股价继续下探的概率非常大。

在实战中，一旦投资者发现 V 形顶发生反转，应该立刻采取行动，稍晚一步很可能跌幅就已过半了。而且，正是由于 V 形顶形成时间比较短，一旦转折，则势不可挡，因此在操作时应谨慎对待。实际上，V 形顶没有明确的买卖点，往往出现于高价区，股价大幅拉升之后，放量滞涨，回落初期是长阴杀跌，出现此种信号，投资者应果断离场。此外，V 形顶有时会演变为延伸 V 形顶走势，在跌破徘徊区时，可卖出持股以规避风险。

（三）M 形顶

当股价上升到某一价格水准时，在其最高价附近常有较大的成交量，然后股价出现下跌，此时成交量随之减少，之后股价又再上升到前期顶点附近，成交量也再度随之增加，但并未超过前一个顶点附近的成交量，其后股价再次出现下跌，并跌破前期的回跌低点，此为M形顶（图3-8）。

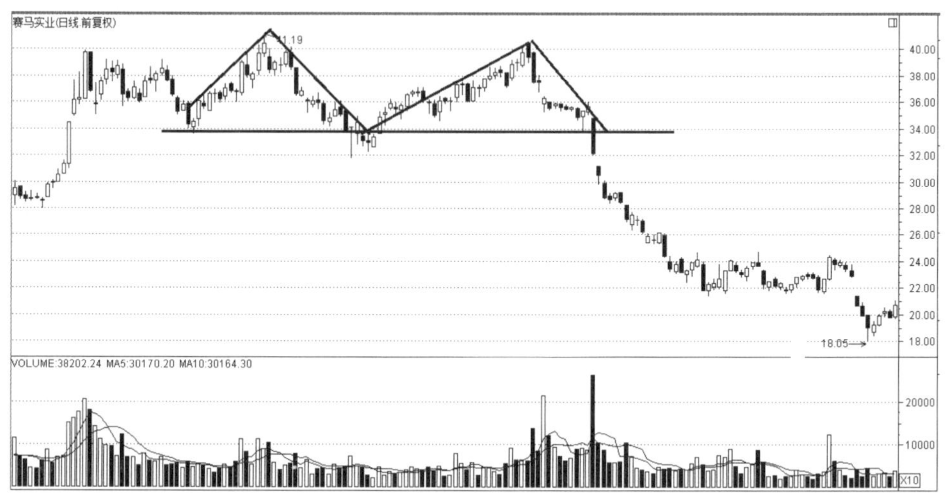

图3-8 M形顶

一般来说，M形顶的形态特征有以下几点：双顶的两个最高点并不一定在同一水平线上，两者相差少于3%是可接受的。通常来说，第二个顶可能较第一个顶高出一些；形成第一个顶部时，其回落的低点约是最高点的10%～20%；M形顶的两个高点形成的时间相隔超过一个月为常见；双顶跌破颈线时，不需要成交量的上升也应该确信。

M形顶是一种极为重要的反转形态，它在实际操作中出现的次数也非常频繁。投资者经常将M形顶看成是头部确定信号，并且认定今后将会出现较大幅度的下跌。在具体应用中，投资者需要把握以下几点：第一，假使第一个顶点出现后，股价回档下跌，成交量却呈现着忽大忽小的不规则变化，下跌后股价再次上扬，但这次上涨的成交量明显要小于第一顶点所形成的成交量（这一点至关重要），当股价上涨到第一顶点高度的附近时，极有可能构成M形顶形态，股价有再次下跌的可能性，这时第一顶点高度附近就是第一个卖出点；第二，当股价向下跌破颈线 3% 以上时，是一个强烈的卖出信号，也是 M 形顶形态的第二个卖出点；第三，M 形顶形态对于市场上的部分投机参与者来说，可以利用技术上双头的形态来判断阻力位和支撑位，以便在今后的波段操作中能够较好地把握空间。从市场的规律来看，在下降通道中形成 M 形顶后的下跌空间，将是在击破低点之后箱体的高度，由此可以对该股票预测出可能的技术支撑价位，提前进行抄底操作。但此类操作必须制定合理的盈利目标，并以短期参与为主。

另外，投资者在实战中还需要注意下面几点：如果 M 形顶的第二个顶点的股价超过第一顶点 3% 以上的幅度时，M 形顶形态不成立；M 形顶很难判断是否是个股的头部，因为在第一个头部向下的时候，是无法判断是否会存在第二个头部的，它是在下跌了相当大的空间后才能确定的。所以，投资者只有追逐相对高点卖出才有积极意义；M 形顶由于构成所需时间比头肩顶短，套牢的浮动筹码也比头肩顶少，因此并不一定完全出现在原始趋势的顶部反转形态中。有时候在多头行情的整理过程中，也会出现小型的 M 形顶形态。

（四）潜伏顶

一般而言，某支个股的股价在经过一段时间的上升后，在某个变动不大的区域里上下震荡，不停地换手，但成交量却毫无减少的迹象，同时，该股的累计涨幅并不大，但也没有再上台阶的迹象。随着时间的推移，这个震荡区域几乎变成了一条不太平的直线，之后突然向下突破，这就是潜伏顶（图 3-9）。

作为反转形态的一种，潜伏顶可以出现在大、中、小行情的局部高点并形成短期或长期的顶部，图形大小决定其作用大小。而且，潜伏顶的成交量极少，突破时成交量放大。从实战看，可以把潜伏顶理解成“平顶”，即股价走了较长时间的平台之后向下突破，如果两边略有下沉，则可按圆弧顶操作。对于投资者而言，在股价突然出现向下突破时出货为较好也是最后的时机。

图 3-9 潜伏顶

（五）头肩顶

头肩顶形态是实际股价形态中出现最多的一种形态，是最可靠的反转形态之一。头肩顶形态一般通过连续的 3 起 3 落构成该形态的 3 个部分，即出现的 3 个局部高点，中间的高点比另外两个高点都高，称为头；左右两个相对较低的高点称为肩（图 3-10）。

图 3-10 头肩顶

一般而言，头肩顶的形态特征有以下几点：左肩与右肩高点大致相等，有时右肩较左肩低，即颈线向下倾斜；就成交量而言，左肩的成交量最大，头部的成交量次之，而右肩的成交量最小，即呈梯状递减；突破颈线不一定需要大成交量配合，但日后继续下跌时，成交量会放大。当颈线被突破，反转确认以后，大势将下跌。下跌的深度可以借助头肩顶形态的测算功能进行，通常从突破点算起，股价将至少要跌到与形态高度相等的距离。

在实际操作中，头肩顶是一个不容易被忽视的技术性走势，从该形态可以观察到多空双方的激烈竞争情况，行情升后下跌，再上升再跌，买方的力量最后完全丧失，卖方完全控制市场。在头肩顶形态的实际应用中，投资者需要把握以下几点：第一，这是一个具有长期性趋势的转向形态，通常会在牛市的尽头出现；第二,一旦头肩顶形态完成，投资者就应该相信股价上行大趋势的转向来临，股价即将进入深跌；第三，当最近的一个高点的成交量较前一个高点低时，就暗示了头肩顶出现的可能性，当第三次回升价格没法升抵前次高点，成交继续下降时，有经验的投资者就会把握机会卖出；第四，如果头肩顶形态确定，从其头部的顶端画一条垂直线到颈线，然后再从右肩完成后突破颈线的那一点开始向下量出同样的长度，则这段价格距离是股价将要下跌的最小幅度，也就是说，股价至少要跌完所测量之差价方有再反转上升的可能性；第五，当头肩顶的颈线被击破时，就是一个真正的卖出信号，虽然价格和最高点比较已回落了相当人的幅度，但跌势只是刚刚开始，未卖出股票的投资者可继续卖出；第六，价格有效跌破颈线位，既可以借助时间原则和幅度原则来进行分析，也可以借助其他技术指标来进行综合研判。在某些场合，如果其他一些指标率先发出变动的信号，将可以缩短投资者观察价格突破颈线位有效性的时间，从而更好地把握操作机会。

事实上，头肩顶形态是道氏理论或趋势理论的具体应用。在头部形成以前，其高点不断被创新，而低点不断被提升；在头部形成以后，其反弹高点不断降低，而低点也不断被刷新。所以，头肩顶形态是上升趋势和下降趋势紧密结合的范例，只是由于支撑线或压力线的作用，使其显得比较对称而已。需要指出的一点是，头肩顶（底）形态在实际的图表中都不是很完整的，也不一定非常标准，大致相似就基本可以认定了。

另外，投资者在实际操作中还应对以下几点予以关注：头肩顶的左肩和右肩的高点大致相等，部分头肩顶的右肩较左肩略低。但如果右肩的高点较头部还要高，头肩顶形态便不能成立；如果头肩顶的颈线向下倾斜，表示市场非常疲乏无力；在成交量方面，左肩最大，头部次之，右肩最少。不过，根据相关统计所得，大约有 1/3 的头肩顶左肩成交量较头部为多，有 1/3 两者的成交量大致相等，其余的 1/3 是头部的成交大于左肩的；在跌破颈线后可能会出现暂时性的回抽，此情形通常会在低成交量的跌破时出现。不过，暂时回抽应不会超越颈线水平；假如价格最后在颈线水平回升，而且高于头部，又或是价格于跌破颈线后回升高于颈线，则可能是一个失败的头肩顶，不宜信赖。

二、顶部的成交量特征

投资者在入市操作时，对成交量的关注程度极高，成交量也是帮助投资者研判市场的一个极为重要的市场指标。对于顶部的成交量特征，投资者可以从以下几点加以把握。

（一）顶部的巨量特征

所谓“天量之后见天价”，是指大盘在上涨过程中出现成交量的天量之后，随之而来的是必有天价，见了天价之后必出现调整，而且越是在短时间内见到天价，大盘大幅度调整的概率就越高。其实，这个道理很简单，就是量价关系背离（图 3–11）。

一般而言，当个股或大盘放出异乎寻常的巨大成交量时，是即将见顶的重要特征。其中小盘股的换手率如果达到 30% 以上，大盘股的换手率如果达到 15% 以上，同时股价已有一定涨幅，则在放出巨量的当天，就要当机立断地迅速卖出该股，无论其股价是涨是跌。实际上，有时个股的成交量和换手率虽然没有达到上述标准，但是其成交量仍是最近一轮行情以来最大成交量的，也要将其视为天量水平。比如有的个股在一轮行情中，换手率从未超 5%，如果股价涨升到一定的高度后，突然连续多次地出现超过 5% 的换手率时，投资者也要加以警惕，从技术分析的角度来看，量与价之间有必然的联系，“天量之后见天价”的规律已经屡次被市场所验证。

图 3-11 天量后见天价

另外，天量确实伴随着天价，但多少量才是天量很难有一个明确的标准，尤其是在一轮牛市的运行中，如同牛市不能轻易言顶一样，牛市也不能轻易言天量。如果看到天量就抛股票，那么当见到新的天量时，股价可能早已水涨船高了。而且，从股市的发展历程来看，只有在市场极度疯狂的“V”形反转的情况下，天量和天价才会同时出现，而在大多数的情况下，市场往往会先见天量，之后才见天价，天量之后市场仍有足够的上升动力以缩量的形式继续上涨。尤其是在牛市中，当市场投资者普遍认同牛市的存在，并且大都看好后市的情况下，筹码就会被大量锁定，投资者都不愿抛股而倾向于持股待涨，这样就造成了行情尾段的缩量上升走势，这样的行情在历史上已经出现过多次。

需要说明的是，天量天价的说法，是规律性的东西，没有错误，但投资者绝不可以认为天量一出现马上就会出现天价，这样的判断过于将市场简单化了。事实上，天量之后天价并不一定会出现，而如果股市形势好，控盘机构再送股价一程也是有可能发生的事。

（二）量比急剧放大的特征

所谓的量比，是开市后每分钟的平均成交量与过去5个交易日每分钟的平均成交量之比，其是衡量相对成交量的指标。此指标反映的是当前盘口的成交力度与最近五天的成交力度的差别，这个差别的大小表明盘口成交活跃度，能体现庄家即时做盘的盘口特征。它与各种技术指标完全不同，量比指标依据的是即时每分钟平均成交量与之前连续5天每分钟平均成交量的比较，而不是随意抽取某一天的成交量作为比较，所以能够客观真实地反映盘口成交的异动及其力度。从操盘的角度看，量比指标直接反映在区中，其方便与快捷胜过翻阅其他技术指标曲线图。

在实战中，部分个股经过大幅拉升后，突然出现量比急剧放大的现象也是重要的头部特征。这种放量的换手率并不高，但是量比却大得惊人，有时能达到数十倍之多。恰恰是因为换手率不高，所以容易使投资者产生麻痹心理，从而错失逃顶的机会。

（三）不放量的顶部特征

通常来讲，这种情况多出现在股价涨幅惊人，庄家获利极为丰厚的时候。理论上讲，股价在上涨过程中成交量不放大，的确是因为参与的人少，没有太大量买入的结果，显示出市场投资者的观望态度。但是从另一个角度看，没有放量股价就能上涨，说明抛盘并不重。这似乎和传统理论相矛盾，其实并非如此。

假设庄家将某只个股从5元拉升到25元，如果庄家在5元附近建25%的仓位，那么庄家只需要在25元的高位换手5%，就可以收回全部成本，其余的筹码庄家在任何价位抛出都是获利的。也就等于庄家在高位徘徊的一段时间内，每天只要保持和平时一样的成交量，当累计清空5%的流通股时，就已经完成出货了，这对庄家来说实在是轻而易举的。当然，这仅仅是一种简明的算法，实际上庄家的成本结构非常复杂。不过，可以看出，涨幅过于巨大的个股中所隐藏的风险很大，令人难以预测庄家的意图，这类个股庄家即使不放量，也能在投资者不知不觉中顺利出货。

除此之外，还有一种不放量的庄家出货方式值得投资者关注，即边拉升边出货。在庄家出货的手法里，边拉边出是最隐蔽最高明的一种。边拉边出在形态上表现为这只股票很少出现高位放量的情况，而仅仅是在某一波上涨的初期出现过放量的情况，后来便都是无量拉升或无量盘整，整个上升形态始终保持得很好，所以很多人以为庄家没有出货，持股的信心也很坚定，轻易不会出局，因此行情可以持续得较久，甚至于发展成为长期牛股。对于庄家而言，采用边拉边出的隐蔽出货手法，在股价拉升过程中就完成了大部分的出货任务。这样，在股价形成顶部时就不会有放量迹象。

在实战中，投资者要放弃“只要个股不放量，庄家就一定没出货”的思维误区，当庄家获利极为丰厚，或在某种特定条件及需要的情况下，即使个股不放量，庄家也一样可以出货，股价也一样会形成顶部。

三、利用 K 线研判顶部的技巧

在股票实战技巧技术面分析中，K 线走势是投资者研判股票最常应用的主图之一，研判 K 线走势重点在于研判 K 线形态。而利用 K 线研判顶部，就需要把握以下几点技巧：

（一）运用 60 分钟 K 线图研判顶部

当股价由底部启动走入上升通道后就要开始监视顶部的出现，这时一般不再以日 K 线图为主，而以 60 分钟 K 线图为主。将 60 分钟 K 线图中的价均线系统参数设置为 5、10、20。将 K 线图、成交量图、MACD 图显示于同一屏幕上。当股价从底部上升到一定高度，如果 K 线图上出现股价滞涨、成交量放大，股价回落、成交量萎缩等现象，同时价均线、量均线、MACD 都会由上升逐渐转变为走平或下降。当价均线系统的 5 单位线下穿 10 单位线，MACD 的快线下穿慢线时，说明这只股票在此价位区域有大量获利盘涌出或庄家出货情况发生，通常可认为此区域股价已进入顶部区域。如果股价均线的5单位线下穿20单位线，10单位线下穿20单位线，再配以K、D、J等技术指标，就更可以确认这个区域是顶部。此时，投资者应该及时清仓，离场观望。

（二）运用K线组合的密度与长度来研判顶部

K线是股价走动的轨迹，也是多空争夺所留下的“痕迹”。多空争夺的形式有多空僵持、多空搏杀和多空加速。不同的争夺形势产生了不同的K线组合，这些K线中的阴阳线的密度以及K线本身的长度是一个衡量多空能量的重要指标。通常情况下，K线波动幅度很小时，股价所处的位置属于相对低位，这些K线往往是小阴K线、小阳K线和较多的十字星K线；而当K线波动幅度很大时，股价处于阶段性相对较高位，而且伴随着某日K线高低点可能是涨跌停板的价格，此时出现的主要是大阴K线或大阳K线。一般来讲，如果经过一段时间的上涨行情后，股价开始表现出较多的阴K线特别是大阴K线，说明该位置空头的力量非常大，形成阶段性顶部的可能性很大。投资者应予以重点关注，紧密追踪。

（三）常见K线见顶信号

在K线图上，如在高位日K线出现穿头破脚、顶部下插大阴线等，都是股价见顶的信号。当K线图在高位出现头肩顶形态、圆形顶形态和倒V字形态时，都是非常明显的顶部形态。

（四）运用颈线研判顶部

顶部形态通常是反复大幅震荡完成，一些追涨的投资者在顶部形态处买进，而一旦跌破支撑颈线，在顶部形态处买入的投资者全部被套，恐慌下止损出局，造成强大的卖压，导致股价加速下挫。如果伴随成交量放大跌破颈线，短期下跌的幅度将会较大；如果成交量萎缩跌破颈线，中长期都会弱势下跌。顶部再次上涨的颈线不容易突破，而下跌支撑颈线一旦有效跌破，行情即刻发生逆转。股指或个股一旦跌破支撑颈线位置，投资者一定要判断是否是有效跌破。对已经有效跌破颈线的股指或个股一定要回避观望。另外，顶部跌破支撑颈线后回抽颈线位置是投资者最后的一次卖出机会。需要说明的一点是，运用颈线判断当前的趋势，投资者尽量把分析周期拉长，周线中出现的信号一定比日线中的可靠。

需要说明的是，股市中时常会出现一些 K 线“似顶非顶”的组合，有很多投资者被这种似是而非的 K 线组合迷惑。对此，投资者可以看一下当天 K 线在什么位置，如果这种似顶的 K 线组合是在前期一个箱体内出现，一般是换档的性质；若这种类似顶部的 K 线组合是在一个单边上扬行情中出现，短期顶部可能性较大。另外，投资者也可以借助成交量进行辨别。一般情况下，行情见顶会出现缩量，或放出特大的成交量，因此，当行情在连续上涨之后，一旦出现放出特大量后缩量的行情，极可能是见顶的迹象。

正如其他技术分析方法一样，K 线形态分析也不是绝对的、万能的。尽管有些 K 线形态的有效性比较高，但随着 K 线形态分析方法的逐步普及，投资者对 K 线形态分析依赖性的提高，会使这些形态的有效性大为降低；因此 K 线形态分析需要结合其他技术分析方法才有价值。实际上，利用 K 线诱骗投资者或打压吸筹或悄悄派发，是庄家操纵股价的一贯手法。在这种情况下，投资者如果仅凭 K 线形态进行投资判断，就很容易落入庄家的圈套。为了确保研判的准确性，投资者可以将 K 线形态分析与公司基本面分析、技术指标分析、成交量分析结合起来，进行综合分析。

四、逃顶策略

在股市中，投资者经常会听到这样一句话：“会买的是徒弟，会卖的才是师傅。”这是因为股价在底部徘徊的时间较长，可以有充分的时间考虑，但在顶部经常是高点的时间非常短，不少投资者还没有来得及卖出，便开始下跌了。市场上有“底部百日，顶部三天”的说法，由此可以看出逃顶的难度，市场的高手往往也是逃顶的高手。

所谓逃顶，是指在股票价格上涨过程中，估计快要到顶部，价格要从涨转为跌的时候，就果断地卖出。成功逃顶是衡量一个投资者操作水平高低的重要依据。在具体应用中，投资者可以参考以下逃顶策略。

（一）未及见顶先卖出

在实战中，投资者要对顶部的点位和准确价位作出预测是不可能的，因此，在卖出的时机选择上就应该把握此顶部的价位。这里有两种办法可供参考：一是止盈法，即不管顶部将在何时何价位，坚决卖出；二是见量法，一旦出现顶部征兆并放出巨量时立即卖出。这两种办法的特点都是希望在见顶前预先卖出，但前者的主观性太强，应注意审时度势，及时调整目标价位；后者的偶然性较强，要提防庄家大单砸盘，跳水出货。

（二）顶部转折点逃顶

顶部转折点逃顶一般都是根据量能、包容或是否有效破位来进行确定。到了顶点转折逃顶。虽然指数是最高点，但对于个股来说，很可能早就下跌很多。所以对于大多数个股来说，未必是最佳出逃时机。在实际操作中，顶点逃顶比较适合胆大资金量较小的高风险偏好投资者。

（三）利好出尽即出手

在股市中，由于信息的不对称性，庄家有时利用掌握的信息在低位开始悄悄进货，并一路推高。等到消息证实时，反而是庄家逢高派发的好时机，这种情况被市场称为“见光死”。因此，当股价已连续上涨非常大的幅度后，出利好消息反而容易形成头部。投资者想学会成功逃顶，就必须了解庄家常借利好出货的手法。

（四）见顶回落即出手

这种逃顶方式也叫作止损法，在操作上就是股价一旦见顶回落，便在第一时间卖出，不患得患失，不抱侥幸心理，坚决止损出局。

（五）利用 MACD 指标逃顶

当股价经过连续的上涨出现横盘时，5 日、10 日移动平均线尚未形成死叉，但 MACD 率先死叉，死叉之日便是“第一卖点”形成之时，应该卖出或减仓。第一卖点形成之后，有些股票并没有出现大跌，而是在回调之后为掩护出货假装向上突破，多头庄家做出货前的最后一次拉升，又称虚浪拉升。当股价进行虚浪拉升创出新高时，MACD 却不能同步创出新高，二者的走势产生背离，这是股价见顶的明显信号。通常情况下，在虚浪急拉过程中如果出现“高开低走阴线”或“长下影线涨停阳线”时，是卖出的极佳时机。值得投资者注意的是，利用 MACD 指标逃顶适合那些大幅拉升后做高位盘整的股票，不适合那些急拉急跌的股票。

需要强调的是，投资者逃顶时一定要坚决果断，一旦发现信号，要坚决卖出，决不能手软和抱有幻想。即使是卖错了，也没有关系。因为，买入的机会非常多，而卖出的机会往往只有一次。股价通常运行在头部的时间非常短，大大少于在底部的时间，一旦投资者逃顶不坚决，很可能被长期套牢。

第三节　整理形态

一、三角形

在股市中，市场因为多空对峙，在短期达到一种平衡，这时在技术形态上往往表现为箱体平台形态、旗形或三角形。三角形形态最主要的特征是：在急速上涨或者下跌之后波动幅度逐步减小，而后震荡幅度还会不断缩小，之后将选择新的运行方向。根据具体情况，三角形形态又分为上升三角形、下降三角形和正三角形等。事实上，之所以会出现三角形的技术形态，主要是由于市场从一边倒的走势中进入多空争夺时期，市场或者个股经过单边下跌或者上涨后，市场分歧加大，它是多空双方反复争夺在技术形态上的体现。

就三角形形态来讲，投资者需要重点关注的整理形态是上升三角形与下降三角形。

（一）上升三角形

股价每次上升时，到了一定价位就遭到抛压，迫使股价下行，但由于市场看好该股，逢低吸纳的人很多，因此，股价没有跌到上次的低点就开始弹升，致使下探低点越来越高。如将每一次短期波动的高点用直线连起来，再将每一次短期波动的低点也用直线连起来，就构成了一个向上倾斜的三角形，这就是上升三角形（图 3-12）。

图 3-12　上升三角形

一般而言，上升三角形的形态特征有下面几点：上升三角形属于中期整理形态，但大多数情况下带有向上突破的可能，是一种看涨的形态；上升三角形的每个高点基本接近但每个低点依次上移，即压力几乎是水平的而支撑越来越高；上升三角形在突破上边的压力线时，构成一个短期的买入信号，但向上突破必须有大的成交量的配合；与其他整理形态一样，上升三角形在形态形成之前，股价已经有了一段比较大的涨幅。一般情况下，从股价启动的低位算起至少达到 30% 以上的涨幅；上升三角形整理时间一般是 30 个交易日以上，而且在形态的形成过程中，成交量是逐渐减少的。

通常来讲，上升三角形在形成过程中成交量会不断减少，而向上突破时一般都配有较大的成交量，无量往上突破可能是假突破，投资者不可贸然加入。另外，要注意的是，上升三角形越早往上突破，则后劲越足，那些迟迟不能突破的上升三角形，很可能是庄家悄悄出货而故意为中小散户设置的多头陷阱。一旦庄家达到目的，他们出货完毕，上升三角形非但不会往上突破，而极有可能演化成“双顶”形态，股价下跌就不可避免，投资者对此务必要提高警惕。一般情况下，上升三角形突破位置应在三角形横向宽度的1/2到3/4处才有突破，如果超过横向距离的3/4处才有突破，那么该上升三角形的形态参考价值就会降低。

另外，需要说明的是，多数情况下，上升三角形形态是出现在股价的长期上升趋势中，出现上升三角形后，股价一般是向上突破的。这是因为一方面股价原来的运动趋势就是长期向上的，另一方面股价的形态本身就具有强烈的上升态势。少数情况下，上升三角形也会以顶部或底部反转形态出现。如果上升三角形是出现在股价高位时（以涨幅超过70%以上为准），则标志股价顶部的形态完成，紧接着股票将可能开始一轮较大的下跌行情；下跌情况则与之相反。

（二）下降三角形

下降三角形是对称三角形的变形，与上升三角形恰好相反。一般而言，股价在下跌过程中，每一次下跌到某一价位便反弹，各个低点连起来成一水平线，每次反弹的高点逐渐下移，各高点连线形成了一条下降趋势线，它与水平线形成交叉，构成一个向下倾斜的三角形，这就是下降三角形（图3–13）。

一般来讲，下降三角形的形态特征有以下几点：下降三角形属于中短期整理形态，但大多数情况下带有向下突破的可能，是一种看跌的形态；下降三角形的每个低点基本接近，但每个高点依次下移，即支撑几乎是水平的，而压力是越来越低；下降三角形的成交量一直比较少而且逐步萎缩，向下突破时不必有大的成交量配合；与其他整理形态一样，下降三角形在形态形成之前，股价已经有了一段比较大的跌幅。一般情况下，从股价开始下跌的高位算起至少达到30%以上的跌幅；下降三角形整理时间一般是15至30个交易日，而且在形态的形成过程中，成交量是逐渐减少的。

图 3-13 下降三角形

下降三角形属于整理形态，其走势的最终方向将是股价下降。根据有关资料统计，与此相反的例外现象不到15%。因此下降三角形的准确度极高，很少出现失败的情况，在实战中不能因为其暂时止跌的效应，而贸然认定底部形成，从而错失逃命的机会。

就下降三角形的突破而言，不一定发生在顶点位置，不要求突破支撑颈线的位置在三角形的横向宽度的1/2到3/4的位置。当发展到下降三角形尾端才向下突破时，股价仍然会向下突破，因为空头市场中由于多头无法有效凝聚做多力量，股价可以毫无理由地下跌。需要说明的是，下降三角形在突破下部水平线的支撑颈线时，应为卖出股票时机，投资者要抓住时机离场。

在具体应用下降三角形的时候，投资者需要注意以下几点：第一，在下降三角形形态内，许多投资者在未跌破水平支撑位时，会以为其水平支撑为有效强支撑，而当作底部形态认可，其实这种形态不可贸然确认底部，要等待真正底部出现时再进场。第二，在其他三角形形态中，如果价格发展到三角形的尾端仍无法有效突破颈线时，其多空力量均已消耗完，形态会失去原有意义，但下降三角形是个例外。当价格发展至下降三角形尾端时，价格仍会下跌。

另外，值得投资者注意的是，上升三角形与下降三角形虽属于整理形态，有一般向上向下规律性，但亦有可能朝相反方向发展。也就是说，上升三角形可能下跌，因此投资者在向下跌破 3%（收盘价计）时，宜暂时卖出，以待形势明朗；在向上突破时，没有大成交量配合，也不宜贸然介入。相反，下降三角形也有可能向上突破，这里若有大成交量则可证实。另外，在向下跌破时，若出现回升，则观察其是否阻于底线水平之下，在底线之下是假性回升，若突破底线 3%，则图形失败。

在实际操作中，有的投资者对三角形的外部形态特征过于执着，因此在判断上升三角形和下降三角形时会有误判。实际上，上升和下降三角形的根本判断可以依据原本的大趋势来进行，其准确率往往较高。一般而言，在大的上升通道中，如果趋势是不断向上的，此时如果出现了三角形形态，之后最终选择的方向还是向上；如果是趋势向下过程中出现的三角形形态，则最终还会选择下行，也就是下降三角形。因此，不必拘泥于底部抬高还是顶部下移，其总体是服从于大的趋势。

二、菱形

一般来讲，当股价进入整理形态，圆形形成增大形状，却没有迅速突破盘局，反将变动弹性缩小，形成对称三角形，这种图形称为菱形（图 3-14）。

事实上，菱形形态是一种比较少见的形态，由于形似“钻石”，因而也被很多市场人士称作钻石形态。根据这种形态形成的过程以及前后不同阶段的形态看，实际上它是由两种不同的三角形形态，即扩散三角形和收窄三角形组合而成的。从投资者的心理角度看，扩散三角形和收窄三角形正好揭示了两种不同的状态。市场在形成扩散三角形的时候，往往反映参与的投资者变得越来越情绪化，使得行情的震荡逐渐加剧。而当行情处于收窄三角形整理阶段，由于市场正在等待方向的选择，导致越来越多投资者转向观望。因此当菱形形态出现的时候，说明市场正由一个比较活跃的时期逐渐萎缩下来。也因为这个阶段的市场参与者在不断减少，使得行情经过菱形调整后大多时候选择了向下调整。

图 3-14　菱形

通常情况下，菱形的形态特征有：菱形很少为底部反转，通常在中级下跌前的顶部或大量成交的顶点出现；菱形形态确立后，股价未来下跌幅度极大，至少是菱形的高度；菱形的颈线为 V 字状；成交量如同三角状，逐渐减少。

在实战中，菱形很少为底部反转信号，通常它在中级下跌前的顶部出现，其形态完成后往往成为空头大本营，是个转势形态。当菱形右下方支持跌破后，就是一个卖出信号。其最小跌幅的量度方法是从股价向下跌破菱形右下线开始，量度出形态内最高点和最低点的垂直距离，这距离就是未来股价将下跌的最小幅度。因此形态越宽跌幅也越大，形态越窄跌幅越小。

虽然大部分菱形形态会向下突破从而转化为顶部形态，但也有一些菱形形态会向上突破，所以，在没有突破之前不能采取行动。接下来结合实例进一步讲解菱形形态：图 3-15 为鼎捷软件 2015 年 4 月 2 日至 4 月 13 日走出菱形走势图，图中的A点为最佳卖出点，其原因是菱形的形成经历了较长时间的盘整，所以向下突破显得沉着稳重，多数情况下，会在右边三角形的尖端附近发生。这时会出现连续的小阴线，伴随成交量从极度萎缩中逐渐放大，这就是最佳卖出时机。这反映出投资大众在犹豫了相当一段时间之后开始做出抉择，想离场的人占了上风。一旦该形态向下突破，则形成了一个沉重的头部，往往是中期趋淡的信号。如果该形态向上突破，则会在三角形尖端出现连续的小阳线，成交量也随着股价上升而温和放大。

图 3-15　菱形的卖出信号

另外，还有一种特殊情况值得投资者注意。菱形有时会出现在两个反方向通道的结合部，如果价格以上升通道方式运行到高位后进行整理，这个通道平行线成为菱形的左上边和右下边。随后，股价转身向下，还是下降通道的方式运行，这样，菱形的右上边和左下边则成为下降通道的两条平行边。一旦出现这样的情况，股价的跌幅通常至少是先前涨幅的50%。

三、楔形

楔形形态属于短期内的调整形态，其形成原因为价格前期有一段“急行军”，价格波动幅度大，而且角度接近垂直，多方或空方经过一段冲刺后，价格在短期内呈反向小幅回调，而形成楔形。作为K线整理形态的一种，楔形形态可以分为上升楔形形态与下降楔形形态。

（一）上升楔形形态

一般而言，上升楔形出现在股价经过一段比较急促的跌势后，股价开始反弹，当股价反弹至一定高度后开始掉头回落，但回落点比前期低点高，然后又升至新的高点，再回落，再上升，如此反复，在总体上形成短暂的一浪高于一浪的势头。如果把这些短期高点相连，则形成一条向上倾斜的直线，把低点连接也形成一条向上倾斜的直线，而且两者呈收敛之势，这就是上升楔形。高点连成的直线为楔形的压力线，低点连接而成的直线为楔形的支撑线。上升楔形的图形见图3-16所示。

图3-16 上升楔形

事实上，上升楔形可分为持续图形或逆转图形两种。在持续图形中，上升楔形呈向上倾斜走势，直到支撑线与压力线相遇时转向下降走势。而逆转图形亦会同样呈向上倾斜走势，但支撑线突破压力线顺势上升。但无论是哪一种图形，都是下降走势中的插曲，所以投资前景看淡。

概括来讲，上升楔形的形态特征如下所述：作为中继形态的楔形的整理方向与股价的长期运行趋势方向相反，即上升楔形是出现在股价长期下跌趋势中的；在上升楔形整理过程中，股价的高点和低点依次上移，楔形形态的上下边线都是向上倾斜的；上升楔形的上下边线必须明显地收敛，如果形态过于宽松，则形态形成的可能性较小，可能会演变成其他整理形态；与其他整理形态一样，在上升楔形形成之前，股价已经有了一段相当大的跌幅，一般情况下，从股价下跌的高位算起要达到 30% 以上的幅度；上升楔形整理的时间一般是在 20 个交易日以上，而且在形成过程中，成交量是逐渐减少。

客观来讲，上升楔形是中国股市最常见的形态，从 1996 年以来，中国股市每次头部全部都是以上升楔形的形态出现的，而在下跌中继反弹中，这种形态也比比皆是。像 2008 年 10 月中国股市见顶后，大盘的每次反弹都是以上升楔形形态出现，由于这种形态的末端无一例外全是暴跌，因此对这种形态的“一般规律”必须熟悉掌握。具体而言，投资者需要把握以下几点：第一，大多数情况下，上升楔形形态是出现在股价下降途中的中继整理形态，但少数情况下楔形也会以底部形态出现。如果上升楔形是出现在股价的低位（以跌幅超过 100% 以上为准），则标志着股价底部形态的完成，紧接着股票可能开始一轮较大的反弹行情。第二，上升楔形有效突破是以股票的收盘价跌破形态下边的支撑线为准。当上升楔形有效跌破形态支撑线后，往往会出现一波急剧下跌的行情，此时投资者就需要及时卖出股票，离场观望。

此外，需要指出的一点是，由于上升楔形形态是出现在股价长期下跌的途中，而它的整理方向却是向上的，因此，这种形态具有一定的欺骗性，投资者遇到上升楔形整理形态时一定要谨慎。

（二）下降楔形形态

与上升楔形形态一样，下降楔形也是整理形态，一般出现在长期升势的中途。通常情况下，股价经过一段大幅上升后，出现强烈的技术性回抽，股价从高点回落，跌至某一低点即掉头回升，但回升高点较前次为低，随后的回落创出新低点，即比上次回落低点低，形成后浪低于前浪之势，把短期高点和短期低点分别相连，形成两条同时向下倾斜直线，组成了一个下倾的楔形，这就是所谓的下降楔形形态。下降楔形形态的图形见图 3-17 所示。

图 3-17 下降楔形

下降楔形实质上是股价上升过程中的一次调整波，是空方遭到多方连续打击后的一次挣扎，结果往往是股价继续向上突破发展。一般而言，下降楔形形态的特征有以下几点：常发生于多头行情的修正波。在整理过程中，会有空头占优的假象；下降楔形往上突破必须有成交量的配合；下降楔形向上突破下降趋势线的压力后，股价未来走势将向上发展，刚好与其下降之名相反；两线延长所形成的交叉点往往是未来股价的支撑点；下降楔形若在头部与底端的三分之二处向上突破时，形态的有效性会更高。

在实战中，下降楔形通常在中长期升市的回落调整阶段中出现。下降楔形的出现告诉投资者升市尚未见顶，这仅是股价上升后的正常调整现象。一般来说，形态大多是向上突破，当其上限阻力突破时，就是一个买入信号。而且，下降楔形的最佳买点为突破上边线和突破之后反抽接近于上边线之时。值得投资者注意的是：从实战的经验统计，下降楔形向上突破与向下突破的比例为 7：3 左右；从时间上看如果下降楔形超过 15 个交易日，那么向下突破的可能性就会增大一些。

下降楔形与上升楔形的不同在于，下降楔形在价格发生突破后，不会像上升楔形一样快速变化，下降楔形价格突破后多半形成圆弧底的形态，价格缓步上升。实际上，上升楔形与下降楔形都是价格的停顿走势，但造成停顿的原因是趋势力道需要稍作休息才能继续前进，为涨多或跌多所做的休息，因此之后的趋势不变。

四、箱形

所谓箱形，也称为矩形，是一种标准的横向盘整形态。其形成原因是由于价格走势每一次上涨时，总是在同一位置遭到空方的抛压而回档；价格每一波回落时，也大约在同一位置获得多方的支撑而反弹，连接每一次的反弹高点成一条水平压力颈线，连接每一次回档低点而形成一条水平支撑颈线，压力与支撑之间形成矩形，价格在一段时间内在箱体中波动，而形成箱形整理。箱形整理的图形见图 3-18 所示。

图 3-18　箱形

一般来说，箱形整理在市道处于牛皮市、顺升市和跌市中都可能出现，长而窄且成交量小的箱形在原始底部比较常出现。如果箱形形态出现在头部或底部，且整理时间太长，则形态会有演变成圆弧顶或圆弧底的可能。

事实上，箱体中的僵局是暂时性的，其突破是必然结果。在突破之前的箱体整理中，市场的买卖热情会逐渐下降，成交量会出现一定程度的萎缩，当市场逐渐转为平静后，突破性行情会迅速爆发出来。当向上突破上限阻力时，就是一个买入信号。反之，若往下跌破时，则是一个卖出信号。矩形形成的过程中，除非有突发性的消息扰乱，其成交量应该是不断减少的。如果在形态形成期间，有不规则的高成交出现，形态可能失败。当价格突破矩形上限的水平时，必须有成交量激增的配合；但若跌破下限水平时，就不需高成交量的增加。大多数情况下，箱体的突破方向与箱体形成前的趋势保持一致，如果原来的趋势是上升，那么经过一段箱体整理后，股价会继续原来的趋势，多方会占据优势并采取主动，使股价向上突破箱体的上界。如果原来是下降趋势，则股价会突破箱体的下边，继续原有的下跌趋势。

需要指出的是，不论价格向上或向下突破，成交量激增都应视为突破的信号。矩形呈现突破后，价格经常出现反抽，这种情形通常会在突破后的3 ~ 15个交易日出现。反抽将止于顶线水平之上，往下跌破后的假性回升，将受阻于底线水平之下。

值得投资者注意的是，在箱形整理期间，如无把握则离场观望。如果是短线高手的话，则可在箱体内来回博差价，在颈线支撑附近买进，在颈线压力附近抛出，来回利用作用力与反作用力高抛低吸。

五、旗形

在实战中，投资者常见的技术形态，有的是上涨过程中才有的，有的则是下跌过程中出现的，但也有的是上涨和下跌中都会出现的，其中旗形形态就是如此，它在上涨和下跌过程中都会出现，是一个中继形态，即趋势运行当中的一种整理形态。因此，对待旗形形态不能简单地理解其后市会涨或者会跌，而是要因地制宜，根据当时的情况进行具体分析，进而去寻找投资机会。事实上，旗形的主要成因在于市场按照原有趋势急速运行之后，股价走势受到了相反力量的抵抗，它一般可以分为上升旗形与下降旗形两种形态。

（一）上升旗形形态

所谓上升旗形，是在股价经过快速而陡峭的上升之后形成旗杆，然后进入调整而形成一个股价波动紧密、狭窄和稍微向下倾斜的价格密集区，把这密集区的高点和低点分别连接起来，便可划出两条平行而下倾的直线，这就是上升旗形。上升旗形的图形见图 3-19 所示。

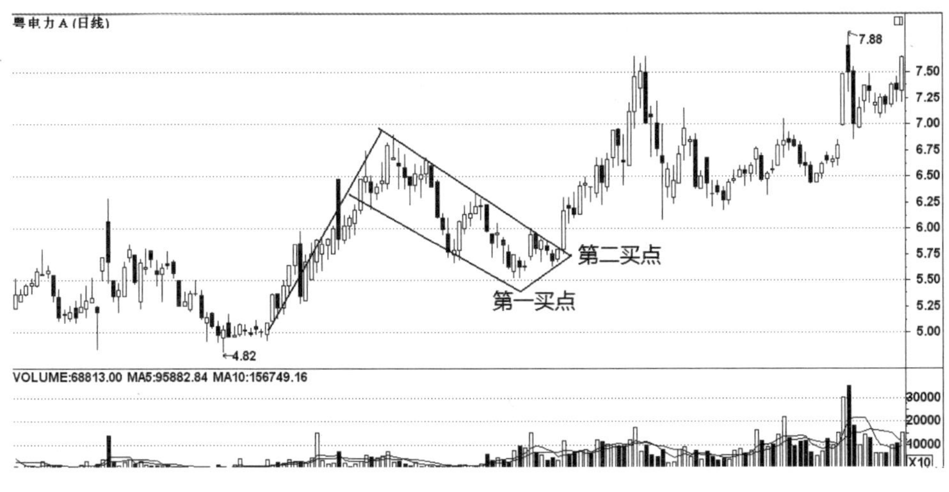

图 3-19 上升旗形

从图形看，上升旗形一波比一波低，空头力量占上风，最后，多头力挽狂澜，使股价突破盘局的上边线，继续展开另一波上升行情。

一般来说，上升旗形的形态特征有下面几点：上升旗形在形成之前，股价已经有了一段相当大的涨幅，一般情况下要达到 30% 以上的幅度，牛股要达到 50% 以上的涨幅；上升旗形大多出现在多头走势的整理阶段，未来走势将会上涨；在上升旗形整理过程中，成交量逐渐递减，而股价向上突破时需要大的成交量的配合；上升旗形整理的持续时间不能太长，如果太长，它保持上升趋势的能力和力度将下降，一般而言，股票整理时间最好不要超过 30 个交易日；在指数整理期间，当出现指数高点越来越低，而低点也越来越低，但成交量却呈现背离时，上升旗形的形态更容易完成；指数突破下降趋势线压力时，必须有成交量的配合，突破后有时也会有回抽的可能，若回抽不跌破原下降趋势线反压时，形态更可确立。

需要说明的是，旗形是一个趋势中途整理形态，一般不会改变原有的趋势运行，但上升旗形往往说明原有上升趋势已进入到了后半段，投资者要预防最后一升之后的转势。

（二）下降旗形形态

所谓下降旗形，是在价格出现急速或垂直的下跌后，接着形成一个波动狭窄而紧密、稍微上倾的价格密集区，像是一条上升通道，这就是下降旗形。下降旗形的图形见图 3-20 所示。

图 3-20 下降旗形

从图形上看，下跌旗形一波比一波高，多头力量占居主动，最后，空头全力打压，使股价突破盘局的下界缘，继续展开另一波下跌行情。

一般来讲，下降旗形的形态特征有以下几点：在下降旗形形态形成之前，股价已经有了一段相当大的跌幅，一般情况下要达到 30% 以上的跌幅，在熊市中，股价从最高点算起要达到 50% 以上的跌幅；多发生在空头走势中的整理阶段；在下降旗形中，股价的高点和低点依次上移，但股价旗形整理区域的上下幅度即旗形的变动幅度相当窄；在下降旗形整理过程中，成交量逐渐递减，而股价向下突破时需要一定成交量的配合，但成交量不会很大；虽然整理期间的指数高低点不断上升，但成交量却无法随之放大而形成量价背离时，最容易形成下降旗形；反弹高点的连线与下跌低点的连线基本平行，且往右上方倾斜，看上去就像一面旗帜的旗面，股价跌破低点连成的支撑线后，常有一个回抽确认。

在具体应用的时候，投资者应把握以下几点：第一，下降旗形大多在熊市第一期出现，该形态显示大市可能作垂直下跌，因此这阶段中形成的旗形十分细小，可能在三四个交易日内完成。如果在熊市第三期中出现，旗形形成的时间需要较长，而且跌破后只作有限度的下跌。第二，下降旗形是股价长期下降通道中途的一种短期抵抗整理形态，因此，旗形整理的出现，可能是投资者卖出股票的一次机会。通常情况下，空仓的投资者应以观望为主，尽量不做短线，更不宜做中长线投资。已经买入或套牢的投资者应抓住这次整理机会，趁早逢高卖出股票，这是下降旗形应用的要点。第三，投资者在下降旗形整理形态形成后，不可轻易建仓，要到股价达到下降旗形形态向下突破的跌幅后，才可以考虑短线操作。

与任何技术形态分析一样，旗形形态也存在风险，不能保证一定可以获得机会。同时，任何技术形态之间也存在着相互改变的可能，等到确定之后，市场往往会以另外一种形态运行，只有事先能够预测到是哪种形态才可能获利，但要做到难度极大。因此，投资者要确保盈利，最好是在确定向上的大趋势之后再进行操作，一旦判断错误就要及早离场，以避免更大的损失。

K 线解析

整理形态是一种暂时方向连续的状态，这是一种过渡形态，一旦完成庄家目的（比如基本出货完毕），随之而来的就是转折。出货完毕后，庄家常常会用剩余的筹码砸盘，从而形成破位。当然，如果你幸运的话，庄家也可能向上做假突破引诱你上当。不过，这种假突破出货常常出现在那些形态构筑较好、技术面基本面较好的股票，往往较难分辨。在实战中，整理形态的幅度、位置、成交量决定了可操作性。多数整理形态波动较小，无操作价值，因此不宜在整理期介入，等待整理结束重新选择方向之后操作是较稳妥的。此外，越接近整理末期越要少参与，因为一旦整理结束，迅速下跌将会给投资者带来亏损。而那些整理形态迟迟不向上突破的，则越接近末端越要考虑止损，因为迟迟不突破表明庄家在做空。

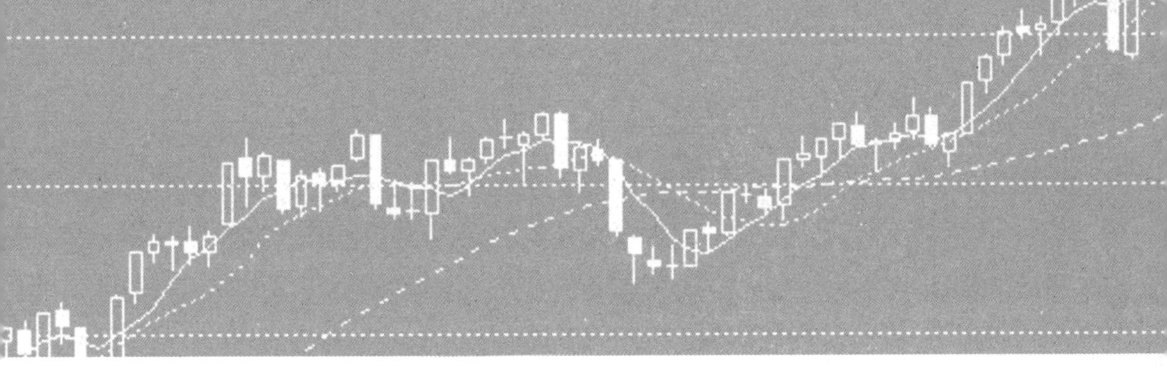

第四章

炒股妙计：K 线趋势的实战技巧

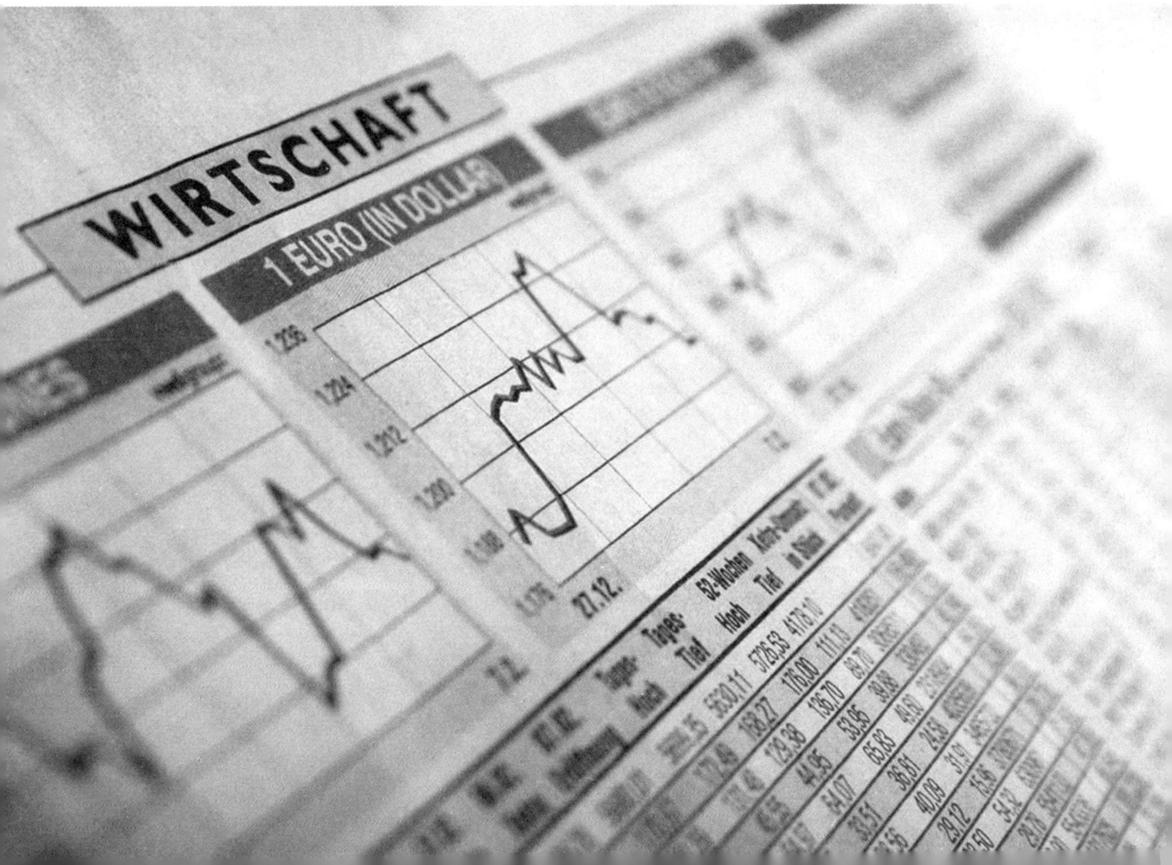

第一节　趋势的分类

通常情况下，市场不会朝任何方向直来直去，市场运动的特征就是曲折蜿蜒，它的轨迹酷似一系列前赴后继的波浪，具有相当明显的峰和谷。这些波峰和波谷依次上升或下降的方向就构成了市场的趋势。趋势的类型一般有主要趋势、次级趋势和短暂趋势三种（图 4-1）。

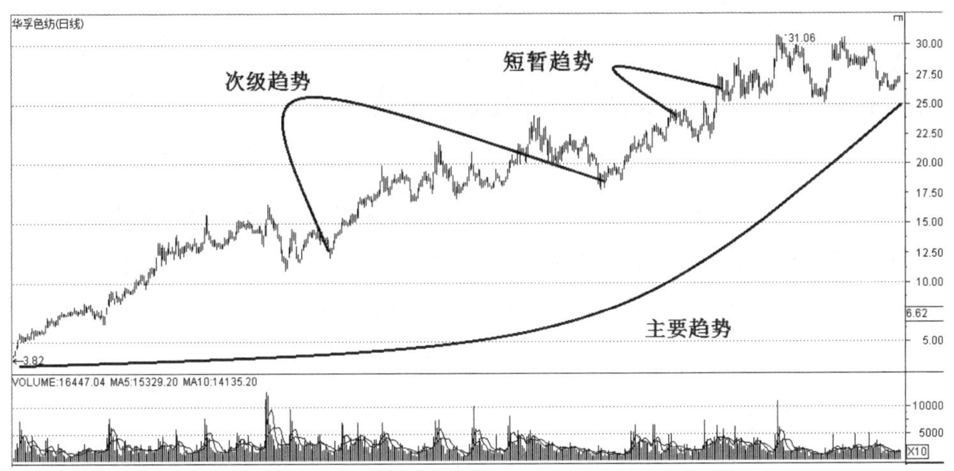

图 4-1　趋势的类型

一、主要趋势

所谓主要趋势，也可以称为长期趋势，通常运动时间在一年以上。主要趋势是趋势的主要方向，是投资者努力要弄清楚的，了解了主要趋势才能做到顺势而为。

通常来讲，主要趋势就是从大的角度来看的上涨和下跌的变动。其中，只要下一个上涨的水准超过前一个高点，而每一个次级的下跌其波底都较前一个下跌的波底高，那么，主要趋势就是上升的，被称为“多头市场”；反之，当每一个中级下跌将价位带至更低的水准，而接着的弹升不能将价位带至前面弹升的高点时，主要趋势就是下跌的，称为“空头市场”。

事实上，股市的涨跌很正常，重要的是把握主要趋势，而尽量忽略次要趋势。技术分析理论上，一个主要趋势运行发展过程之中，总会出现很多的次级折返趋势，世上无人能全部把握。因此，多看周K线和月K线，就是多看大趋势大方向，才能处变不惊，才不会患得患失。

二、次级趋势

次级趋势，也叫中期趋势，运行时间通常为3周到3个月。当股价持续上涨到一定阶段的时候，往往会进行局部的调整，这个调整的动作是由次要趋势来完成的。至于回调多少，可以是主要趋势的1/3、1/2或2/3，如果回调过了头，那就不是调整而是主要趋势反转了。

实际上，中长线投资者看重的就是这段次级趋势，由于是保证金交易的性质，任何机构的资金也许都撑不到主要趋势走完（中途变数太多），因此主抓次要趋势里的利润空间也就成为中长线投资者的投资重点。

三、短暂趋势

所谓短暂趋势，是指连续六天左右的股价变动情形，它可能是人为操纵而形成的，也可能是其他偶然性因素所引起的，很难预测。

一般情况，短暂趋势很少超过三个星期，通常少于六天。它们本身尽管没有什么意义，但它使得主要趋势的发展过程富于神秘多变的色彩。通常，不管是次级趋势或两个次级趋势所夹的主要趋势部分，都是由一连串的三个或更多可区分的短期变动所组成。由这些短期变化所得出的推论很容易导致错误的方向。在一个无论成熟与否的股市中，短期变动都是唯一可以被“操纵”的，而主要趋势和次要趋势却是无法被操纵的。

一个长期趋势由若干个中期趋势组成，而一个中期趋势又由若干个短期趋势组成。在分析趋势的过程中，应按照从长到短的原则，先分析长期趋势，再分析中期趋势，最后分析短期趋势。长期趋势制约中期趋势，中期趋势制约短期趋势，而中期趋势至关重要，起着承上启下的作用。

第二节　成交量与股价趋势的关系

在实际操作中，成交量几乎总是先于股价而动，即成交量为股价的先行指标。在量价理论里，成交量与股价趋势的关系可归纳为以下几种。

一、量增价涨

所谓量增价涨，是指个股（大盘）在成交量增加的时候，个股股价也同步上涨的量价配合现象（图 4-2）。

如果是在股价逐渐上升过程中，成交量也随之增加，说明价格上升得到了成交量增加的支撑，后市将继续看好。尤其是在结合了大盘指数操作的情况下，当大盘的指数开始涨升时，那么成交量则需要有一定程度的配合性增加量，以推动指数稳步上涨；当指数小幅度上升时，成交量则需要维持涨升前的状况，或者是稍微增加量，以支持指数的涨升；当指数出现大涨时，成交量必须要有放大程度的量度值配合，否则指数则有可能因为上涨能量有限而无力上行。同时，成交量的相应增大，也是市场上人气聚集的具体表现，这是比较好的买入时机。当然也有一些特殊情况，比如股价上涨已多，价涨而量异常大增，不论是否留有上影线，均表示庄家可能趁高出货。

图 4-2 量增价涨

二、量增价平

所谓量增价平，是指个股（或大盘）在成交量增加的情况下个股股价几乎维持在一定价位水平上下波动的一种量价配合现象。

通常情况下，量增价平既可能出现在上升行情的各个阶段，也可能出现在下跌行情的各个阶段。如果在股价上涨的中途，成交量放大但股价却没有上涨，而是维持在一个价位附近来回波动，就预示着盘中的获利回吐盘比较多，场内持股者的持股信心产生了动摇。但这并不标志着股价一定会出现下跌，股价经过一段时间的整理之后，有可能会继续上涨。如果股价经过一段时期的下跌之后，在低位区域成交量持续放大，但股价却没有上涨，预示着可能有庄家在故意打压股价。投资者遇到这种走势的个股时，一定要注意其后期的走势动态，一旦股价出现量价配合并向上拉升，就要立刻跟进。因为其标志着底部已经形成，股价即将进入拉升阶段。另外，投资者遇到股价在高位区域出现量增价平的走势，一定要特别谨慎，不要轻易追高，因为这很有可能是庄家出货所致。

三、量增价跌

事实上，量增价跌是一种短线价量背离的现象，一般是由于多种因素所造成，其中当然也有可能是控盘庄家故意制造的骗局。投资者在研判价跌量增现象时，必须先研究这种现象所处的形态和具体方位。

通常来讲，当量增价跌处于相对高位时，行情基本已发展到了尾声，此时投资者应当机立断，迅速卖出股票。当价跌量增处于某一整理形态位时，往往可能是行情突然出现某种重大利空消息或其他不利因素，导致股价在巨大的抛压之下放量走低。当量增价跌处于某一相对低位时，或在已大幅下跌一段时间后，则有可能是庄家进行最后的震仓吸筹所致。总之，量增价跌的出现，表明市场上的投资者已经看空后市行情。

四、量跌价涨

在实际操作中，如果股市经过长期一轮下跌后企稳，此时股价开始小幅上升，成交量还在减少，意味着股市底部基本形成，空头态势转为多头态势指日可待，投资者可以考虑建仓。如果股市经过长期一轮上升后不太稳定，此时股价继续上升，成交量开始减少，要警惕股市可能由多头态势转为空头态势，投资者最好提前平仓（图4-3）。

图4-3 量跌价涨

五、量跌价平

如果股市经过长期一轮下跌后企稳，此时股价处于平衡，成交量还在小幅下跌，意味着股市底部将要形成，空头态势将转为多头态势，投资者可以考虑建仓。如果股市经过长期一轮上升后不太稳定，虽然此时股价高位平衡，成交量高位减少，但要警惕股市可能由多头态势转为空头态势，投资者最好提前平仓。

六、量跌价跌

所谓量跌价跌，是指股价下跌、成交量减少，表示投资者惜售心理严重。一般情况下，如果出现在股价涨升初期，属正常回档，投资者可以逢低补仓；若发生在股价下跌初期，显示跌势仍将持续，若股价长期下跌后，跌幅略减，成交量也萎缩至最低，此时买盘虽还有顾虑，但卖压也逐渐收敛，行情将止跌回稳。在实战中，对于出现价跌量缩的个股，投资者应密切关注大盘走势，如大盘仍有上升空间，则个股可能会止跌向上；如果大盘向下，出现价跌量缩的个股可能向下突破。

七、量平价涨

一般而言，在低位出现量平价涨，为买入信号：股价从高处滑落，往往是放量下跌进而缩量，缩量后量能与前日持平，且价格上升，底部已到，可买入待涨。更稳妥的做法是，等待次日继续放量，股价若继续小幅升高可放心入场。如果在高位出现量平价涨，为警惕信号：高位量平价涨，说明虽然买力没有增加，但是卖方抛售压力也不大，故能拉阳线。但是，买力不增将无法维持股价继续走高，此时应出场观望。若是小盘庄股出现高位量平价涨，则是庄家锁筹，吃货拉升。

八、量平价平

在股市中，量平价平的格局比较少见，通常会看见21日均量线呈现持平走势，如果此现象维持超过一星期，形成一种常态，代表目前的趋势将不会有重大转变。

一般来讲，当股价下跌已经有一段时间之后，出现量平价平的形态，暗示股价行为已经进入盘底期，但是这里仍属于多空不明的状况，没有信号不适合进场。当股价在多头中进入回调修正，格局为盘跌走势时，只要出现量平价平的形态，暗示修正行为已经暂时告一段落，宜等待买进时机，买进前需先出现明确的止跌信号。当股价处于空头盘整或是反弹结构，根据经验法则，以出现反转的几率最高，亦即股价将在近期出现盘整或是反弹结束的信号。

九、量平价跌

如果股市经过一轮长期下跌后企稳，此时股价还在小幅下跌，但成交量处于平衡，意味着股市底部基本形成，空头态势将转为多头态势，投资者可以考虑建仓。如果股市经过一轮长期上升后不太稳定，此时股价开始暴跌，成交量虽然平衡，也要警惕股市可能由多头态势转为空头态势，投资者最好提前平仓。

K 线解析

在利用量价关系研判股价趋势时，投资者必须注意，量价分析不能是今日与昨日的简单对比，这样就看不出它的延续性。必须对一周以来、一个月以来、三个月以来的量价互动资料作详尽评估，由量价变动的过去看它的现在，结合它的过去和现在分析它的未来。同时要明白：成交量的增加或减少不会改变价格波动的方向，而仅仅会加剧或缓和价格的上升和下跌。由于每宗交易包括买与卖，成交量就是买或卖的数目，成交量大并非指买的人或卖的人多。升势只是说明买方愿以高价成交，跌势只是表示卖方愿以低价成交。动力与方向是两回事，不能混淆，只有这样，量价分析才会为投资者对后市的判断带来建设性的启发。

第三节 关注大盘的趋势

在股市中，投资者准备把握大盘的运动方向是很有必要的。而且，80% ~ 90% 的个股走势与大盘的走势高度相关，所以，对一般的投资者来说，只有正确判断大盘的走势并在每一轮大的行情中积极操作，才能够获得最大的利润。为了准确把握大盘运动趋势，投资者可以从以下几个方面结合每天的盘面进行分析。

一、从基本面判断大盘的长期运行趋势

基本面包括宏观经济面和政策面。宏观经济情况是股市运行的重要基础，它直接决定股市的运行趋势。股市是国民经济的“晴雨表”，能提前反映宏观经济情况，理性的股市周期与国民经济周期基本一致。国民经济一旦出现走出低谷的迹象，就意味着一轮牛市的即将来临，此时是投资者入市的最佳时机。政策面是影响我国股市走势的重要因素，有时甚至是决定性因素。股谚云：炒股要听党的话。通过政策调控，可以使牛市变熊市，也可以使熊市变为牛市，此类案例在我国不胜枚举。

二、从消息面判断大盘的运行趋势

沪深股市一直处于消息面的影响下，每个阶段不论涨跌都明显地受到政策因素的影响，有关政策的动向都会成为大盘涨跌的最直接动力，每个阶段的政策导向是大庄家行动的风向标，消息面的影响在大盘处于敏感期更为有效。另外，可能会有有关个股的消息，这只被影响的股票如果出现连续的涨

跌停板走势，特别是成分指数股，也会对大盘的短线走势起到方向性的引导。

三、从供求关系把握大盘的短期运行趋势

股票价格直接由供求关系决定，供求关系的改变以及投资者供求关系的预期都有可能影响大势。对当前的我国股市而言，改变供求关系仍是调控股市的一个重要手段。我们常常会看到这样的情况：股市高涨时，管理层频繁发新股；股市低迷时，管理层不断采取措施增加资金供给。所以，从管理层这种股市调控思路，也可以探寻到一定的规律：当股市进入高位，管理层大幅度增加股市供给时，要保持清醒；当股市持续低迷，管理层开始增加股市资金供给时，入市良机就要来了。

四、利用技术面判断大盘运行趋势

在实际操作中，影响大盘技术面的第一个指标是成交量，沪深股市只有在较大的成交量的背景下才会体现强势，否则持续走强的可能性不大。影响大盘的第二个指标是中期均线（30 日均线、60 日均线），中期均线的方向以及与股价的位置比较，将会使得大盘的走势趋势明显化。影响大盘的第三个指标是周 KDJ 指标。

对于趋势的判断，均线虽然有滞后性，但中期均线对大盘大趋势的反映还是非常清晰的。一般情况下，如果大盘在 60 日均线之下，那么中线投资者最好的办法为离场或轻仓短炒，等股指重新站稳 60 日均线之上并确认升势后再重仓操作。如果投资者非要操作，可以在大盘短期下跌偏离 60 日均线过大时，选择短期跌幅最大的品种抢反弹。但抢完了无论盈亏一定要卖，否则就可能被套；另外一个短线选择的对象就是站稳 60 日均线延续升势的个股，如果大盘在 60 日均线之上，对于大盘或者个股首次的大致买点可选在自低点突破 60 日均线的回抽确认之后（注意：60 日均线须不再下行）；对于卖点的选择，为有效跌穿（如 3 天 3% 的原则等）10 日或者 20 日均线时卖出。另外，投资者可在大盘在短期涨幅偏离 60 日均线过大时先适量减仓。

五、准确判断市场强弱

判断市场强弱，可以从以下几个方面综合考虑：成交量是否有效放大，交投是否活跃；当天涨停的股票有多少，一般而言，涨停的股票越多，说明市场越强；大盘走势如果是高开高走，就说明大盘走势比较强，如果大盘能走出一根光头光脚的大阳线，说明大盘极强。

六、利用领头羊判断大盘运行趋势

当大盘出现明显涨跌时，每个阶段都会出现一只或者几只对市场影响较大的股票，其走势特征与基本面消息的新变化也会对大盘的趋势起到修正与加速的作用。与此同时，投资者应该注意市场成交量最大的一类板块的涨跌。

K线解析

对大势的研判，有的人偏好基本分析，有的人偏好技术分析，但把它们综合起来更能把握大势的运行趋势，而且也比较合理。

第四节 运用趋势线研判趋势

一、趋势线概要

作为普通投资者要时时刻刻记住，趋势的正确判断是能否投资成功的关键，永远顺着趋势做投资，不要逆势而为。而学会使用趋势线来确定趋势的方向，对于一个普通投资者来说，是必不可少的基本功之一。

所谓趋势线，是指上涨行情中两个以上的低点的连线以及下跌行情中两个以上高点的连线，前者被称为上升趋势线，后者被称为下降趋势线（图4-4）。上升趋势线的功能在于能够显示出股价上升的支撑位，一旦股价在波动过程中跌破此线，就意味着行情可能出现反转，由涨转跌；下降趋势线的功能在于能够显示出股价下跌过程中回升的阻力，一旦股价在波动中向上突破此线，就意味着股价可能会止跌回涨。

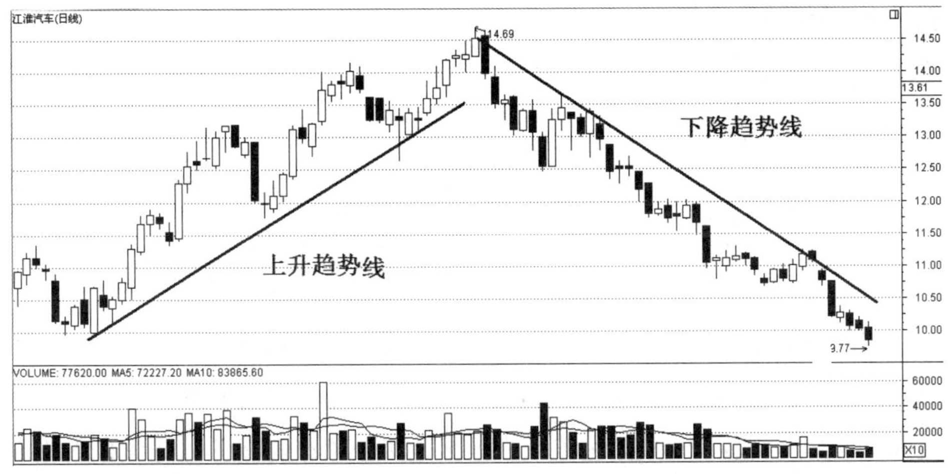

图 4–4　趋势线

一般来讲，按照使用功能的重要性，趋势线划分如下：

时间范围：时间范围越大，趋势线就越重要。趋势线在星期周期图表中显然要比日周期的图表中重要，而在日周期的图表中显然要比小时周期图表重要。

长度：趋势线越长，意味着它越可靠。短的趋势线反映在短时期范围内的行为，而长趋势线反映较长时期之内的行为。

价格碰到趋势线的次数：价格碰到趋势线的次数越多，说明趋势线越可靠。

倾斜角度：在趋势线和水平线之间的角度反映市场人群的情绪强度。趋势线的角度至关重要，过于平缓的角度显示出力度不够，不容易马上产生大行情；过于陡峭的趋势线则不能持久，往往容易很快转变趋势。著名角度线大师江恩认为：45 度角的趋势线最可靠，也就是江恩所说的 1×1 角度线。

交易量：反映参与者认真程度，有兴趣的参与者最好保存现存的趋势。

增加成交量通常作为前一个趋势的确认服务。

实际上，上述几点也是影响趋势线的可靠性因素。一般来说，趋势线被股价触压的次数越多、倾斜角度越小、形成的时间跨度越大，则其预测股价波动的可靠性就越强。

二、趋势线的画法

两点之间可以决定一条直线，而且是一条唯一的直线。而股价的线路图是由长年累月的交易记录所形成的。因此，投资者在画趋势线时，必须要选择两个最具有决定性的点（最具有意义的两个高点或者低点）。一般来讲，连接这两个低点的直线，就是上升趋势线。决定下跌趋势也需要两个以上的反转顶点，也就是上升到某个顶点，开始下跌，随后出现反弹，但没有再突破前一个高点，然后再度迅速下跌。连接这两个顶点的直线，就是下降趋势线。另外，对于横盘趋势，投资者可以将顶点和底点分别以直线连接，形成震荡区间。那么当价格运动突破了相应的趋势线后，投资者就可以认为趋势可能正在反转。

投资者在画趋势线的时候，应注意以下几点：第一，趋势线根据股价波动时间的长短分为长期趋势线、中期趋势线和短期趋势线，长期趋势线应选择长期波动点作为画线依据，中期趋势线则是中期波动点的连线，而短期趋势线建议利用30分钟或60分钟K线图的波动点进行连线。第二，画趋势线时应尽量先画出不同的实验性线，待股价变动一段时间后，保留经过验证能够反映波动趋势、具有分析意义的趋势线。第三，注意趋势线的修正。以上升趋势线的修正为例，当股价跌破上升趋势线后又迅速回到该趋势线上方时，应将原使用的低点之一与新低点相连接，得到修正后的新上升趋势线，以便更准确地反映出股价的走势。第四，趋势线不应过于陡峭，否则很容易被横向整理突破，失去分析意义。

三、运用趋势线研判趋势

趋势线表明，当股价向其固定方向移动时，它非常有可能沿着这条线继续移动。投资者在实战中应用趋势线研判趋势的时候，应把握以下几点：第一，由于上升趋势线连接的是股价的低点而不是股价的高点，因而上升趋势线实际上也是一条支撑线；同样，下降趋势线连接的是股价的高点而不是股价的低点，因而上升趋势线实际上也是一条压力线。一般来讲，股价在支撑线上方向下跌破支撑线时，应卖出股票，并应在下一条略缓的上升趋势线处等待买点的出现；股价在压力线下方向上突破时，应买入股票，同时可以考虑在下一条略缓的下降趋势线的相应位置寻找卖点。第二,一种股票随着固定的趋势移动时间愈久，趋势愈可靠。第三，在长期上升趋势中，每一个变动都比改正变动的成交量高，当有非常高的成交量出现时，这可能为中期变动终了的信号，紧随着而来的将是反转趋势。第四，在中期变动中的短期波动结尾，大部分都有极高的成交量，顶点比底部出现的情况更多，不过在恐慌下跌的底部常出现非常高的成交量。第五，股价的上升与下跌，在各种趋势之末期，皆有加速上升与加速下跌之现象。因此，市势反转的顶点或底部，大都远离趋势线。

需要强调的是，趋势线的分析应当和成交量的分析配合使用。当股价从下向上突破趋势线的压力时，一般都要求有较大成交量的出现，否则就很可能是一个假突破。但向下跌破上升趋势线则不必如此，通常突破当天的成交量并不增加，不过，突破后的第二天可能会有交易量增大的现象。

K 线解析

趋势线可以帮助投资者顺势而为，寻找价格的运动趋势，在上升趋势时买入股票并持有，在下跌趋势时卖出股票。投资者应牢牢记住：永不确认市场转势，直到趋势线被打破为止。

第五节　不同趋势线的分析

具体而言，投资者在实战中较常见的趋势线的有以下几种。

一、上升趋势线

如果是股价按一个低点比一个低点高的运行方式向上运行，把所有的低点连接成一条直线，这条直线就称为上升趋势线。在股价回落到该线附近时，会受到该线的强力支撑，支持股价继续向上运行。在上升趋势线的股价波动上画一条与上升趋势线平行的线，这条平行线又称返回线。上升趋势线的图形见图 4-5。

图 4-5　上升趋势线

在应用上升趋势线的时候，投资者需要了解以下几点：在股价上升趋势中，当股价下跌而触及股价上升趋势线时，便是绝佳的买点，投资者可酌量买进股票；当股价上升而触及股价上升趋势线之返回线时，便是股票绝佳之卖点，投资者可将手中所持股卖掉。

二、下降趋势线

所谓下降趋势线，是指股价在下跌的过程中，一个高点比一个高点低，将其中的两个高点连接起来的一条趋势线，反映股价的下跌趋势。下降趋势线的图形见图 4-6 所示。

图 4-6 下降趋势线

通常情况下，根据股价下跌时间的长短，下降趋势线可分为长期下降趋势线、中期下降趋势线、短期下降趋势线。长期趋势时间跨度在一年以上，中期趋势为 4 至 21 周，短期趋势一般在 4 周以内。

在实际操作中，投资者需要把握以下几点：不管是长期、中期还是短期下降趋势线，如果被股价向上突破，都是买入时机。但对于短线炒股者而言，应把短期下降趋势线被股价向上突破当作买入时机；下降趋势中，下降趋势线的向上突破是中期下降趋势结束而转为中期上升趋势的信号，也是实际操作中非常重要的买入时机。实践证明：多数股票都可以运用中期下降趋势线寻找到其中期的最佳买入时机。需要说明的一点是，中期下降趋势线的向上突破应有成交量放大的配合，转势的可靠性才会更高，后市上升的空间才会更大；长期下降趋势线向上突破，意味着长期下降趋势或熊市的结束和一轮大行情的开始，是中长期的最佳买入时机。长期下降趋势线向上突破应有成交量放大的配合且最好伴以中长阳线，否则可靠性降低或后市上升的空间有限。

另外，在长期下降趋势线之下，往往有数次中级反弹或上涨，由于这些中级行情高点的原因，常常改变长期下降趋势线的斜率，从而使原来的长期下降趋势线需要重新修正。不过，原来的下降趋势线突破后，以前的阻力线将变成股价下跌的支撑线。遇到此情况，仍应止损离场，耐心等待机会。

三、慢速上升趋势线

一般而言，慢速趋势线提示了股价或指数的长期运行趋势，是中长线投资者做多做空的重要依据。通常情况下，慢速趋势线可以分为慢速上升趋势线与慢速下降趋势线。

事实上，无论是慢速上升趋势线还是慢速下降趋势线，整体趋势不会改变，只是其运行的速度变得缓慢而已。如果是慢速上升趋势线，就意味着投资者的个股将开始慢牛的走势，那么投资者必须用中长线的眼光来看待，短期内的盯盘是浪费时间，反而有些时候会因为“身在庐山，不识庐山真面目”而抛舍股票，错过一只白马股。而如果是慢速下降趋势线，意味着投资者的个股要开始绵绵阴跌。

在实际操作中，慢速上升趋势线出现在以慢速上升趋势线为主的快慢趋势线组合中，其维持时间比快速趋势线长。而且，慢速上升趋势线揭示了股价（指数）运行的中长期趋势是向上的，具有中长期支撑股价（指数）上升的作用。只要股价（指数）一直在慢速上升趋势线上方运行，就应该坚持以做多为主，采取持股待涨的策略。此外，对于稳健型投资者来讲，可以选择在股价回落到慢速趋势线上方再次涨起来的时候跟多，下破止损。

四、慢速下降趋势线

慢速下降趋势线出现在以慢速下降趋势线为主的快慢趋势线组合中，其维持时间比快速趋势线长。实际上，慢速下降趋势线揭示了股价（指数）运行的中长期趋势是向下的，具有中长期压制股价（指数）上升的作用。在实战中，只要股价（指数）一直在慢速下降趋势线下方运行，就应该以做空为主，采取持币观望的策略。另外，稳健型投资者在价格反弹到慢速趋势线下方再次下跌的时候可跟空，上破止损。

五、快速上升趋势线

快速趋势线与慢速趋势线正好相反，它的作用是趋势不改，但会加快运行速度。一般情况下，快速趋势线可以分为快速上升趋势线与快速下降趋势线。快速上升趋势线意味着主升浪的来临，而快速下降趋势线则意味着主跌浪的到来。有一点需要注意，既然是“快速”，就表示速度会很快，持续的时间会比较短。通常来讲，快速趋势线提示了股价或指数的短期运行趋势，是短线投资者做多做空的重要依据。

一般来讲，快速上升趋势线既可出现在以慢速上升趋势线为主的快慢趋势线组合中，又可出现在以慢速下降趋势线为主的快慢趋势线组合中，其维持时间比慢速趋势线短。在实战中，快速上升趋势线揭示了股价（指数）运行的短期趋势是向上的，具有短期支持股价（指数）上升的作用。具体应用的时候，在上升趋势中，投资者在价格处于快速上升趋势线上方时，可看多，做多;在下降趋势中，不要做多。快速上升趋势线的图形见图 4-7 所示。

需要说明的是，快速上升趋势线在慢速上升趋势线为主的组合中，投资者在快速上升趋势线上方做多获利机会较多；而在慢速下降趋势线为主的组合中，投资者在快速上升趋势线上方做多，风险很大，稍有不慎，就会被套。因此，快速上升趋势线出现在以慢速下降趋势线为主的快慢趋势线组合中时，除非投资者是激进型的投资者，对市场变化十分敏感，可用少量资金买进股票，持股待售。否则，在这种时候不宜看多做多，持币观望也是一种较好的选择。

图 4-7 快速上升趋势线

六、快速下降趋势线

快速下降趋势线既可出现在以慢速下降趋势线为主的快慢趋势线组合中，又可出现在以慢速上升趋势线为主的快慢趋势线组合中，其维持时间比慢速趋势线短。事实上，快速下降趋势线揭示了股价（指数）运行的短期趋势是向下的，具有短期压制股价（指数）上升的作用。一般而言，在下降趋势中，投资者在价格处于快速下降趋势线下方时可看空做空，在上升趋势中不要做空。快速下降趋势线的图形见图 4-8 所示。

需要强调的是，如果快速下降趋势线出现在慢速下降趋势线为主的快慢趋势线组合中时，需要及时止损离场；当快速下降趋势线出现在以慢速上升趋势线为主的组合中，激进型的投资者可以适时做空。对于普通投资者来讲，持股待涨应该是一种较好的选择。

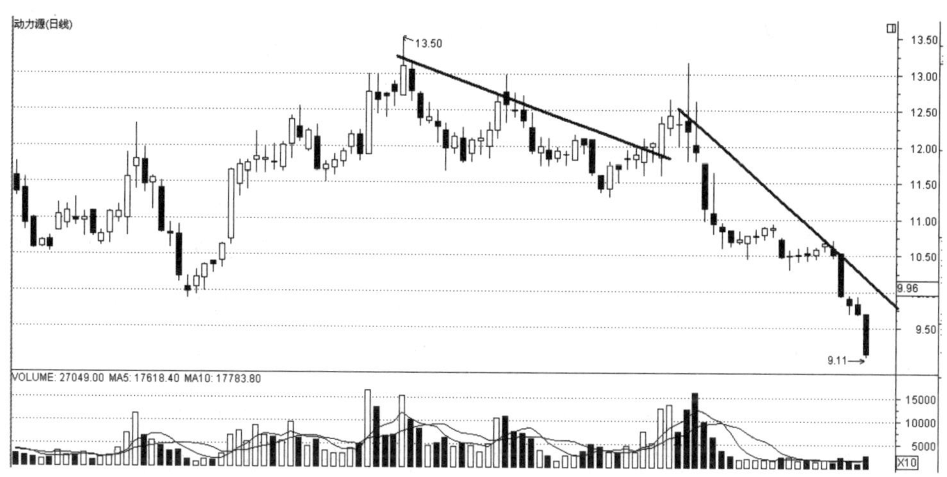

图 4-8 快速下降趋势线

K 线解析

趋势线和其他大家熟知的判断阻力和支撑的方法一样，只是表示阻力和支撑的一个概念和区域，没必要搞得太清和看得太重，真正起决定性因素的是股价在其前后的反应和表现：同样的位置和形态，有的突破了而有的却跌了下去，率先主动突破的就比被动跟随的持久，涨停突破就比没涨停有力度，放量充分就更有推动力和惯性。决定买卖点的是多种信号因素的结合，任何一项单一的分析都构不成充分的买卖依据，所以更多的时候是发现确定目标后，再用趋势线和其他方面来验证。

第六节　新股的量价趋势

所谓新股，是指刚发行上市的股票。一般来讲，新股的炒作有以下几个方面：新股上市的当天就被炒作；新股上市后就开始被炒作；新股上市一个阶段以后被炒作。而新股的炒作同样离不开成交量的配合，接下来就看看新股的量价趋势。

一、新股首日的量价关系

新股开盘的第一天一定会有比较大的换手率，最少的换手率一般也在40%以上。由于在一级市场的申购者都有一定的获利，大多数投资者都会选择在上市的第一天抛售。所以无论开盘后股价如何运行，都会有比较大的换手率。然而，当有庄家开始收集的时候，表现出来的换手率更大，这种换手率会集中在开盘后的短短几分钟之内。对于投资者来讲，值得操作的换手率是：开盘2分钟，换手率达到10%，进场1/2仓；开盘5分钟，换手率达20%，可以满仓。需要强调的是，介入时股价应是向上走的，如果是下跌，只有等稳定以后再介入。

二、新股上市与大盘的量价关系

一般来讲，当大盘处于下跌的末端，进入筑底阶段时，市场人气低迷，新股开盘价较低，一般在50%以下，甚至一些股票接近发行价，此时是最佳的买入时期，一旦大盘反弹，该类股票会领涨；当大盘处在上升阶段，此时新股为平开高走，投资者可积极参与炒作；当大盘处在上涨末端，市场人气高涨，新股开盘价位很高，有的达到200%以上，此时新股风险最大，一旦大盘从高位下跌，该类股票跌幅最大；当大盘处于下跌阶段时，新股为平开低走，参与者获利机会极小，不要参与。只有等到大盘进入下跌末端筑底时，才是真正的买点。此时大盘还没有调整结束，要等待其进入最后一跌，那时很多新股会低开20%左右，再买入即会有较高的收益。

三、新股上市的集合竞价成交量

一般而言，集合竞价成交量是判断一只新股是否会被炒作的重要指标。集合竞价的成交量越大，该股机构关照越明显。当一只新股在集合竞价中明显放出巨量，往往易被成功进行炒作。一般而言，若集合竞价量超过其流通盘的 5% 时，短线被炒作的可能性极大。

四、新股上市后的量价关系

具体来讲，新股上市后的量价关系有以下几点：第一，有的新股在上市时正好遇到大盘的快速上升阶段，或者遇到大盘刚好底部反转，此时也会出现连续拉升的情况。有的新股是在庄家介入以后刻意拉升，是一种新股的运作手法。实际上，新股上市后被连续拉升的现象已十分普遍，像暴风科技，截止到 2015 年 4 月 30 日，连拉 26 个涨停板，创 A 股的历史记录。除了上面的操作手法，也有新股采用震荡走高或者说稳步推高的手法。此做法温和放大或者说保持在一定的水平之上。第二，见底回升或者拉升。见底回升或拉升就是说股价在下跌一段后出现回升或拉升，或者上市初期没有什么表现但在某天开始有所表现甚至有很好的表现。无论是见底回升还是见底拉升其实都是在形成短期低点的基础上的，只是以后的上升力度不同而已。此时，只有达到一定的换手，投资者才可以参与。一般情况下，在该股形成短期低点后，若换手达到了 3%，那么投资者就可以入场操作。

K 线解析

客观来讲，若换手率没有达到一定的要求，那么上涨是很困难的，这其实也是成交量值得重视的原因。另外，庄家做庄必先建仓，而新股由于认购价与上市价的巨大差价，必然在开始上市的时候会有大幅度换手率，这就给庄家提供了集中收集筹码快速建仓的良机。同时，投资者也可以通过新股上市之初的换手率情况来判断该股是否有庄家介入以及庄家介入的深度与实力的大小。上市首日换手率是投资者观察庄家、机构活动的最主要、最根本的依据之一。

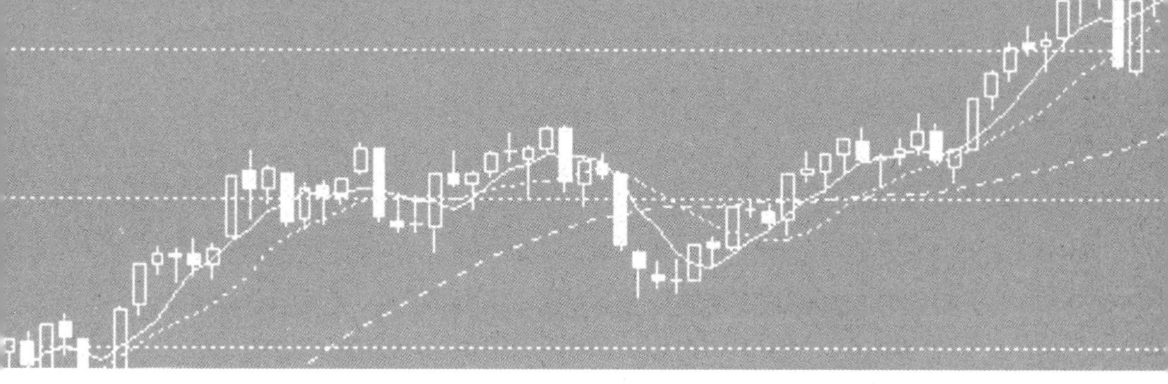

第五章

赚钱锦囊：利用 K 线缺口淘金

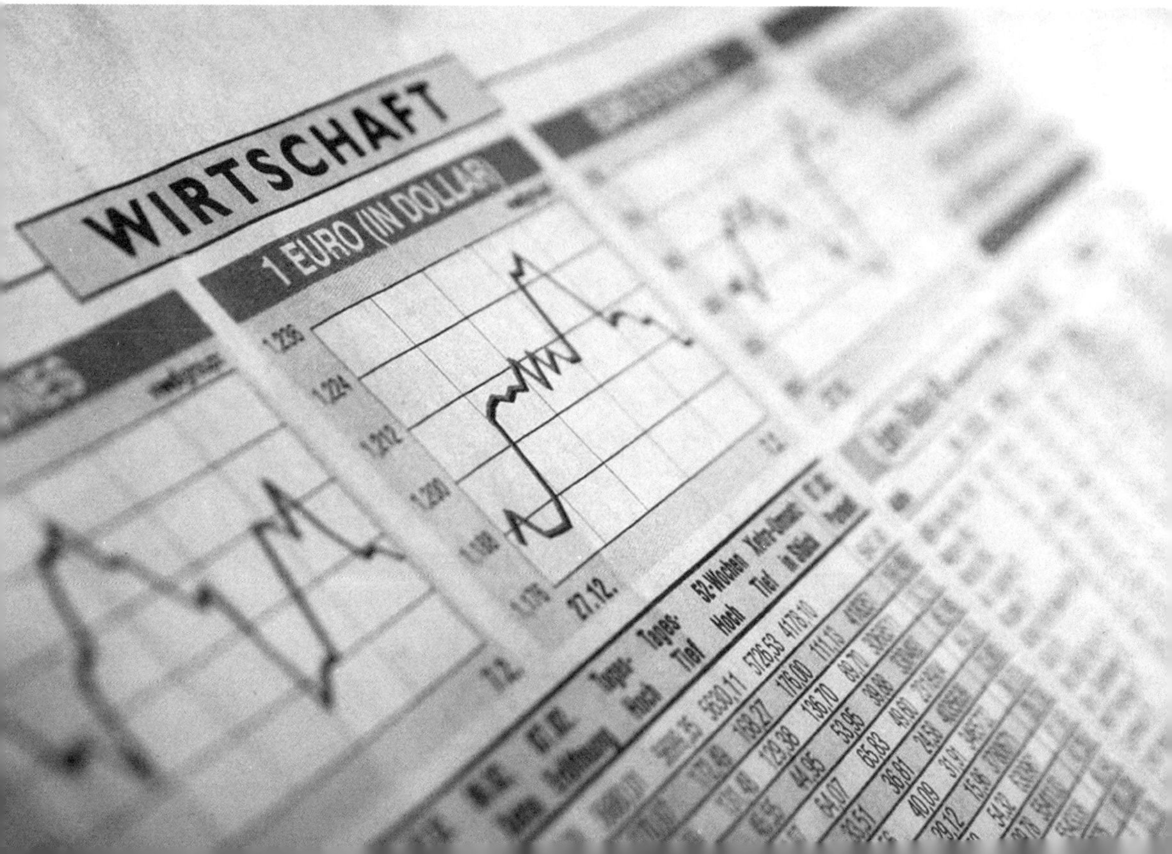

第一节　缺口的基本概念

所谓缺口，是指由于行情的大幅度上涨或下跌，致使股价的日线图出现当日成交最低价超过前一交易日最高价或成交最高价低于前日最低价，即股价在连续的波动中有一段价格没有任何成交，在股价的走势图中留下的空白区域。因此，缺口又称为“跳空”，是行情延续过程中经常出现的一种技术图形。通常情况下，如果缺口不被迅速回补，表明行情有延续的可能；如果缺口被回补，表明行情有反转的可能。

从K线图形可以看出，如果一个形状很完全的形态，不论是整理形态还是反转形态，或在波动较小的价格区域内以低成交量变动的股票，某日会受突如其来的利多或利空消息，持者惜售或卖方急于脱手，供需失调，开盘后没有买进或卖出，使某些价位在开盘时抢买或卖情形下而没有成交，在图形上显示不连贯的缺口。

在实际操作中，缺口的出现往往伴随着向某一方向的较强动力，它的宽度（即缺口的上端与下端之差）反映了这种运动的强弱。不论向何种方向运动所形成的缺口，都将成为日后较强的支撑或阻力区域。因此，利用缺口对行情大势进行研判成为了投资过程中的一个重要手段。

事实上，市场主力较为重视缺口理论，这使该理论地位较突出。但任何事物都有两面性，关注不等于迷信，毕竟该理论也是技术分析中的一种。股指走牛，几个跳空缺口肯定阻止不了市场的前进。某些个股有严重透支炒作行为，出现大跌，几个向下跳空缺口出现后，该股也不是就此止跌了。投资者应当像对待其他技术指标一样，对缺口理论的市场地位不可定得偏高，使用时也要结合当时市场情况，结合其他指标进行操作。任何理论都有缺陷，关键在于发现其长处，规避其短处，这样才可以提高市场生存能力。

缺口是开高盘或开低盘的结果，而开高盘或开低盘在图形上并不一定显示缺口。

第二节　普通、突破、持续与消耗缺口

一、普通缺口

所谓普通缺口，是指在股价变化不大的成交密集区域内出现的缺口。图5-1为普通缺口，图中圆圈处是一段没有交易的空白，直接跳至圆圈下方交易。一般来讲，普通缺口属于短期供需失衡或突发性消息所造成的缺口。

通常情况下，普通缺口的特征可以归纳如下：一般会在3日内回补，成交量很小，很少有主动参与者。如果不具备这些特点，投资者就应考虑该缺口是否属于普通缺口形态。

一般而言，普通缺口的支撑或阻力效能较弱，通常发生在耗时较长的整理形态或者反转形态中，出现后会在几天内填补。实践证明：普通缺口在整理形态要比在反转型态时出现的机会大得多，所以当发现发展中的三角形和矩形有许多缺口，就应该增强它是整理形态的信念。

图 5-1 普通缺口

事实上，普通缺口具有一个比较明显的特征，即缺口很快就会被回补，因此给投资者的短线操作带来了一个简便的机会，即当向上方向的普通缺口出现之后，在缺口上方的相对高点应抛出股票，等普通缺口封闭之后再买回股票；而当向下方向的普通缺口出现之后，在缺口下方的相对低点应买入股票，等普通缺口封闭之后再卖出股票。这种操作方法的前提是必须判明缺口是普通缺口，而且股票价格的涨跌必须有一定的幅度。

二、突破缺口

所谓突破缺口，是指股票上涨或下跌时突破某一压力位或某一个支撑位而跳上或跳下留下的缺口。这种形态的出现已经完全脱离了原有的密集波动区域，预示着一个较大的上升或者下跌行情的展开，其对后市行情的延续发展具有十分强烈的指导作用，见图 5-2 和图 5-3 为突破缺口。突破缺口常出现在整理形态濒临结束时，由于技术面或基本面的优势，在多空拉锯中做出跳空上涨或跳空下跌而脱离盘整的情形，比如投资者常见的跌破支撑，突破阻力。突破缺口的出现，往往意味着方向的选择已定，向下突破缺口意味着行情向下发展，向上突破缺口意味着行情将进入一片新天地。

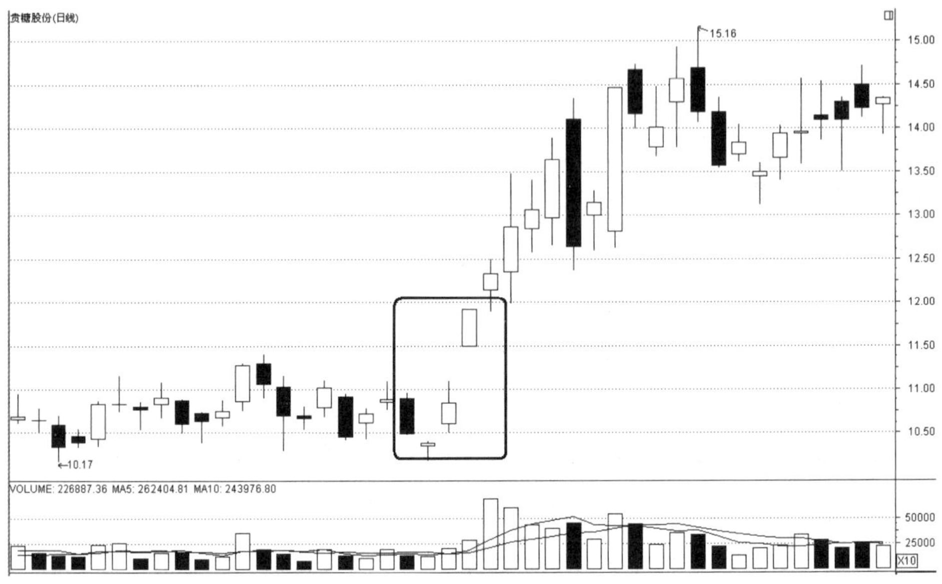

图 5-2 向上突破性缺口

图 5-3 向下突破性缺口

事实上，突破缺口的分析意义极大，它一般预示行情走势将要发生重大的变化，而且这种变化趋势将沿着突破方向发展。所以，投资者对于突破性缺口的判断是非常重要的。

一般来讲，判断是否为突破性缺口，首先看缺口产生时其身后有没有形态做衬托；其次，再看缺口产生的当日和未来几天的成交量是否能持续放大。如果是，那么初步判定其为突破性缺口。突破性缺口产生之后，意味着行情将向着产生缺口的方向运行一段时间，股价也将向同一方向延伸较长的距离。也就是说，当投资者确定了缺口为突破性质后，应持股不动，以获取较大的利益。

股市中相当多的实例已经充分证明，导致突破性缺口的K线一般都是具有强大有力的大阳线或者大阴线，显示着争战中的多空双方主力中，一方的力量迅速得以伸展，而另一方则瞬间败退。行情将顺着已经产生的股价发展进行下去。换言之，股价如果是向图形形态上方有效突破之后，原来的整理区域即变成了将来强有力的支撑区域。与之相反，股价若是向图形形态的下方有效突破后，原来的整理区域即变成了将来股价运动中强有力的阻力区域。其当时所产生的突破缺口幅度越大，则表示未来行情的变动越剧烈。

在实战中，当突破性缺口出现后，投资者第一时间介入都是正确的，如果第一时间即当日没能把握好介入点也没关系，仍可以利用其后的震荡回调收阴时介入，或者利用多种低位买入法介入。但是，投资者在操作时一定要注意突破缺口后的成交量不能大幅萎缩，不能回到前期的水平，缺口不能被回补。

三、持续缺口

所谓持续缺口，指涨升或下跌过程中出现的缺口，持续缺口常在股价剧烈波动的开始与结束之间一段时间内形成。持续缺口又称为“测量缺口”，即股价到达缺口后，可能继续变动的幅度一般等于股价从开始跳空到这一缺口的幅度。另外，持续缺口也可以称为“逃逸缺口”。

向上持续缺口属于抢盘现象，意味后市向好，只有遇到下一个阻力点，才能减缓上升速度（图 5-4）。向下持续缺口代表股价跌破支撑后，大家纷纷逃命，连续跳空向下，表示后市向淡，直至探到下一个支撑才有所缓解。

图 5-4 向上持续缺口

通常来讲，持续缺口具有以下特点：持续缺口是一种二次形态的缺口，它只能伴随突破缺口的出现而出现。换言之，若股票价格未发生突破，则不存在持续缺口形态，因此，持续缺口比较容易辨别；持续缺口能衡量股票价格未来的变动方向和变动距离；持续缺口一般都不会被封闭；持续缺口具有较强的支撑或阻力效能，而且这种支撑或阻力的效能在日后仍旧能够得到体现。

持续缺口在技术分析中意义很大，可以用来测算获利空间，通常是股价突破后到下一个反转形态中途出现的，所以持续缺口可以大概预测未来股价可能上涨或者下跌的距离，其度量方法是持续缺口开始上涨或者下跌的幅度等于突破缺口到持续缺口的距离。由于持续缺口在短期内不会封闭，因此，投资者可在向上运动的持续缺口附近买入股票或者在向下运动的持续缺口附近卖出股票，而不必担心是否会套牢或者踏空。

四、消耗缺口

股价在大幅度波动过程中价格在奄奄一息中回光返照，做最后一次跳跃，然而，最后的挣扎好景不长，在随后的几天乃至一个星期里价格马上开始下滑。当收盘价格低于这种最后的跳空后，表明衰竭跳空已经形成，所以消耗缺口也称“衰竭缺口”（图 5-5，图 5-6），这种缺口代表一个走势已经山穷水尽，代表一种力量突然太过强大导致跳空，然而在不同的点位，力量太过强大时，往往意味着已无后继之力，那么另一方的力量就要强大起来，导致市场转势。

图 5-5 衰竭缺口

图 5-6 消耗缺口

一般来讲，消耗缺口发生在快速的涨势或跌势中，是由盛而衰的表征。不过，在快速的涨势或跌势中，必须去分辨消耗缺口或是持续缺口。由于快速走势的第一个缺口一定是持续缺口，因此最简单的方法是以持续缺口的发生位置为走势的中点来计算整个趋势的长度，从而判断该处所发生的缺口是不是消耗缺口。另一个判断的方法则是成交量，通常情况下，在缺口发生的当天或后一天若成交量特别大，而且趋势的未来似乎无法随交量而有大幅变动时，就可能是消耗缺口。进一步讲，如果在缺口出现的后一天，其收盘价停在缺口之边缘形成了一天行情的反转，就更可确定这是消耗缺口。

事实上，消耗缺口大多在恐慌性抛售或消耗性上升的末段出现。消耗缺口的出现，表示股价的趋势将暂告一段落。如果在上升途中，即表示将下跌；若在下跌趋势中出现，就表示即将回升。然而，需要说明的是，消耗缺口并非意味着市道必定出现转向，尽管意味着有转向的可能。

在实战中，一般最先出现的是突破缺口，其次是持续缺口，最后才是消耗缺口，而普通缺口则会出现在任何阶段。但是，市场千变万化，不能一概而论，在实际投资中不能仅仅按照顺序来识别缺口。有时候某种类型的缺口可能不会出现，有的则会多次出现，例如持续缺口。所以，在分析中还要重视分析股市的运行趋势。另外，投资者还需要分析股市的运行趋势，进而研判缺口。例如有的下跌持续时间已经很长，继续大幅下跌的可能性不大，股价的跌势已经成为一种过度的非理性表现。这时，投资者不必等着突破缺口的出现，而是要认清当时的形势，在这种情况下出现的缺口可以直接视为一种消耗缺口。

第三节　除权缺口

所谓除权，是由于公司股本增加，每股股票所代表的企业实际价值（每股净资产）有所减少，需要在发生该事实之后从股票市场价格中剔除这部分因素而形成的剔除行为。每只股票每年都会设定一天作为股票除权日，在这一天或以后购入该公司股票的股东，不再享有该公司此次分红配股。股票在除权之后，股票价格一般会有所下跌。例如，某公司原来股本为1亿股，每股市价为10元，现公司按每股送一股的比例实施，则该事实完成后企业实际价值没有发生任何变化，但总股本增加到2亿股，也就是说，转增股本后的两股相当于此前的一股所代表的企业价值，每股盈利变为0.5元，其市价应相应除权，调整为5元。

实际上，正是由于制度因素的原因，上市公司送配后，股价会出现除权、除息缺口，表现在除权价与股权登记日的收盘价之间的跳空。这种缺口的出现为股价在新的一轮波动中提供了上升空间，诱发填权行情（图 5-7）。

图 5-7 填权行情

在实战中，除权缺口常常是庄股最活跃的投资区域，处于牛市中时，强庄股往往发动填权行情；处于熊市中时，高比例的送股往往会将本已经炒高的庄股股价拉低，使投资者感觉股价便宜，后市还有继续上涨的可能，而主力则乘机借助除权缺口出逃。

作为缺口形态的一种，除权缺口有其自身的特点。上市公司送增股本，是对股东的回报，但这种回报对股东来说又是一种强制再投资行为，因而股票在除权时的价格决定了股东再投资的成本，此时对股东来说是被动选择价格。此时的股票价格又同股票除权前后的变化状况密切相关。股票除权前后的价格变化往往较大，这就给研判这段行情的投资者提供了短期的重要机会。

一般情况下，对股价除权缺口的处理有两种方式：除权处理和含权处理。所谓除权处理，即以现价为基准，根据权息资料折算历史价格，以考察投资成本的相对变化，在 K 线图上表现为除权缺口前的图形下沉。所谓含权处理，包括全程含权或定点含权，即以个股上市首日或某一除权缺口前的历史价为基准，根据权息资料推算现在的含权价格，在 K 线图上表现为除权缺口后的图形上浮。

K 线解析

在实战中，不建议投资者用除权缺口特别是已经时过境迁的除权缺口作为重要的技术参考依据。原因有三：一是主力不知道是否已经更换；二是本身除权缺口就会改变股票的成本，不复权基本上不能去计算成本；三是一定要按照整个成本以及正常的技术上去进行技术分析。

第四节　连续缺口

所谓连续缺口，是指股价连续两天或两天以上留下的跳空缺口。如果是上升的连续缺口，则表明大盘或个股正处于加速上涨阶段，是一轮行情中的主升浪，投资者要把握这种难得的机会，在上涨途中不要轻易卖出股票。但是，这种加速上升对做多动能是极大的消耗，当上涨乏力时容易形成阶段性顶部。所以，当出现连续缺口后，上涨行情一旦趋缓，投资者需要果断卖出股票。

一般情况下，在向上或向下的中长期趋势中，基本上会出现分布均衡，位置分别处于头部、中部和尾部的三个连续缺口，即前面提到的突破缺口、持续缺口和消耗缺口。出现向上突破缺口时，应在第一缺口买进，第三缺口抛出；出现向下突破缺口时，应在第一缺口抛出，第三缺口买进。

K线解析

值得投资者注意的是，缺口理论适合于解读大盘，对于那些流通盘比较大，或市值比较大的股（这些股往往只有主力、没有庄）在放量上涨或下跌过程中出现的缺口也可以考虑用缺口理论解释。但对于那些小盘股，或主力已控盘的股，用缺口理论分析的意义不大。

第五节　岛形反转缺口

客观来讲，基于缺口理论的岛形形态，属强烈的反转信号，其力度要超过突破缺口与一般的反转形态，根据所处的位置不同，可分为上岛形反转与下岛形反转。

一、上岛形反转

所谓上岛形反转，是指股价处于上升行情中，在经过持续上升一段时间后，某日出现跳空缺口加速上升，但随后股价在高位徘徊一段时间，不久却以向下跳空缺口的形式展开下跌，而下跌缺口和上升缺口基本处在同一价格区域的水平位置附近，使高位争持的区域从图形上看，就像是一个远离海岸的孤岛形状，两边的缺口令这岛屿孤立独耸于海洋之上（图5-8）一般在形成上岛形期间成交量十分巨大。

图 5-8 上岛形反转

通常来讲，顶部岛形反转一旦确立，说明近期股价向淡已经成为定局，此时持筹的投资者只能认输出局，如果继续持股必将受到更大的损失。如果在高位来不及全部卖出，也应等到次日高点卖出，否则股价下跌时间之长，会令人胆战心寒。而空仓的投资者近期最好也不要再过问该股，即使中途有什么反弹，也尽量不要参与，可关注其他一些有潜力的股票，换股操作为宜。

二、下岛形反转

所谓下岛形反转形态，是指股价处于下跌行情中，在经过持续下跌一段时间后，某日突然跳空低开留下一个下跌缺口，随后几天股价在缺口之下的某一低位波动或继续下跌，但下跌到某低点又突然峰回路转，股价向上跳空并以缺口形式开始急速回升，而向上跳空缺口与前期下跌跳空缺口，基本处在同一价格区域的水平位置附近，使低位争持的区域从图形上看，就像是一个远离海岸的孤岛形状，成为多头主力在吸货时制造的最大空头陷阱（图 5-9）。

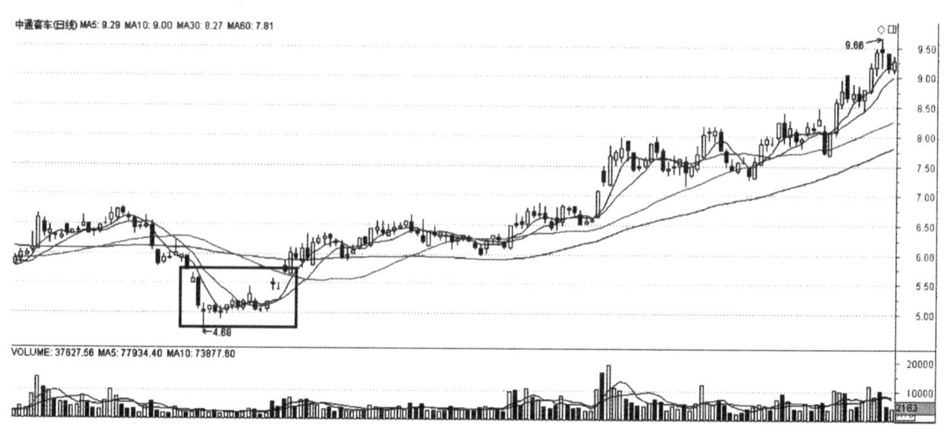

图 5-9 下岛形反转

作为转势形态，底部岛形反转的出现表明股价已见底回升，将从跌势转化为升势。虽然这种转势并不会一帆风顺，多空双方会有一番激烈的争斗，但总的形势将有利于多方。通常，在底部发生岛形反转后，股价免不了会出现激烈的上下震荡，但多数情况下，股价在下探上升缺口处会戛然止跌，然后再次发力向上。另外，一般而言，底部岛形反转时常会伴随着很大的成交量。如果成交量很小，这个底部岛形反转图形就很难成立。

事实上，底部岛形反转是一个见底回升的K线语言。一般说来，当出现向上突破缺口，并且成交量急速放大，左侧对应的区域又有向下跳空缺口，是第一买点；当价格再次下探上升缺口处，再次发力上攻，且有成交量的支持，是第二买点。在具体应用中，投资者对走出底部岛形反转的个股应首先想到形势可能已经开始逆转，不可再盲目看空。激进的投资者可在岛形反转后向上跳空缺口的上方处买进，稳健的投资者可在股价急速上冲回探向上跳空缺口获得支撑后再买进。另外，需要指出的是，对填补向上跳空缺口后股价还继续下沉的个股，不可再看多，此时投资者应及时清仓出场以保证资金安全。

三、岛形反转缺口的实战运用

通常情况下，岛形经常在长期或中期性趋势的顶部或底部出现。当上升过程中，岛形明显形成后，这是一个卖出信号；若下跌过程中出现，就是一个买入信号。因此一旦形成岛形，投资者必须当机立断做出判断：上岛形出现后应做空，而下岛形出现时应做多。

具体来讲，投资者应对以下几点加以把握：第一，在岛形前出现的缺口为消耗缺口，其后在反方向移动中出现的缺口为突破缺口；两个缺口间隔时间短则为一天，亦可能长达数天至数个星期左右。短时间如一两天内出现岛形反转，往往结合典型见顶的 K 线组合一同出现，如底部现阳线反转、顶部现星线等；长时间如数周内出现岛形反转，往往结合典型的其他形态一同出现，如头肩形、圆顶（底）、平顶（底）等；形成岛形的两个缺口大多在同一价格范围之内；岛形以消耗缺口开始，突破缺口结束，这情形是以缺口填补缺口，因此缺口已是被完全填补了；岛形反转的两个缺口之间的总换手率（可以是短时间内的大量换手或长时间内的微量换手）越大，其反转的信号越强；如果是短时间内的巨量换手，则成为岛形与“V 形反转”的复合形态，其信号非常强大。第二，上岛形反转的顶部一般是一个相对平坦的区域，与两侧陡峭的图形形成鲜明对比，有时顶只是一个伴随天量的交易日构成，这是市场极端情绪化的产物。第三，岛形形态最佳的买卖点为跌破上升或下降趋势线和第二个缺口发生之时，因为在这之前无法确定发展的方向，而一旦形态确立，操作上要快刀斩乱麻，坚决做多或做空，不要迟疑。

K 线解析

事实上，岛形反转不是主要反转形态，因为它形成的时间相当短，不足以代表主要趋势的意义，不过它通常是一个小趋势的折返点。其理由明显，因为前一个跳空发生后，不久便发生反向的跳空，说明既有趋势的力道在后继无力下突然间消失，反向势力便乘势而起，便发生反向的跳空，这是多空势力在短时间内鲜明的消长结果。所以，当反向缺口没有马上被填补时，便代表多空势力消长确立，成为趋势的反转信号。

第六节　K线缺口异动的分析

在实战中，主力要开始比较大的动作通常都以缺口操作作为行动的开始，投资者一旦看见中期趋势后的反向缺口与伴随基本面消息或者较大成交量的缺口K线，应警惕波段趋势发生中级变化。具体来讲，投资者应对以下几种情况予以重视：

1. 在波段均线走平情况下的初步带量未回补缺口大阳（阴）线预示着一个新趋势的开始，这个趋势的初级状态是单边连续的和回弹力有限的。

2. 在一个单边趋势后的大阳（阴）线后紧跟有一个带缺口的小K线组合代表一个趋势的结束。

3. 一个跳高（低）含有缺口的大阴（阳）线，如果短期内阴（阳）线被反向消化，代表一个新趋势的开始，这个趋势的主流热点应是率先越过或者带量越过大K线的个股。

4. 在波段均线集于一点后的开收盘时间阶段表现强劲的含有缺口的K线代表一个新趋势的开始，这个趋势在开始后短线力度较为有力。

K线解析

在一般市场气氛中，看K线下方有没有缺口是研判这只股票是否见底的手段之一。在涨升行情启动时，主力会把缺口全部回补，不留后患，在涨升中潜力较大的个股，一般是不会轻易留下跳空缺口的，当投资者发现有跳空缺口时，也就证明了这只股票短期内的潜力已经不大了，将要回调补缺口了，回调的目标位就是涨升过程中留下的第一个缺口的下方，几乎大盘个股都是如此。

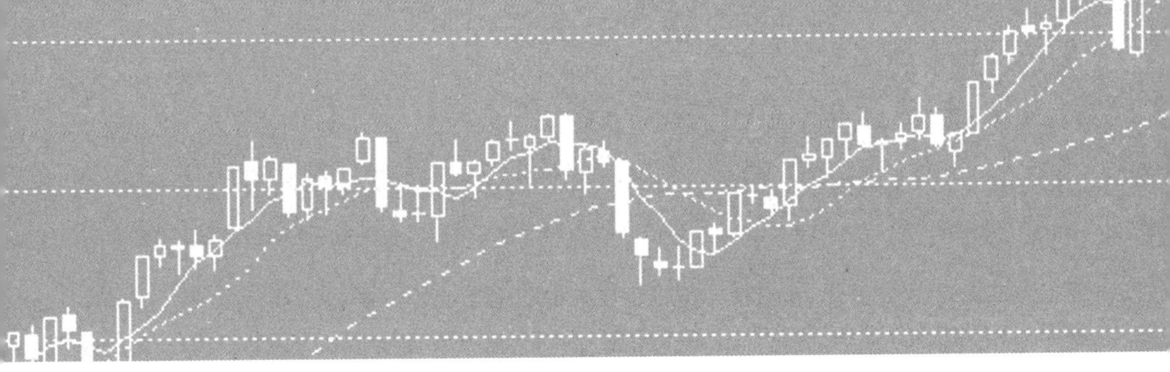

第六章

明镜可鉴：实用 K 线制胜技术指标

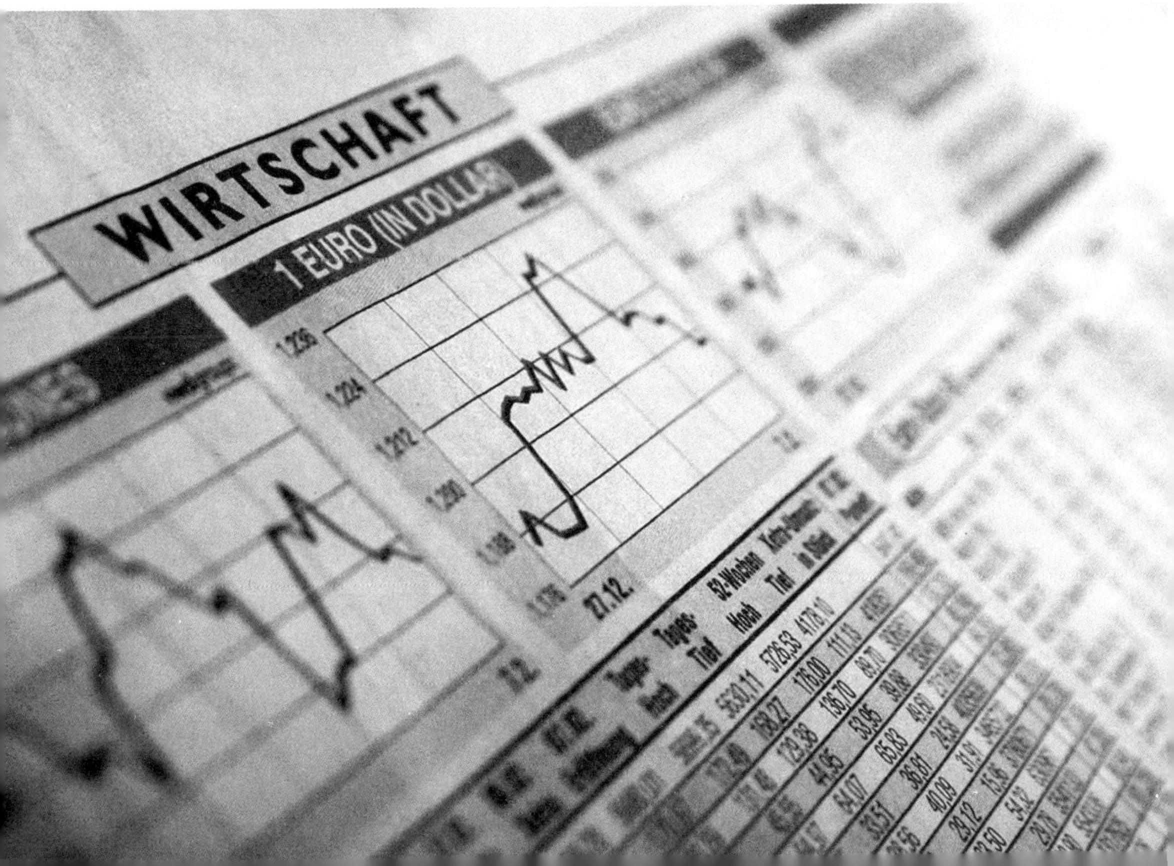

第一节 移动平均线指标

一、移动平均线指标概要

所谓移动平均线，简写为MA，是反映指数与股价趋势变化的一种指标。移动平均线分析法由美国投资专家格兰威尔所创立，由道氏股价分析理论的“三种趋势说”演变而来。它将最近N日的收盘价予以移动平均，求出一个趋势值，即得到N日平均线，以此作为股价走势的研判工具（图6-1）。

图6-1 MA均线

一般情况下，移动平均线可以分为以下几种：简单（也被称为算术）移动平均线、指数平滑移动平均线、加权移动平均线。实际上，投资者可以为任何一套顺序排列的数据来进行移动平均线的计算，包括开盘和收盘价格、最高和最低价格、交易量和任何其他指标。通常来讲，同时有两条移动平均线被使用的情况比较普遍。只有在一种情况下，不同种类的移动平均线会产生相当大的分离，就是当权数系数不同的情况下（该系数是被安排到最近的一个数据里的）。

事实上，如果按照时间长短的标准分类，移动平均线又可以分为短期、中期、长期移动平均线：通常把5日均线和10日均线定义为短期移动平均线；20日均线、30日均线和60日均线定义为中期移动平均线；120日均线和250日均线定义为长期移动平均线。一般而言，由于5日均线与实际价位接近，很难揭示变量的变化趋势，须与10日均线配合使用，是短期行为的有效判别信号；20日均线可作为中期投资决策的依据；30日均线主要用于与短期线组合分析，以判断走势是反弹或是反转；120日均线和250日均线对预测一年内的经济动向相当可靠，为机构作为唱起投资的有效决策工具之一，其中250日均线长期移动平均线作为牛市与熊市的分界线。

二、移动平均线指标的特点

概括来讲，移动平均线最基本的思想是利用平均数来消除股价随机波动的影响，寻求股价波动的趋势。其特点如下：追踪趋势，注意价格的趋势，并追随这个趋势，不轻易放弃；稳定性，MA的变动不是一天的变动，而是几天的变动，一天的大变动被几天一分摊，变动就会变小而显不出来。这种稳定性有优点，也有缺点，在应用时应多加注意，掌握好分寸；助涨助跌性，当股价突破了MA时，无论是向上突破还是向下突破，股价都有继续向突破方面再走一程的愿望，这就是MA的助涨助跌性；滞后性。由于MA是将某一段时间的收盘价之和除以该周期得出的，数据的采集具有滞后性，收盘价之和平均后的结果也容易掩盖即将发生的某些变化倾向，所以在股价原有趋势发生反转时，由于MA的追踪趋势的特性，MA的行动往往过于迟缓，调头速度落后于大趋势。等MA发出反转信号时，股价调头的深度已经很大了，这是MA的一个极大的弱点。

三、移动平均线指标的计算方法

移动平均线的计算方法就是连续若干天收盘价的算术平均，天数就是参数。移动平均线的计算公式如下所示（以 5 日为例）：

MA（5）=[（第 1 日收盘价 ×1×1）+（第 2 日收盘价 ×2×2）+（第 3 日收盘价 ×3×3）+（第 4 日收盘价 ×4×4）+（第 5 日收盘价 ×5×5）]/（1×1 + 2×2 + 3×3 + 4×4 + 5×5）

同理，参数为 10 的移动平均线就是连续 10 日的收盘价的算术平均价格，记号为 MA（10）。

四、移动平均线指标的实战运用

在实际操作中，移动平均线指标显示某一个时间段平均工具性价格的数值。当投资者计算移动平均线的时候，其实是在平均这段时间内工具性价格的数值。由于价格的变化，移动平均线指标要么增加要么减少。

在具体应用中，投资者需要把握以下几个方面：平均线从下降逐渐转为走平，而价格从均线下方突破为买进信号；价格虽然跌破平均线，但又立刻回升到平均线上，此时平均线仍然持续上升，为买进信号；价格趋势走在平均线上，价格下跌并未跌破平均线且立刻反转上升，为买进信号；价格突然暴跌，跌破平均线且在短期内进一步向下远离平均线，则有可能反弹上升，为买进时机；平均线从上升逐渐转为盘整或下跌，而价格向下跌破平均线，为卖出信号；价格虽然向上突破平均线，但又立刻回跌至平均线下并持续下降，为卖出信号；价格趋势走在平均线下方，价格上升并未突破平均线却立刻反转下跌，为卖出信号；价格突然暴涨，突破平均线且短期内进一步拉升而远离平均线，则有可能反弹结束，为卖出时机；上升行情初期，短期移动平均线从下向上突破中长期移动平均线，形成的交叉叫黄金交叉，预示股价将上涨；当短期移动平均线向下跌破中长期移动平均线形成的交叉叫作死亡交叉，预示股价将下跌；在牛皮市中，多根均线绕在一起，若主动上升转势，为向上盘整上升行情，可以部分买进；多根均线绕在一起，移动平均线主动向下转势，为卖出时机。

移动平均线指标在盘整阶段或者趋势形成之后及局部反弹之后的回档，极容易发出错误的信号，这是运用该指标时必须注意的问题。另外，该指标作为压力和支撑的作用，站在某线之上就形成了支撑，有利于上涨（如何发现涨停股）；但是，不一定说明肯定会涨，支撑线也有被跌破的可能。反之，跌破某线就形成了阻力，同时也会助跌。当然，阻力线也会出现被突破的可能。对于上述所说的移动平均线的缺陷，就要求投资者必须将该指标与其他技术指标结合使用，长期平均线也可以配合短期平均线使用，只有这样才能达到满意的结果。

五、移动平均线指标的多头排列与空头排列

在实际操作中，短线投资者最好选择短期移动平均线，中线投资者可选择使用中期移动平均线，长线投资者则应选择长期移动平均线，以判断各自不同的买卖进出点。实际上，如果将三线合用，加上股价线，投资者获取成功的可能性就更高。所谓三线合用，其实就是指移动平均线指标的多头排列与空头排列。

在新一轮涨势行情中，多条不同周期的均线一致向上运行，短期均线在上面、中期均线排在短期均线下面、长期均线排在中期均线下面（比如5日、10日、20日、60日、120日、250日等多条均线），呈现向上圆弧状排列，这说明投资者过去买进的成本很低，做短线的、中线的、长线的都有赚头，股价一直在上涨，这种图形习惯上称为均线多头排列。反之，空头排列指的是日线在下，以上依次分别为短期均线、中期均线、长期均线，这说明投资者过去买进的成本都比现在高，做短、中、长线的投资者此时抛出都在“割肉”，股价一直在下跌。

实践证明：当移动平均线和当日K线出现多头排列和空头排列时是市场行情最为明朗的时候。这时，投资者可放心入市或果断离场（图6-2）。

图 6-2 多头排列和空头排列

投资者研究移动平均线有一个极重要的任务，就是当拐点出现后，要正确计算出移动平均线朝一定方向波动的持续时间。若能正确掌握，再配合当日走势的强弱，就可抓住买进与卖出的时机了。

第二节 相对强弱指标

一、相对强弱指标概要

在风险投资市场中，供给与需求的平衡是价格稳定的必要条件。但是，在一般情况下，由于受许多因素的影响，供需本身也在不断变化，商品的价格也随之不断变化。一般来说，供给大于需求，商品价格下跌；供给小于需求，商品价格上涨。相对强弱指标就是基于这个供需平衡原理而产生的，主要用于测量股票或期货市场买卖力量的强弱程度。

所谓相对强弱指标，简写为 RSI，是由 Wells Wider 创建的一种通过特定时期内股价的变动情况计算市场买卖力量对比，来判断股票价格内部本质强弱、推测价格未来变动方向的技术指标（图 6-3）。

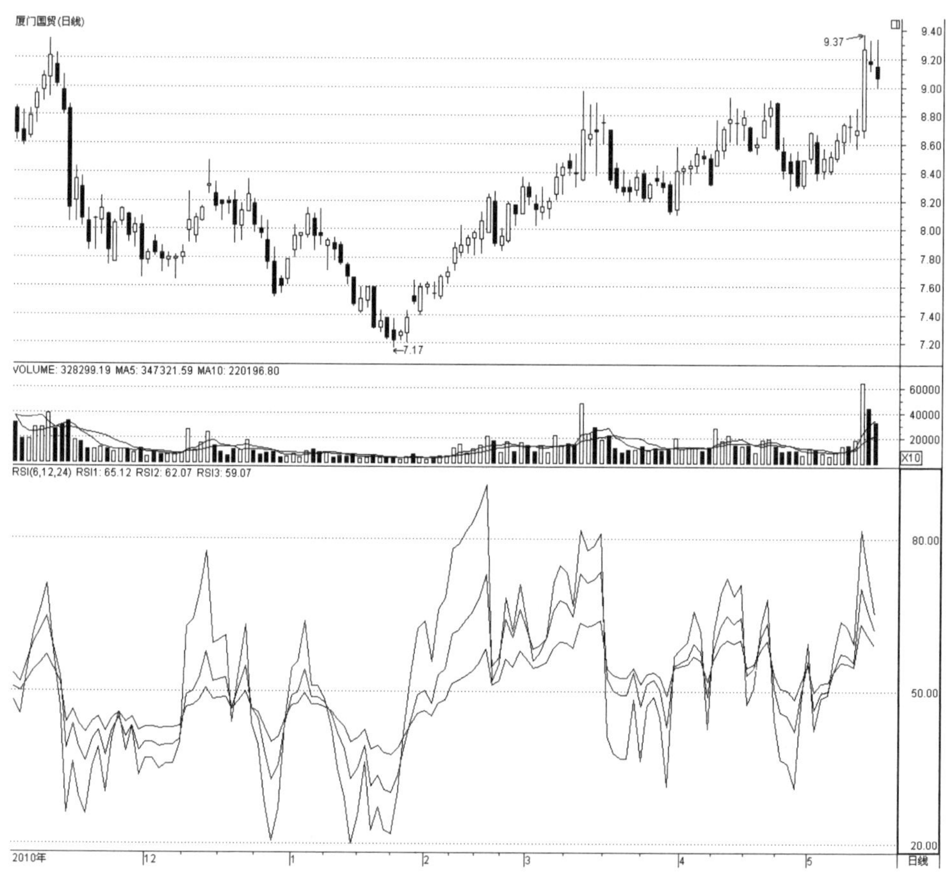

图 6-3 RSI 指标

从相对强弱指标构造的原理来看，与 MACD、TRIX 等趋向类指标相同的是，RSI 指标是对单个股票或整个市场指数的基本变化趋势作出分析；而与 MACD、TRIX 等指标不同的是，RSI 指标是先求出单个股票若干时刻的收盘价或整个指数若干时刻收盘指数的强弱，而不是直接对股票的收盘价或股票市场指数进行平滑处理。相对强弱指标是买卖力量在数量上和图形上的体现，投资者可根据其所反映的行情变动情况及轨迹来预测未来股价走势。在实践中，人们通常将其与移动平均线相配合使用，借以提高行情预测的准确性。

二、相对强弱指标的计算公式

相对强弱指标的计算公式如下所示：

$$RSI=100-[100/(1+RS)]$$

其中，RS=14 天内收市价上涨数之和的平均值 /14 天内收市价下跌数之和的平均值

如果最近 14 天涨跌情形是：第一天升 2 元，第二天跌 2 元，第三至第五天各升 3 元，第六天跌 4 元，第七天升 2 元，第八天跌 5 元，第九天跌 6 元，第十至十二天各升 1 元，第十三至十四天各跌 3 元。那么，计算 RSI 的步骤如下：第一，将 14 天上升的数目相加除以 14，上例中总共上升 16 元除以 14 等于 1.143（精确到小数点后三位）；第二，将 14 天下跌的数目相加除以 14，上例中总共下跌 23 元，除以 14 等于 1.643；第三，求出相对强度 RS，即 RS=1.143/1.643=0.696；第四，1+RS=1+0.696=1.696；第五，以 100 除以 1+RS，即 100/1.696=58.962；第六，100−58.962=41.038。计算结果，14 天的强弱指标 RSI 为 41.038，而不同日期的 14 天 RSI 值是不同的，连接不同的点，即成 RSI 的轨迹。

实际上，RSI 的计算公式反映了某一阶段价格上涨所产生的波动占总波动的百分比率，百分比越大，强势越明显；百分比越小，弱势越明显。RSI 的取值介于 0 ~ 100 之间，在计算出某一日的 RSI 值以后，可采用平滑运算法计算以后的 RSI 值，根据 RSI 值在坐标图上连成的曲线即为 RSI 线。

一般情况下，计算 RSI 值是以 5 日、10 日、14 日为一周期。另外，也有以 6 日、12 日、24 日为一个周期。若采用的周期数短，RSI 指标反应可能比较敏感；周期数越长，可能反应迟钝。目前，沪深两市中 RSI 所选用的基准周期为 6 日和 12 日。

三、相对强弱指标的实战分析

在具体运用相对强弱指标的时候，投资者需要把握以下几点：

第一，长短期 RSI 线的位置及交叉。短期 RSI 值在 20 以下，由下向上交叉长期 RSI 值时为买入信号；短期 RSI 值在 80 以上，由上向下交叉长期 RSI 值时为卖出信号；短期 RSI 值由上向下突破 50 但高于 20 时，代表股价已经转弱；短期 RSI 值由下向上突破 50 但低于 80 时，代表股价已经转强；当 RSI 值高于 80 进入超买区，股价随时可能形成短期回档；当 RSI 值低于 20 进入超卖区，股价随时可能形成短期反弹。

第二，RSI 指标的超买超卖。一般而言，RSI 的数值在 80 以上和 20 以下为超买超卖区的分界线。当 RSI 值超过 80 时，表示整个市场力度过强，多方力量远大于空方力量，市场处于超买状态，后续行情有可能出现回调或转势，此时，投资者可卖出股票。当 RSI 值低于 20 时，表示市场上卖盘多于买盘，空方力量强于多方力量，市场已处于超卖状态，股价可能出现反弹或转势，投资者可适量建仓、买入股票。当 RSI 值处于 50 左右时，说明市场处于整理状态，投资者可观望。值得投资者注意的是，超买或超卖虽然能够显示多空双方的力量对比，但有时由于行情变化过于迅速，RSI 会很快进入警示区，这时 RSI 的超买或超卖并不一定就是指导买卖的明确信号。例如，在牛市行情刚刚启动时，RSI 往往会很快进入 70 或 80 以上的区域，并在此区域内停留相当长一段时间，但这不仅不表示上升行情将要结束，反而是一种市场强势的信号。只有在牛市末期或熊市时，超买才是比较可靠的卖出信号。因此，稳健的投资者可以在 RSI 进入超买超卖区后又回到正常区域时再采取行动。

第三，RSI 曲线的形态分析。当 RSI 指标在高位盘整或低位横盘时所出现的各种形态也是判断行情、决定买卖行动的一种分析方法。当 RSI 曲线在高位（50 以上）形成 M 头或三重顶等高位反转形态时，意味着股价的上升动能已经衰竭，股价有可能出现长期见顶行情，投资者应及时卖出股票；当

RSI曲线在低位（50以下）形成W底或三重底等低位反转形态时，意味着股价的下跌动能已经减弱，股价有可能构筑中长期底部，投资者可逢低分批建仓。

第四，RSI指标的背离分析。当RSI曲线与股价变动趋势出现背离时，通常是值得重点注意的信号。在股价不断走高时，RSI曲线出现盘整无力走高，或者反而向下出现走低，这时应注意大盘或个股可能因买方动能已经接近耗尽，股价有可能回调或滞涨（图6-4）。同样当市场人气低迷，股价新低不断时，若RSI曲线却不创新低，反而有调头回升的迹象，短线需注意反弹的出现。在实际操作中，利用好RSI的背离功能常常会先于其他指标发现大盘或个股的底部或顶部的区域，并提早判断诸如W底和M头等形态的出现。即便从短期操作来看，用好RSI指标与股价的背离也有助于及时发现短线的买卖点，捕捉市场机会（图6-4）。

需要说明的是，RSI指标背离用来预测大盘有重大的参考意义，对于个股可能作用不大。但如果要利用该指标来捕捉最佳切入点，最好是结合其波动区域来谈。据经验总结，6日RSI指标值跌到20以下常常具有短线机会，而这个机会的上涨幅度只能靠6日RSI和14日RSI指标所形成的形态，若形成了双底，头肩底等，股价涨幅可能会比较大。

第五，RSI支撑线与RSI压力线。在K线图中谈论压力线与支撑线是非常平常的事，且已为投资者所熟悉，但若以RSI来判别压力线与支撑线，就显得较为特殊。其实RSI值作为买卖双方强度的一个指标，用压力线和支撑线对其走势进行分析，仍可对股票价格走势作出准确度相当高的预测。一般情况下，RSI图形随股价下跌而形成的一波比一波低的低谷，当三个低谷位于同一条直线上时，连接三低谷最低点的直线即为支撑线。当新RSI值高于支撑线第三个支撑点的RSI值时，是买进的好时机；RSI值随股价下跌而形成一峰比一峰低的波峰，当三个波峰位于同一条直线上时，连接三波峰最高点的直线即为压力线。压力线形成以后，隔日无论股价是否上升，其RSI值仍低于第三个压力点的RSI值，则表示多头力量比空头力量差，后市会继续下挫一段时间，为卖出时机。

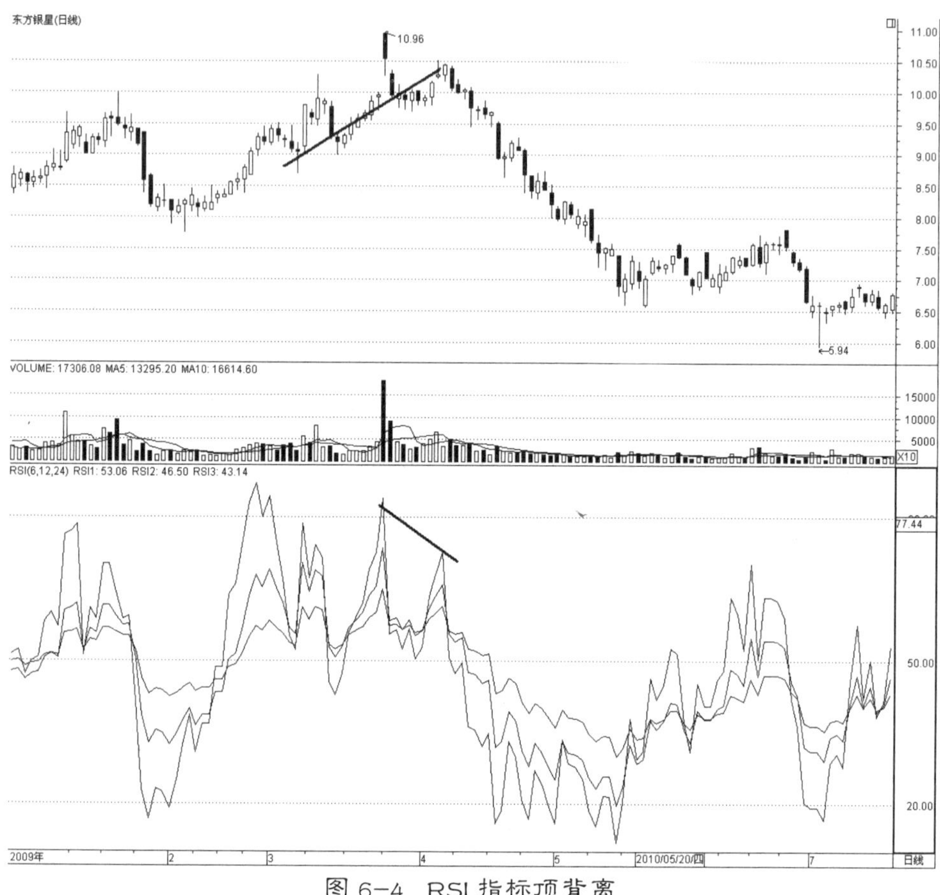

图 6-4 RSI 指标顶背离

事实上，投资者在利用 RSI 来分析多空力量的强弱时，还应该考虑另外两个因素：首先，要结合市场本身的活跃程度。对于处在箱形整理中的市场，一般可以把 RSI 值超过 70 以上认为是超买，30 以下认为是超卖。但对于变化起伏比较剧烈的市场，或有理由认为能够形成趋势行情的市场，可以设定 RSI 在 80 以上为超买区，20 以下为超卖区。其次，要注意对于不同参数的 RSI 指标，所对应的标准应该有所不同。例如，对于 5 日或 10 日等短期的 RSI 值，可以规定 80 以上为超买，20 以下为超卖。对于 15 日或 20 日等时间参数较大的 RSI，可以把 70 以上视为超买，30 以下视为超卖。

另外，RSI 指标在具体操作中也有一些偏差。比较典型的是，当行情发展趋向极端，出现持续上涨或下跌时，RSI 进入超买或超卖区域后反复徘徊，指标呈现高位钝化的形态，从而失去预测效应；又或者行情出现长期盘整状态时，RSI 会在 50 中轴线上下波动，要么形成穿越后又马上返回的"骗线"，要么游走于 40 ~ 60 之间，来回穿梭中轴线上下，使投资者感到无所适从。要解决上述问题有两种办法：其一是使用不同周期的 RSI，将短期 RSI 和中长期 RSI、日线 RSI 和周线 RSI 结合使用；其二是借助其他技术指标的长处来弥补相对强弱指标的不足，比如当行情处于极端状态时可以放弃 RSI 指标转而采用抛物线转向指标 SAR 等。当行情出现盘整、RSI 游走在 50 中轴线上下时，可寻求动向指标 DMI 来确认，如果盘整趋势得以确认，可以暂时退出市场观望。

总之，RSI 指标虽然有一些缺点，但作为辅助分析的工具仍是重要指标之一。投资者可以根据 RSI 指标研究市场的多头与空头气氛，将它作为买卖的参考依据。正确运用 RSI 指标的要诀是使用者需对所分析的市场有足够的了解与认识。

第三节　随机摆动指标

一、随机摆动指标概要

所谓随机摆动指标，简写为 KDJ，主要研究高低价位与收盘价的关系，即通过计算当日或最近数日的最高价、最低价及收市价等价格波动的真实波幅，反映价格走势的强弱势和超买超卖现象（图 6-5）。而且，随机摆动指标在设计中充分考虑价格波动的随机震幅和中短期波动的测算，使其短期测市功能比移动平均线更准确有效，在市场短期超买超卖的预测方面，又比强弱指数敏感。因此，随机摆动指标作为股市的中短期技术测市工具，颇为实用有效。

图 6-5 KDJ 指标

二、随机摆动指标的计算公式

一般而言，KDJ 是以最高价、最低价及收盘价为基本数据进行计算，得出的 K 值、D 值和 J 值分别在坐标上形成一个点，连接无数个这样的点，就形成一个完整的、能反映价格波动趋势的 KDJ 指标。随机摆动指标的计算公式如下所示：

周期定为9天，K值、D值均定为3天，表示方法是：随机指标（9，3，3）。

计算RSV值，即计算周期内“未成熟的随机值”，周期一般定为9天。

RSV=（今日收盘价 –9日内最低价）/（9日内最高价 –9日内最低价）×100%

当日K值 = 当日RSV值 ×1/3+ 前一日K值 ×2/3

当日D值 = 当日K值 ×1/3+ 前一日D值 ×2/3

J值 =3× 当日K值 –2× 当日D值

三、随机摆动指标的应用分析

一般而言，KDJ是三条曲线组成的，在应用的时候需要考虑以下几点：第一，KD的取值。KD的取值范围都是0–100，80以上为超买区，20以下为超卖区，其余为徘徊区。第二，从KD指标曲线的形态方面考虑。当KD指标在较高或较低的位置形成了头肩形和多重顶（底）时，是采取行动的信号。需要指出的是，这些形态一定要在较高位置或较低位置出现，位置越高或越低结论越可靠。第三，从KD指标的交叉方面考虑。第四，从KD指标的背离方面考虑。第五，J指标取值超过100和低于0，都属于价格的非正常区域，大于100为超买，小于0为超卖。

四、随机摆动指标的实战技巧

在具体应用随机摆动指标的时候，投资者需要把握以下几点：K值高于80时为超买区，D值在75以上，J值在100，短期股价容易向下回档；K值低于20时，D值在25以下，J值在0为超卖区，其股价容易反弹；K值在20左右水平，从D值的右方向上交叉D值时，为黄金交叉，在25以下信号较准确，为短期买进信号。在实战中，如果出现两次以上更可靠；K值在80左右水平，从D右方向下交叉D值时，为死亡交叉，在75以上发生较为准确，为短期卖出信号；J 值大于 100 时，股价容易形成短期头部，J 值小于 0 时，股价容易形成短期底部；KD 波动在 50 左右时，其作用不大；价格创新高或新低时，而 KD 未有此现象，为反转的信号。当指数创新高，而 KD 值却一峰低于一峰时，称为顶背离（图 6-6），反之为底背离。一般情况下，顶背离比

图 6-6　KDJ 指标顶背离

底背离信号更可靠；当 K 值在 50 以下的低水平，形成一底比一底高的现象，并且 K 值由下向上连续两次交叉黄色的 D 值时，股价会产生较大的涨幅；当 K 值在 50 以上的高水平，形成一顶比一顶低的现象，并且 K 值由上向下连续两次交叉黄色的 D 值时，股价会产生较大的跌幅；白色的 K 线由下向上交叉

黄色的 D 线失败转而向下探底后，K 线再次向上交叉 D 线，两线所夹的空间叫作向上反转风洞，当出现向上反转风洞时股价将上涨，反之，叫作向下反转风洞。出现向下反转风洞时，股价将下跌；J 值在短期内连续 3 次上穿 0 线，为买入信号，J 值在短期内连续下跌穿 100 线，是重要的卖出信号。

五、随机摆动指标的钝化分析

在股市中，KDJ 指标是投资者最常使用的一种技术指标，它反应灵敏，有非常明确的买卖信号，简单易学，深受大多数投资者的喜爱。但是，它却有一个糟糕的缺陷：KDJ 指标在高位和低位的钝化现象。长久以来，很多专业人士尝试了各种方法，企图解决 KDJ 指标的钝化问题，但是效果甚微。事实上，只要巧妙应用，KDJ 的钝化作用一样可以“化腐朽为神奇”，转变成寻找底部的工具。具体的应用技巧如下：KDJ 指标中 K 值、D 值、J 值若同时小于或等于 20，这时已有钝化现象出现，但是只能做为初选条件；个股的 KDJ 指标必须连续 6 天或 6 天以上达到初选条件，这期间，K 值、D 值和 J 值始终小于 20；最近一段时间内，成交量处于持续性萎缩状态中；最近 3 个交易日内，J 值最少同时上穿过 K 值和 D 值一次；J 值率先上穿 20 时，买入。

K 线解析

需要强调的是，KDJ 本质上是一个随机性的波动指标，因此计算式中的计算周期通常取值较小，以 5 至 14 为宜，可以根据市场或商品的特点选用。另外，将 KDJ 应用于周线图或月线图上，也可以作为中长期预测的工具。

第四节　指数平滑异同移动平均线指标

一、指数平滑异同移动平均线指标概要

所谓指数平滑异同移动平均线，简称为MACD，又称为指数离差指标，就是运用短期（快速）和长期（慢速）移动平均线聚合和分散的征兆加以双重平滑运算，用来研判买进与卖出时机，是移动平均线原理的进一步发展，在股市中这一指标有较大的实际意义。

客观来讲，MACD指标是所有技术指标里最经典的一个技术指标，正确运用这个指标，通过结合K线（日K线、周K线）、个股走势、量能、大盘走势、利空利好消息等，基本上就可以达到较好的买卖效果。事实上，这一技术分析工具自1971年由查拉尔·阿佩尔创造出来之后，一直深受股市投资者的欢迎。

二、指数平滑异同移动平均线指标的计算公式

在股市中，指数平滑异同移动平均线指标是一种非常实用指标，几乎和移动平均线一样常用，其实计算方式也是来源于均线的值。通常情况下，MACD的指标属性里有快EMA（默认值为12），慢EMA（默认值为26），DEA（默认值为9）三个参数值，一般选择默认参数即可。

事实上，“指数平滑异同移动平均线”这个名字源于一个事实，即快速的指数移动平均线不断趋于会合或者背离慢速的指数移动平均线。MACD由正负差（DIF）和异同平均数（DEA）两部分组成，MACD图表的顶端还有第三条用虚线绘制的MACD指数平均线（“触发”或者信号线）。MACD的图形如下所示（图6-7）。

图 6-7 MACD 指标

DIF 是快速平滑移动平均线与慢速平滑移动平均差，DIF 的正负差的名称由此而来。快速和慢速的区别是进行指数平滑时采用的参数的大小不同，下面以常用的参数 12 和 26 为例，对 DIF 的计算过程进行介绍：

今日 EMA（12）=L/2× 当日收盘指数 +11/（12+1）× 昨日的 12 日 EMA

今日 EMA（26）=L26× 当日收盘指数 +11/（12+1）× 昨日的 12 日 EMA

以上两个公式是指数平滑的公式，平滑因子分别为 2/13 和 2/27。如果选别的系数，也可照此法办理。

DIF =EMA（12）- EMA（26）

DIF 是整个 MACD 指标的核心，DEA 作为辅助是 DIF 的移动平均，也就是连续的 DIF 的算术平均。DEA 像移动平均线一样，也是为了消除异常波动对指标的影响而设置的。此外在分析软件上还有一个指标叫柱状线（BAR）：

BAR=DIF -DEA

三、指数平滑异同移动平均线指标的实战运用

在具体使用的时候，投资者需要把握以下几点：DIF 向上突破 DEA 时为买进信号，DIF 向下跌破 DEA 时为卖出信号；DIF 与 DEA 在 0 轴之上时，市场趋向为多头市场，两者在 0 轴之下时则应获利了结。DIF 和 DEA 在 0 轴以下时，入市策略应以卖出为主，DIF 若向下跌破 DEA 时可向上突破，空头宜暂时平仓；股价处于上升的多头形势时，如 DIF 远离 DEA，造成两线间乖离率加大，多头应分批了结；股价或指数盘整之时常会出现 DIF 与 DEA 交错，可以不必理会，只有在乖离率加大时方可视为盘整局面的突破；股价走势一波比一波高，DEA 却越走越低，则构成顶背离，预示股价将见顶。反之，股价走势一波比一波低，而 DEA 却一波比一波高，则构成底背离，预示股价将要见底。

四、利用 MACD 指标进行买卖操作的技巧

在实战中，MACD 指标不但具备抄底（背离是底）、捕捉极强势上涨点（MACD 连续二次翻红则买入）、捕捉“洗盘结束点”（上下背离买入）的功能，还可以帮助投资者捕捉到最佳买卖点。概括来讲，利用 MACD 指标进行买卖操作的技巧有以下几点：第一，MACD 低位两次金叉买进法。MACD 在低位发生第一次金叉时，股价在较多情况下涨幅有限，或小涨后出现较大的回调，造成买进的投资者套牢。但是当 MACD 在低位出现第二次金叉后，股价上涨的概率和幅度会更大一些。因为在指标经过第一次金叉之后发生小

幅回调，并形成一次死叉，此时空方好像又一次占据了主动，但其实已是强弩之末，这样在指标出现第二次金叉时，必然造成多方力量的发力上攻；第二，MACD 捕捉最佳卖点。MACD 指标的第一卖点就是指股价在经过大幅拉升后出现横盘从而形成的一个相对高点。投资者尤其是资金量较大的投资者，必须在第一卖点出货或减仓。第一卖点形成之后，有些股票并没有出现大跌而是在回调之后为掩护主力出货假装向上突破，多头主力做出货前的最后一次拉升，又称“虚浪拉升”，此时形成的高点往往是成为一波牛市行情的最高点，所以又称绝对顶，此时，投资者一定要坚决并且立刻离场（图 6-8）。

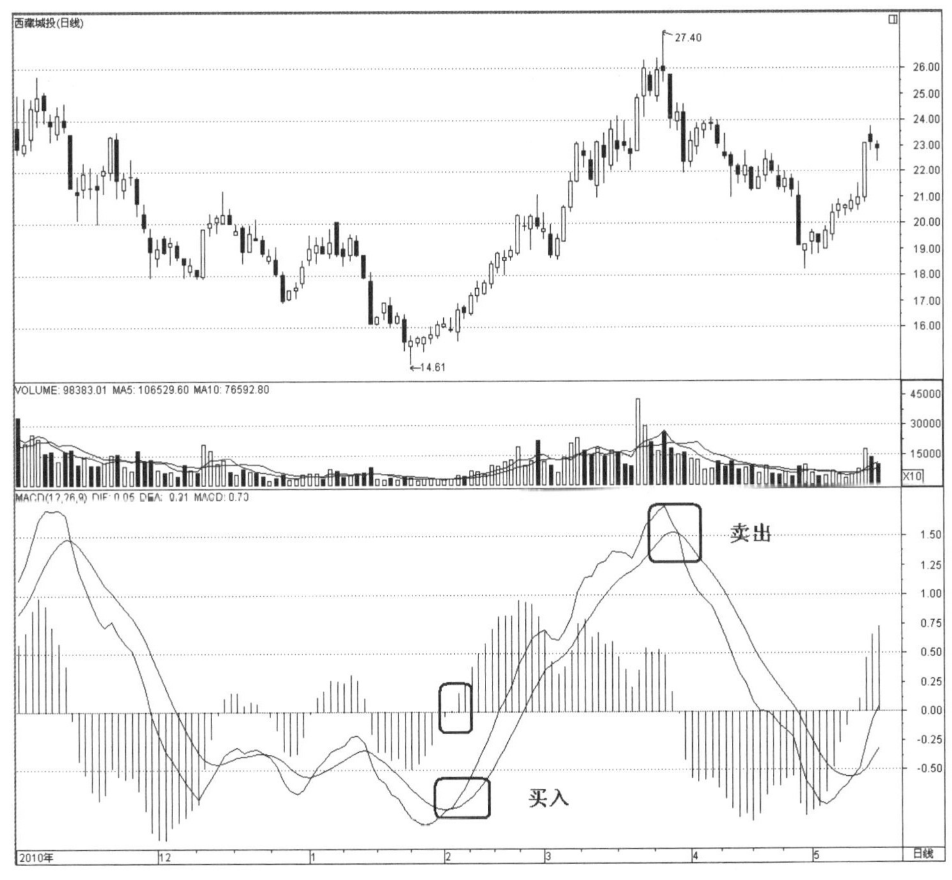

图 6-8 MACD 指标应用

从实战经验的角度看，要想捕捉一个好的买卖时机，还可看 MACD 柱状图的变化。如果红柱在持续拉长后开始走平或缩短，应是较佳的卖出点；如果绿柱在连续拉长时开始走平或是缩短，应是较佳的买点。对于盘局或是整理行情来说，有时只有如此操作才可能盈利。但这样做的风险是，缩短后的红柱或是绿柱有可能重新拉长。

K线解析

指数平滑异同移动平均线的缺陷有以下几点：由于 MACD 是一项长线指标，买进或卖出点和股价最高、最低价之间的价差较大；当行情忽上忽下或盘整时，买卖信号会过于频繁；当出现急升急跌行情时，MACD 来不及反应，信号会出现滞后。在实际操作中，如果 MACD 在盘局，投资者可以配合 RSI 及 KDJ 指标适当弥补缺憾。

第五节　能量潮指标

一、能量潮指标概要

一般而言，投资者对股价变化的重视要远大于成交量的变化。基础的技术分析理论认为，量价的分析必须结合起来才能取得较好的效果，实际上，对大盘或个股趋势的判断也不可能脱离对成交量的分析。市场的经验也表明，成交量通常比股价先行变动，因此，在对股票市场趋势的研判上，有必要掌握能量潮指标来弥补对股价分析上的不足。

所谓能量潮指标，也可以称为成交量净额指标，简写为 OBV，是由美国股市分析家葛兰维所提出的，是一种重点研判股市成交量的短期技术分析工具（图 6-9）。

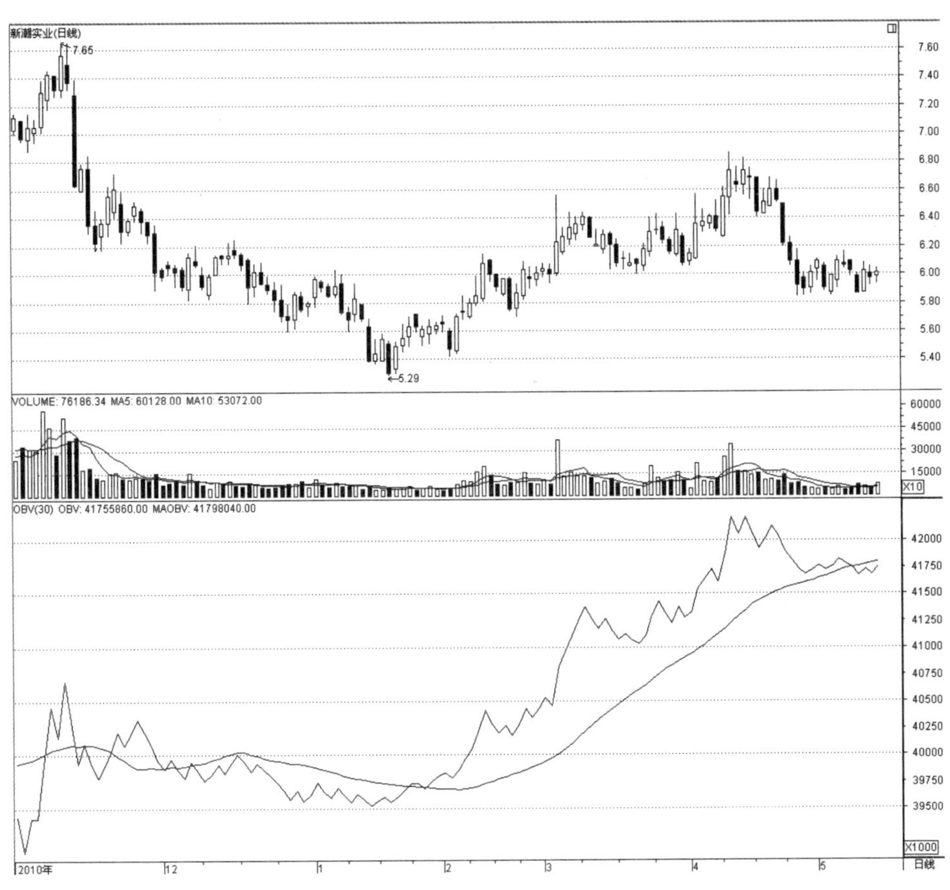

图 6-9 OBV 指标

股市技术分析的四大要素为：价、量、时、空。OBV 指标就是从“量”这个要素作为突破口，来发掘热门股票、分析股价运动趋势的一种技术指标。它是将股市的人气——成交量与股价的关系数字化、直观化，以股市的成交量变化来衡量股市的推动力，从而研判股价的走势。关于成交量方面的研究，OBV 指标是一个相当重要的分析指标之一。

二、能量潮指标的计算公式

事实上，OBV 的计算公式很简单。首先假设已经知道了上一个交易日的

OBV，就可以根据今天的成交量以及今天的收盘价与上一个交易日的收盘价的比较计算出今天的 OBV。用数学公式表示如下：

今日 OBV= 昨天 OBV+sgn × 今天的成交量

其中 sgn 是符号的意思，sgn 可能是 +1，也可能是 -1，这由下式决定。

sgn=+1 今收盘价≥昨收盘价

sgn= - 1 今收盘价 < 昨收盘价

需要说明的一点是，成交量指的是成交股票的手数，不是成交金额。

和其他指标的计算一样，由于选用的计算周期不同，OBV 指标也包括日 OBV 指标、周 OBV 指标、月 OBV 指标、年 OBV 指标以及分钟 OBV 指标等各种类型。经常被用于股市研判的是日 OBV 指标和周 OBV 指标。虽然它们的计算时的取值有所不同，但基本的计算方法一样。另外，随着股市软件分析技术的发展，投资者只需掌握 OBV 形成的基本原理和计算方法，无须去计算指标的数值，更为重要的是利用 OBV 指标去分析、研判股票行情。

三、能量潮指标的实战分析

由于 OBV 的走势可以局部显示出市场内部主要资金的动向，显示当期不寻常的超额成交量是徘徊于低价位还是在高价位上产生，因此，可使投资者领先一步掌握大盘或个股突破盘局后的发展方向。对于 OBV 指标的实战运用，投资者具体应把握以下几点：

第一，通过 OBV 指标的背离现象进行分析。OBV 线与股价发生背离现象的情况，也是判断股市变动是否发生转折的重要参考依据。如果经过前期一段较大的上涨行情后，股价继续上升，而 OBV 线却开始掉头向下，表明股价高档买盘乏力，是短线卖出的信号。如果经过前期一段较大的下跌行情后，股价继续下跌，而 OBV 线却开始掉头向上，表明股票低价位买盘较积极，买方力量开始加大，是短线买入信号。

第二，通过股价与 OBV 指标的运行动向进行分析。当股价上涨，OBV 指标同步向上，是一个价涨量增的看涨信号，表明市场的持仓兴趣在增加。

反之，股价上涨，OBV指标同步呈向下或水平状态，表明市场的持仓兴趣没有多大变化，这样大盘或个股的向上趋势都将难以维持。当股价下跌，OBV指标同步向下，是一个下跌动能增加的信号，在这种情况下，回避风险成为第一要点。另外，当股价变动，OBV指标呈水平状态，这种情形在OBV指标的表现中最常见到，首先表现目前市场的持仓兴趣变化不大，其次表现为目前的大盘或个股为调整状态，投资者最好不要参与。当股价下跌时，OBV指标呈水平状态是股价下跌不需要成交量配合的一个最好的表象，这种股价缩量下跌的时间越长，必将带来投资者的全线套牢。

严格来讲，OBV指标自身并不能发出有效的买卖信号。理由如下：量价关系通常表现为“价升量增”或“价跌量减”，使得指标难以出现“长期”背离，尤其是处于横盘整理（无趋势）或明显的下调时，控盘的庄家更是为所欲为。大量实例证明：个股升势一旦确立，即使成交量总体呈萎缩态势，股价仍有相当一段涨幅，也就是说，成交量本身的萎缩不一定表明现行的趋势即将结束。因此，使用OBV分析时，一是要参照一定时期内的成交量状况，二是看OBV所处状态及股价的运行情况。

第三，通过OBV指标的累积高点与低点进行分析。一般来讲，OBV线经过长期累积后的大波段的高点（即累积高点），经常成为行情再度上升的大阻力区，股价常在这区域附近遭受强大的上升压力而反转下跌。而一旦股价突破这个长期阻力区，其后续涨势将更加强劲有力。另外，OBV线经过长期累积后的大波段的低点（即累积低点），常会形成行情下跌的大支撑区，股价会在这个区域附近遇到极强的下跌支撑而止跌企稳，而一旦股价向下跌破这个长期支撑区，其后续跌势将更猛。

第四，利用OBV指标寻找超级大黑马。但其前提是首先确定一只个股有主力介入，却由于各种因素其股价被迫下跌走低，一旦机会成熟则有望出现报复性的反弹行情。此时，从OBV的指标中可以判断其股价启动的最佳时期。一般而言，此类个股往往会表现出其股价不断下探整理，但其OBV的数值不会持续下探走低，而是呈现横盘的态势，其时间在一个月以上，时间越长，一旦启动力度也就越大。需要指出的是，投资者需要综合市场热点题材等方面的因素，并根据OBV的横盘时间进行综合分析，一旦其数值向上创新高，往往就是该股出现大力度行情的开始，投资者可以及时参与。

K线解析

由于OBV指标根据计算累积成交量的变动趋势而成的，因此，对于像周OBV指标和月OBV指标等这些周期比较长的研判指标来说，在实际操作中就失去了研判功能，这点和其他技术分析指标有着本质的不同，投资者在实际操作中应注意这点。同样道理，OBV指标没有原始参数值，它不能根据修改参数值来从更多角度和不同周期去对行情进行多方位研判，因此，OBV指标的分析方法比较简单、研判功能比较单一。另外，由于OBV指标计算原理过于简单，并且在OBV值的计算公式中，仅用收盘价的涨跌作依据，则存在着失真的现象。因此，OBV指标的适用范围仅限于短期操作，而不能用于中长期投资的研判。

第六节 乖离率

一、乖离率概要

所谓乖离率，简写为BIAS，是指股价与移动平均线之间的偏离程度，通过百分比的形式来表示股价与移动平均线之间的差距。如果股价在均线之上，则为正值；如果股价在均线之下，则为负值（图6-10）。

图 6-10 BIAS 指标

事实上，这主要是从投资者心理角度来分析。因为均线可以代表平均持仓成本，利好利空的刺激，造成股价暴涨暴跌。股价离均线太远，就会随时有短期反转的可能，乖离率的绝对值越大，股价向均线靠近的可能性就越大，这就是乖离率提供买卖依据形成的原因。

二、乖离率的计算公式

乖离率指标的计算公式如下：

BIAS=（收盘价－收盘价的 N 日简单平均）/ 收盘价的 N 日简单平均 ×100

BIAS 指标有三条指标线，N 的参数一般设置为 6 日、12 日、24 日 。

由于选用的计算周期不同，乖离率指标包括 N 日乖离率指标、N 周乖离率、N 月乖离率和 N 年乖离率以及 N 分钟乖离率等很多类型。经常被用于股市研判的是日乖离率和周乖离率，虽然它们计算时取值有所不同，但基本的计算方法一样。

三、乖离率的实战分析

一般来讲，如果乖离率为正值时，乖离率在移动平均线上方，说明股市呈上升趋势。如果乖离率为负值时，乖离率在移动平均线的下方，说明股市有下跌的趋势。当正乖离率涨至某一百分比时，表示短期多头获利回吐可能性也越大，呈卖出信号；负乖离率降到某一百分比时，表示空头回补的可能性也越大，呈买入信号。对于乖离率达到何种程度方为正确的买入点或卖出点，目前并没有一个标准，投资者可凭观图经验对行情强弱的判断得出综合结论。一般来说，在大势为上升走势，如遇负乖离率，可以顺势以跌价买进，因为进场风险小；在大势为下跌的走势中，如遇正乖离率，可以待回升高价时卖出股票。

在实战中，投资者还需要把握以下几点：第一，对于风险不同的股票应区别对待。有业绩保证且估值水平合理的个股，在下跌时乖离率通常在较低时就开始反弹。反之，对绩差股而言，其乖离率通常在跌至绝对值较大时才开始反弹。第二，要考虑流通市值的影响。流通市值较大的股票，不容易被操纵，走势符合一般的市场规律，适宜用乖离率进行分析，而流通市值较小的个股或庄股由于容易被控盘，因此在使用该指标时应谨慎。第三，要注意股票所处价格区域。在股价的低位密集成交区，由于筹码分散，运用乖离率指导操作时成功率较高，而在股价经过大幅攀升后，在机构的操纵下容易暴涨暴跌，此时成功率则相对较低。第四，5 日乖离率在中国股市实战中最为有效。所谓 5 日乖离率，就是反映个股当日股价收盘价与个股 5 日股价移动平均线的差距，并准确反映最近 5 日内买入者的获利情况，5 日正乖离率越大，表示短线获利越大，风险程度越高，5 日乖离率为 +3 时为警戒区，达到 +5 或更高要坚决卖出；5 日负乖离率越大，表明短线下跌越深，风险越小，当负乖离率达到 -3 时为安全区，达到 -5 或更低时要坚决买入股票。值得注意的是，乖离率指标对大盘十分有效，用于个股应考虑到除权或突发的利多利空因素影响。一般个股的正负乖离率要比大盘大得多，如有时投机股的正乖离率能达到 50 以上，但此种情况较少。

K 线解析

在股市操作上要“顺势而为”。而乖离率是一种逆势操作的指标，所以投资者据此买入一定要快进快出，否则一不小心就会被趋势所吞没，据此卖出则要充分考虑被轧空的风险。

第七节　人气意愿指标

一、人气意愿指标概要

所谓人气意愿指标，简写为 BRAR，又可以称为能量指标，BR、AR 两者中的 BR 无法单独使用，必须配合 AR 指标使用，所以它们经常一同出现，故可以把它们看成一个指标。实践证明：使用此指标可以有效的提供投资者辨认高价及低价圈（图 6-11）。

图 6-11 BRAR 指标

一般而言，BR 是一种“情绪指标”，是以“反市场心理”的立场为基础，即需要投资者具备“众人皆醉我独醒”的情怀。AR 是一种“潜在动能”。由于开盘价乃是投资者经过一夜冷静思考后共同默契给出的一个合理价格，那么，从开盘价向上推升至当日最高价之间，每超越一个价位都会损耗一分能量。当 AR 值升高至一定限度时，代表能量已经消耗殆尽，缺乏推升力道的股价，很快就会面临反转的危机。反之，股价从开盘之后并未向上冲高，自然就减少能量的损耗，相对的也就保存了许多累积能量，这一股无形的潜能随时都有可能在适当成熟的时机爆发出来。

二、人气意愿指标的计算公式

一般而言，AR 指标较重视开盘价格，从而反映市场买卖的人气。AR 指标的计算公式如下所示：

N 日 AR=N 日内（H － O）之和 /N 日内（O － L）之和

其中，H 为当日最高价，L 为当日最低价，O 为当日收盘价，N 为设定的时间参数，一般原始参数日设定为 26 日。

通常来讲，BR 指标重视收盘价格，反映的是市场买卖意愿的程度。BR 指标的计算公式如下所示：

N 日 BR=N 日内（H － CY）之和 /N 日内（CY － L）之和

其中，H 为当日最高价，L 为当日最低价，CY 为前一交易日的收盘价，N 为设定的时间参数，一般原始参数日设定为 26 日。

三、人气意愿指标的实战运用

在实战中，人气指标（AR）和意愿指标（BR）都是以分析历史股价为手段的技术指标。在具体应用的时候，投资者需要把握以下几个方面：

第一，BRAR 指标是以 100 为中心的。当 BR 处于 100 附近时，表明市场的情绪完全处于一种均衡状态。

第二，当 BRAR 开始波动时，会上升至 200-300-400，同时也会下降到 80-60-40，这表明 BRAR 带动股价的运行是从 100 附近开始上升或下降的。

第三，AR 上涨代表多方力量增加。当达到较高位时，说明多方力量已达到极限将下降。AR 下跌代表空方力量加大，股价持续下跌，当 AR 下跌到较低位置时，空方力量已达极限，股价将会上涨。一般情况下，AR 在 200 以上为高价区，70 以下为低价区。BR 和 AR 的买卖信号基本一致，由于受不同标准的影响，BR 比 AR 的振幅更大，一般 BR 在 400 以上为高价区，40 以下为低价区。

第四，在行情上涨和下跌过程中，AR 和 BR 大多呈现某种距离的分开，如这两个指标由分开转为接近时，是行情即将反弹或继续往上涨升的征兆，应买进。

第五，当BRAR上升时，股价一般会上升一段时间，当BRAR下降时，股价一般会下降一段时间；当AR和BR同时急速上升，意味着股价峰值已近，应注意及时获利了结；在行情连续滑落，投资意愿低迷时，BR很容易降至100以下，此时如果AR已降至50附近时，可以买进；当BR急速上升，AR盘整小回时，应逢高卖出，及时了结。

第六，若AR在80～100之间，此时BR也在50附近时，多意味着行情已接近底部，应积极买进。

第七，BRAR的转折点表明股价的多空转换方向，因此，BRAR的转折点可以研判股价短中长的方向。

第八，如果BRAR指标在高位盘整形成M头之类的反转形态，意味着股价有可能走出一波下跌行情，投资者需要及时离场；如果BRAR指标在低位盘整形成W底之类的反转形态，意味着股价很有可能会上涨，此时投资者可以试探性建仓。

第九，如果BRAR走势与股价K线图的走势发生背离，是强烈的买卖信号。一般情况下，顶背离是卖出信号，底背离是买进信号。

K线解析

对于投资者而言，如果将BR的意愿的起伏与AR能量的消长结合，以这个角度看待BRAR的变化，体会股价的脉动，则是使用BRAR指标的最高境界。

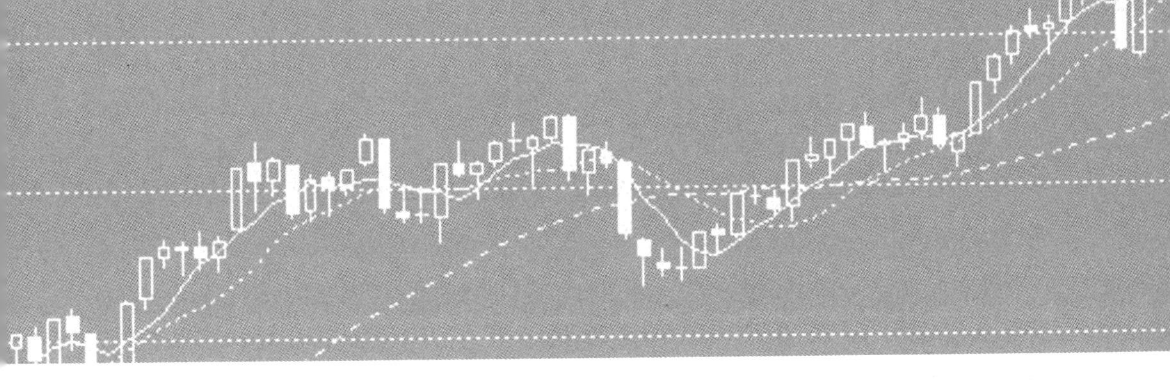

第七章

制胜韬略：精于分析 K 线的买入信号

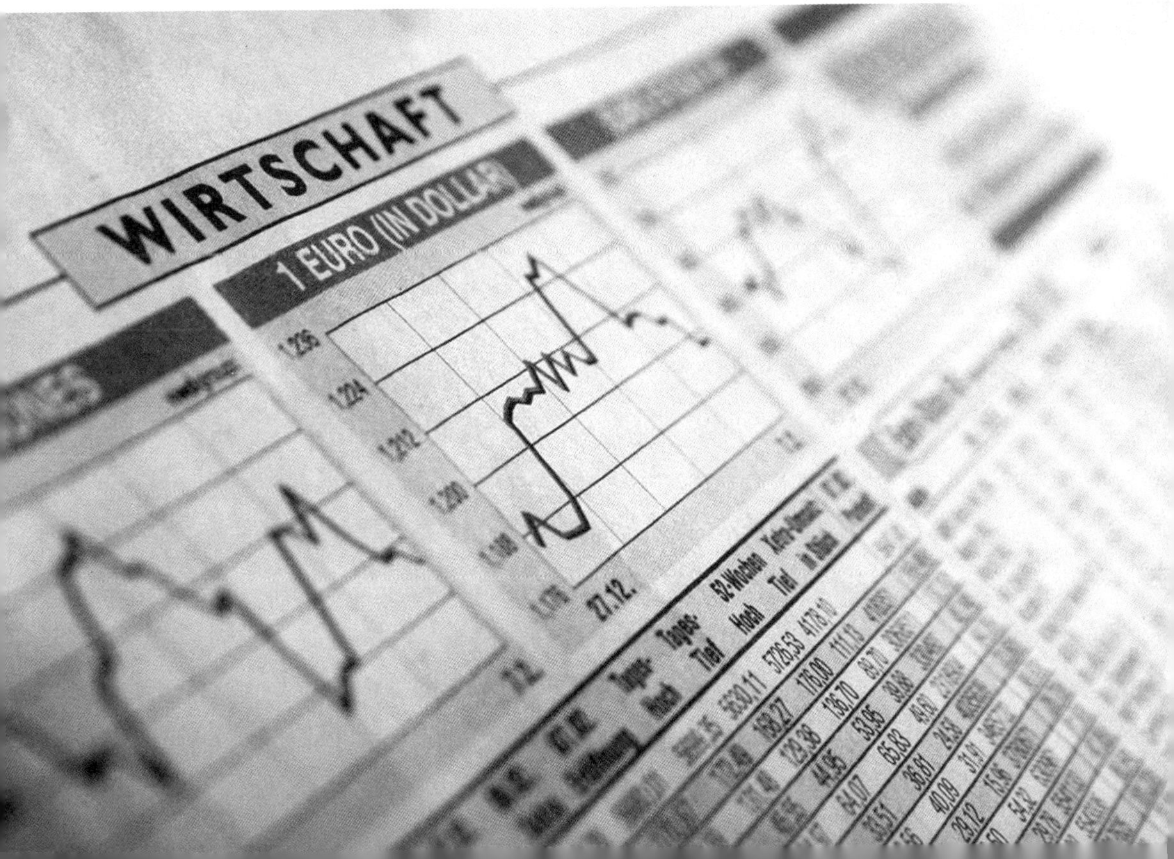

第一节 通过移动平均线寻找买入信号

一、K 线上穿移动平均线

所谓 K 线上穿移动平均线，通常是指某一根 K 线或者某一种 K 线组合形态的空间位置从移动平均线的下方向上运行，穿过移动平均线，最终稳稳地站在移动平均线之上，这样的组合图形就是 K 线上穿移动平均线。K 线上穿移动平均线的图形如图 7-1 所示。

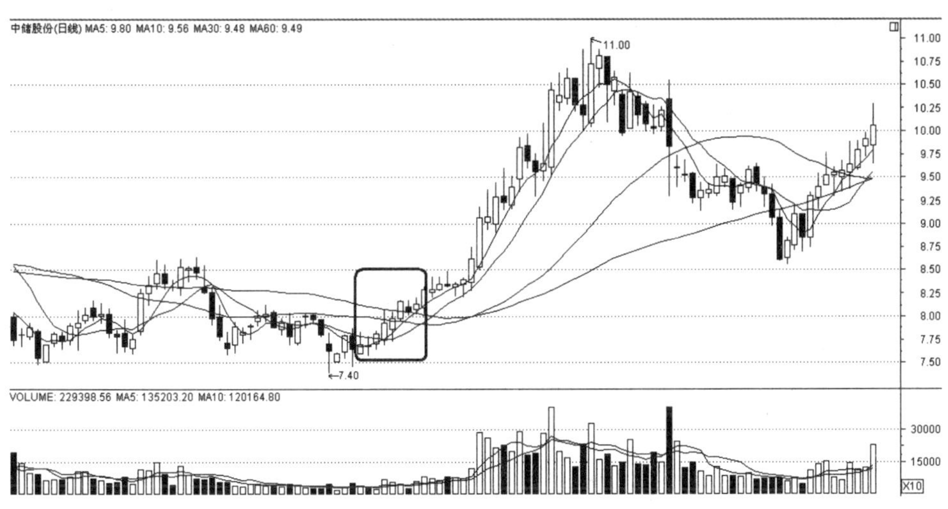

图 7-1 K 线上穿移动平均线

在实战中，K 线上穿移动平均线的出现意味着买入时机的来临。从实战的情形来看，在某个交易日里，如果盘面上出现 K 线由下方上穿移动平均线并站稳在移动平均线之上的情形，投资者特别是短线投资者应及时进行买入操作，抓住赚钱的有利时机。

另外，投资者在运用 K 线上穿移动平均线的图形来确定买入时机的时候，应当特别注意这一图形的盘面特征。一般来讲，比较标准的K线上穿移动平均线应满足以下几个条件：第一，移动平均线已经随着股价运动的下行趋势而出现了大幅度的下跌，整个股价的走势已经在下降趋势中呈现出疲态，空方的动能已经出现了衰竭迹象。第二，股价走势经过一段比较长时间的下行之后，盘面上出现了移动平均线开始走平的情形，在这样的大背景下，当盘面上出现股价由下方向上放量突破已经走平了的移动平均线时，便是投资者买入股票的最佳信号。

需要说明的是，投资者在应用这一买入信号的时候，所选择的移动平均线的条数越多，买入信号的可靠程度就越大，准确性就越高。

二、打底

所谓打底，是指移动平均线从下降趋势（股票趋势分析）转为走平，且有向上反转的迹象，股价从均线的下方向上突破均线，为买入信号（图7-2）。

图 7-2　打底

一般来讲，在打底这一买入信号出现之后，投资者可以采取的买入方式有以下两种：第一，在出现打底图形后股价站稳时逢低买入；第二，在出现打底图形的当日收盘前积极买入。

需要指出的是股价向上突破移动平均线应有成交量放大的配合，否则可能是下跌中途的反弹，很快又会跌回移动平均线下方。

三、探底

所谓探底，是指股价跌至移动平均线下方但移动平均线仍然上扬，不久股价又重回到移动平均线上方，是买进信号。

一般而言，在上升趋势中，均线虽然是强支撑线，但有的主力在洗盘时却有意将股价砸破均线，将短线投资者清洗出局，然后再很快拉回到均线上方并继续大幅上涨。为回避风险或保存利润，在股价跌破均线时卖出后，如股价在短期内又回升至均线上方且均线仍继续上行应再次买入甚至要追涨买入以防踏空，因为主力洗盘的目的正是为了大幅拉升，上涨仍将继续。

需要指出的是，上升趋势中股价跌破均线又很快重回均线之上是买入时机，在上升行情的初期和中段较为可靠，如果是在股价大幅上涨已久之后或在行情末期出现时，还是要小心为妙，很可能是主力制造的多头陷阱，当股价跌破均线时应坚决止损，特别是放量大阴线跌破均线时。

四、回档

所谓回档，是指股价在移动平均线上方出现突然下跌，但未跌破移动平均线即再度上升。

通常来讲，在上升行情中，由于股价迅速上升，使得做短线的投资者获利丰厚而出现抛压，主力也趁此机会洗盘使股价回落但却在移动平均线附近获得支撑且成交量明显减少，此时移动平均线仍然上行，说明是中期的买入时机。特别是股价在移动平均线附近获得支撑并且调头上行时更是明确的买入时机，往往意味着新的上升行情的开始。

需要说明的一点是投资者在股价回落至移动平均线附近买入后，如果股价不涨反跌，向下跌破移动平均线得到双日原则确认或者百分比原则确认，特别是放量破位时，应及时卖出股票，等到股价重回移动平均线之上时再买入。所谓双日原则，是指连续两天的收盘价收于颈线之下。百分比原则，则是要求突破一定的百分比。

五、反弹

反弹是指在下跌的行情中，由于下跌速度太快，或受到买方力量的支撑，而导致股价暂时回升的现象。它既可能是短期的调整现象，也可能是股价的反转回升。移动平均线中的反弹，是指股价在均线的下方，因突然大跌而导致远离移动平均线。接下来极有可能股价极有可能回升并逼近移动平均线，因此，股价暴跌远离移动平均线时为买进时机。

事实上，沪、深股市大盘每年都会发生数次急跌或暴跌，而每次都是最佳的中短线买入时机。为了准确判断买入时机，可以使用乖离率指标给予定量的界定。

一般而言，10 日负乖离率收盘达到 5% ~ 10%，次日会再遇恐慌性抛盘，而 10 日负乖离率盘中达到 15% ~ 20% 时，是最佳的买入时机，报复性的反弹或上涨就在眼前，甚至是中期的最佳买入点；在持续性下跌之后再出现暴跌，致使指数 10 日负乖离率达 5% ~ 10% 后，次日再跌往往是中期底部，而中期以上头部出现以后不久还会出现急跌或暴跌，大盘的 10 日负乖离率达 10% ~ 15% 往往是短期强劲反弹的底部；另外，如果大盘没有急跌或暴跌，但个股由于涨幅太大，主力获利非常丰厚而急于兑现，采用打压方式出货，致使股价持续大跌或暴跌，10 日负乖离率达到 10% ~ 15%，甚至大于 20%，此时，投资者不要轻易买入，除非 10 日负乖离率更大，否则止损出局在所难免。

在实际操作中，如果投资者采取 30 日乖离率进行判断，那么在股价的 30 日乖离率达到 -15% 左右时，为较佳的买入时机；除非是重大利空，否则超过 -20% 时为最佳买入时机。

六、黄金交叉

所谓黄金交叉，指原本呈现空头排列的短、中、长期移动平均线，长期的移动平均线下降趋势逐渐变缓，而短期的移动平均线自底部翻升向上突破中、长期移动平均线，从而带动中、长期平均线同步翻转向上的情况。5 日均线上穿 10 日均线形成的交叉及 10 日均线再上穿 30 日均线形成的交叉，就叫黄金交叉，从而底部形成一个三角形，如下图所示（图 7–3）。

图 7–3 黄金交叉

事实上，股价见底反弹时，短期移动平均线最为敏感。它表示多方的力量已能够冲破股市的空方下降力量，原来的下降趋势开始改变，机构隐蔽吸筹阶段已基本完成，开始大量买入，这是一个较为可靠的买入信号。在黄金交叉之前，短期移动平均线离股价较远，而长期移动平均线离股价较近。换句话说，此时做短线获利比长线大，因此投资者操作趋向短线，筹码较不安定。但是当黄金交叉形成之后，短期移动平均线离股价较近，而长期移动平均线离股价较远，也就是说，此时做长线获利比短线大，因此筹码较为安定，有助于股价向上攀升。因此，当黄金交叉形成时，为买进时机。

在实战中，股价大幅下跌后出现“黄金交叉”可积极做多；中长线投资者可在周 K 线或月 K 线中出现该信号时买进。值得投资者注意的是，两者交叉的角度（交叉点和水平面所成的角度）越大，短期上升信号越强烈。另外，长期均线的“黄金交叉”又比短期均线的“黄金交叉”所发出的买进信号强。

此外，在黄金交叉出现的时候，投资者还需要结合其他一些技术指标进行综合分析。如果相对强弱指标、随机指数等处于严重超卖状态，此时果断跟进盈利的机会较大；反之，极有可能是小幅波动造成的虚假信号。

K线解析

在实战中，时间跨度不同的均线，其功能是不同的。短期移动平均线（5日均线和10日均线）是波段操作的重要参考指标，在上升趋势中是强有力的支撑线，只要股价回调不跌破短期均线，说明此股强势特征明显，当股价回调时就是买入时机，涨势还会继续。而中长期移动均线（以30日均线与60日均线为代表）则是主力的护盘线。当股价向上突破中长期移动均线时，一般有主力进入，一旦进入上升行情，只要股价回调不破中长期移动均线，就说明主力还没有出局，上升行情仍将继续，主力往往会在股价下跌时守护中长期移动均线。

第二节　通过趋势线寻找买入信号

一、股价向上突破下降趋势线

在实战中，股价向上突破下降趋势线是不错的买入信号：当股价持续下跌，经历了较长一段时间，跌幅也较大，形成了明显的下降趋势线后，股价忽然向上突破下降趋势线，并同时伴随着成交量的放大，这往往表示下跌行情已经结束，新一波的上升行情刚刚开始。如果投资者能把握机会，在股价向上突破下降趋势时买进股票，往往获利不小。

一般情况下，根据股价下跌时间的长短，下降趋势可分为长期下降趋势、中期下降趋势以及短期下降趋势。长期下降趋势时间跨度在一年以上，中期下降趋势为 4 至 21 周，短期下降趋势一般在 4 周以内。不管是长期、中期还是短期下降趋势线，如果被股价向上突破，都是买入时机。但对于短线投资者而言，应把短期下降趋势线被股价向上突破当作买入时机。在实际操作中，短期下降趋势可区分为三种情况：一是中期下跌趋势中出现的短期下降趋势，二是中期上涨趋势中股价回调时形成的下降趋势，三是中期横向趋势中出现的短期下降趋势。

事实上，股价对下降趋势线的突破是否有效可以从以下几个方面进行判断：首先，股价穿越下降趋势线时，当日收盘价高于下降趋势线价位，并且在接下来的两三天内仍然高于下降趋势线；其次，股价向上突破下降趋势线时，必须有成交量放大的支持，否则可能为假突破。

需要说明的一点是，下跌趋势线的时间跨度越长，被突破的意义就越大，突破越为可靠，后市上涨的空间也就越大。

二、股价回落至上升趋势线又止跌回升

在股价的上升趋势中，股价的高点一波比一波高，低点一波比一波高，将其低点连成一条直线，便得到一条向上方倾斜的上升趋势线。股价总体上来说在这条上升趋势线上方向上攀升，因此当股价回落到这条趋势线上又止跌回升时，就是一个难得的买入时机（图 7-4）。

通常情况下，利用此种方法操作时应注意以下几点：股价回调至上升趋势线时，成交量应呈现缩量，否则上升趋势线难以支撑股价，实际操作时应根据情况变化适时修正上升趋势线。

图 7-4 股价回落至上升趋势线又止跌回升

三、股价向上突破下降通道

一般来讲，沿支撑线（阶段性低点）或阻力线（阶段性高点）画一条平行线所形成的向上或向下的通道，常称为上升或下降通道。股票连续下跌，其上引线和下引线分别在一个时间段内逐渐趋向下降，就是进入了下降通道。在股市中，趋势是多、空头的依据，而上升、下降通道是平、持仓的依据。通道线未被破的时间越长、被试探的次数越多，就越显其重要，就可视为一条趋势线；同时，当重要的趋势线被突破时，则表示趋势可能发生扭转。但重要通道线被破，可能是上升、下降趋势开始加速，是加码多空头的依据，同样，投资者也可以利用价位是无力触及还是劲力穿破，借通道线来判断趋势是在增加还是在减弱，并注意其趋势发生的变化。

事实上，下降通道是下降趋势线分析的延续和补充，在实际操作中比下降趋势线具有更强烈的实用性和可靠性。一般来说，当股价在下跌过程中，跌至下降通道的下轨便会产生支撑而反弹，当反弹至下跌通道上轨时又会遇阻回落。当最终股价放量向上突破下降通道上轨时，便宣告下降趋势的结束和上升趋势的开始而成为重要的买入时机。

通常情况下，下降通道有大小，大通道中往往套着小通道，大通道突破后的上升空间大，形成时间越长的通道突破后的升幅比形成时间短的通道突破后的升幅要大且力度更强。一般来说，下降通道有效向上突破后的量价升幅至少是下降通道的垂直高度或其倍数。

从价量法则来看，突破下降通道时需伴随成交量的放大，这样的突破才是有效的突破，否则很有可能是假突破，股价很快就会回落。

值得投资者注意的是，除了股价向上有效突破下降通道为买入时机之外，在下降通道内，当股价下跌至下降通道下轨附近获得支撑时也是短线买入时机。另外，股价突破下降通道后有时会形成缩量回抽确认，但股价不应再跌回通道内，否则就是假突破且需要修正先前的下降通道并应立即止损离场。

四、上升通道向上突破

在上升趋势中，有时候股价前期上涨沿着一定的上升通道有节奏的运行，即在上升通道的下轨形成明显的支撑，在上升通道的上轨股价又遇阻回落。但是，到了上升趋势的末期，主力大幅拉抬，股价放量向上突破上升通道上轨的压力，出现加速上涨，短时间内升幅常常可观，若把握得当短期内可获丰厚利润。因此，在上升趋势中，当股价放量突破上升通道上轨时是短线买入时机。

从价量法则来看，突破上升通道时需伴随成交量的放大，这样的突破才是有效的突破，否则很有可能是假突破，股价很快就会回落。在实战中，如果股价突破上升通道加速上涨通常意味着上升趋势的末期，股价上涨的趋势不会继续维持较长的时间，因此适合于短线操作在适当的时候要及时抛出，落袋为安。

需要说明的是，投资者在对上升通道进行分析的时候要注意图形的变化，如果通道随着时间的推移越来越窄，也就是说通道的上轨和下轨越来越接近，此时往往就是股票要变盘的时候，习惯在上升通道中做振荡短线的朋友注意这个时候就不要再迷恋箱体内的高抛低吸了，而应该花更多精力研判股价突破的最终方向，是向新的上升通道突破，还是向一个下降通道回探，一定要根据大盘局势和当时的股市背景来作判断。

在市场中，要识别一个上升通道并不难，规则的上升通道仅仅出现在上升趋势中的一段时间，当主力意图打压股价，以利其进一步拉升时，往往会大幅跌破上升通道下轨。如果是以当日长下影形式突破的，判断起来就相对容易得多，如当日出现一根长下影的阴线，表明主力只是虚晃一招，买方力量仍然很强大，当日就将股价从最低点拉回上升通道。从图形上看，形成了假突破，投资者当然应该继续持股待涨。

五、阻力线变为支撑线

在股市中，市场上的股价在达到某一水平时，往往不再继续上涨或下跌，似乎在此价位上有一条对股价起阻拦或支撑作用的抵抗线，分别称为阻力线与支撑线。事实上，阻力线和支撑线都是图形分析的重要方法。一般若股价在某个区域内上下波动，并且在该区域内累积成交量极大，那么如果股价冲过或跌破此区域，它便自然成为支撑线或阻力线。这些曾经有过大成交量的价位时常由阻力线变为支撑线或由支撑线变为阻力线，阻力线一旦被冲破，便会成为下个跌势的支撑线，而支撑线一经跌破，将会成为下一个涨势的阻力线（图 7-5）。

一般而言，当成交密集区（技术分析将有较大累积成交量的价位区间定义为“成交密集区”，亦即在此密集区有很高的换手率）被突破，在行情上升过程中，一般伴随有高换手率，即经过多空双方的艰苦搏斗，多方获胜，那么阻力线就反转为支撑线，支撑线的价位是大多数人的购入成本或者预期的低点，因此不会轻易跌破。所以，当股价突破阻力线上涨后，将阻力线延长，就成为上升趋势的支撑线，当股价在上升趋势中回落到此支撑线上时，股价一般会受到支撑而反弹，此时就是很好的买入时机。

图 7-5 阻力线变成支撑线

在具体应用的时候，只有当原先的下降趋势线被有效突破后，阻力线转换为支撑线的互换情况才有意义，如果突破的力量不够，没有成为有效突破，那么股价上升后不久仍将会回到下降趋势线的下方，原下降趋势线仍然没有改变阻力线的角色。

K 线解析

股票投资"顺势而为"是非常重要的，这种"势"就是趋势。投资者都希望在下降趋势转为上升趋势的时候买入股票，而又希望在上升趋势转为下降趋势的时候卖出股票，那么利用趋势线无疑是最为简单和有效的方法之一，而"一条直线闯股市"正是对趋线重要性和实用性的高度概括。因此，投资者需要对趋势线予以重视，同时应学会结合实际情况，灵活运用趋势线的买卖信号。

第三节　通过量价关系寻找买入信号

一、温和放量

所谓温和放量，是指一只个股的成交量在前期持续低迷之后，突然出现一个类似“山形”一样的连续温和放量形态，这种放量形态称作“量堆”。在股市中，温和放量一般出现在股价的底部区域，并且在这之前股价出现了一波下跌或者是调整行情。在成交量出现温和放量之前大多是持续低迷的，但随着市场发生变化，成交量开始不断放大，成交量柱状线像一座座小山似的逐步堆积起来，呈现出连续放量的形态。温和放量时的成交量一定是逐步放大的，而不是突然放出巨量。换句话说，成交量是经过一个量变的过程慢慢放出来的。

在实战中成交量温和放量的出现，意味着上升行情即将开始，这也可以对主力的行为进行分析，对于主力来讲，如果想要炒作某一只股票，首先需要在低价区吸货建仓并且持有足够的廉价筹码。因此，该股的成交量发生变化是在所难免的事情，而成交量极度萎缩后出现温和放量并在一段时间内保持该水平，股价又没有大涨，便是主力建仓的典型表现，一旦这种情况发生，投资者就应及时买入股票，以便搭上“顺风车”。需要指出的是，一般个股成交量在底部出现温和放量之后，股价会随量上升，量缩时股价会适量调整，此类调整没有固定的时间模式，少则十几天多则几个月，所以此时投资者一定要分批逢低买入，并在支持买进的理由没有被证明是错误的时候，有足够的耐心用来等待。另外，当股价温和放量上扬之后，其调整幅度不宜低于放量前期的低点。

对于投资者来讲，对温和放量的理解还要注意以下三点：第一，不同位置的成交量温和放量有着完全不同的技术意义，其中在相对低位和长期地量后出现的成交量温和放量才是最有技术意义的；第二，成交量温和放量有可能是长线主力的试探性建仓行为，所以虽然也许会在之后出现一波上涨行情，但一般还是会走出回调洗盘的走势，同时也有可能是长线主力的试盘动作，会根据大盘运行的战略方向确定下一步是反手做空打压股价以在更低位置吸筹，或者在强烈的大盘做多的背景下就此展开一轮拉高吸货的攻势。因此最好把成交量温和放量作为寻找"黑马"的一个参考指标，寻低位介入。第三，成交量温和放量的时间一般不会太长，否则持续吸筹不容易控制股价反而会引起市场注意。

二、长红巨量

一般来讲，长红巨量可以这样理解：股价已经下跌很多，无论是否受到了利多消息的影响而突然出现大量成交，并且以大涨收盘时，说明行情的下跌趋势可能发生改变，此时多头被压抑太久的买盘力量爆发出来，此时空头无抵抗的能力，有可能会出现一段暴涨行情，投资者应该抓紧时间买进（图7-6）。

图7-6 长红巨量

出现这种情况的时候有两个买入时机：第一是在次日股价跳空高开回档时买入，如果没有回档可以加价买入；第二是如果日K线已经突破长期下跌的趋势线或冲上移动平均线，此时可以等待回档时买入。

需要说明的是，由于成交量的变化会影响股价的变化，对于当日成交量特别大的个股应予以追踪。时间跨度越长，比如半年甚至一年以上出现的长红巨量更应该引起重视。

总而言之，如果股价在底部经过一段时间的整理之后突放巨量，并且股价出现冲高回落的走势，不要急于入场操作，应该等待股价企稳回升并再次出现放量时进场参与操作，如果股价处于底部区域并且经过充分整理之后出现突放巨量的现象，只要股价跟随着成交量的放大而上涨，此时就可以入场参与操作了。

三、底量超顶量

一般来讲，股价前一轮的上升行情结束，从高价区滑落一段时间后会有一个见底回升的过程。这个高价区的成交量称为顶量，在这之后见底回升时的成交量称为底量。

当某只个股形成头部时是必须放出巨大成交量的，就算这种放量不能和上市头三天相比，也必须是相对的天量，同时出现天价，之后股价才一路下跌。但是，有些个股在形成头部之时，成交量只是象征性地放大，换手率根本不足，而股价却开始下跌，给人的感觉是主力来也匆匆、去也匆匆。当这只个股到达阶段性底部后，成交量却突然异常放大，同最近的时间段相比，该股的成交量放大速度往往高达10倍以上，就算和形成头部时的成交量相比，也是有过之而无不及，往往大大超过当时放量的规模，这便是底量超顶量现象。

事实上，底量超顶量的市场意义可以归纳如下：主力一般在股价下跌通道中收集筹码，因此一边打压股价一边进行买入，其成交量不可能放大。只有当股价跌到主力满意的低价区时，主力才愿意大力收集筹码，此时成交量会骤然放大，虽然当时的股价还在前一头部之下，是否能冲上去还令短线投资者担心。但是骤然放大的底量如果远远大于前顶量，则说明主力并不将前头部看在眼里，甚至把它看成是新行情的底部。

在实际操作中，如果底量超顶量足够大，那么股价就较容易通过顶量造成的压力带，后市将有一段上升行情。对于投资者来讲，一旦发现底量远远超过顶量，预计未来股价将突破前期高点时方可买入。另外，当股价冲过前一头部的瞬间时，也是不错的买入时机。

K 线解析

对价格趋势的探求是每一个与经济活动有关的投资者都会给予极大关注的话题之一，在股票市场，价格趋势更成为投资者最大所求。从单纯的看 K 线组合到看量价配合是股市投资者对价格研究的一大进步，并且量价关系被视为把握走势的重要指标之一，而且是不容易做假的指标。然而在实践中，利用量价配合关系判断价格走势得出的结论并不是唯一的，其中存在着许多不确定性。造成这种情况的原因，并不是因为量价关系理论出现了立论上的错误，而是因为量价关系要正确反映市场多空力量状况需要一定的前提条件，即市场多空双方无法或者无意操纵股票价格，也就是通常所说的散户行情的情况下，量价关系才能够客观反映买卖双方的真实意图和力量对比状况。

第四节　通过股价位置与 K 线变化寻找买点

一般来讲，如果投资者想要通过股价位置与 K 线根据股价历史位置与当日 K 线变化寻找买入信号，应把握以下几点：

1. 确定股价在急速下滑或者从总体趋势来看，股价下跌的幅度比较大。

如果在低价部分出现了长长下影线的阳线，表明空头最后一击，继之股价就应该开始回升了。因此，这是一个买入信号。这一信号出现时，谨慎的投资者为保险起见，也可以待看清行情之后再介入。如果此时有成交量的配合，则更可以坚定买进的信心。

2. 确认股价经过一段大幅度下跌后，开始进入盘整期。在低价圈的盘整期内，如果连续出现了多条小阳线，这就是买入信号，连续出现三条小阳线并且一条比一条长，这是最强的买入信号。但是，有时不一定连续出现三条小阳线，而是小阳线中夹杂着小阴线，遇到这种情况，一定要看清阳线要比阴线多，股价逐步上盘。

一般来讲，投资者可以把目前个股股价或大盘指数按照其历史记录分为三个区域：高价圈、中价圈、低价圈。为便于记忆，可以将之称为“价圈理论”。在具体应用中，投资者知道该股所处的相对价圈后，可以在其价圈的顶部以抛出为主（即高抛），在其价圈的底部以买进为主（即低吸）。再好的股票处于高价圈也孕育着风险，再差的股票在低价圈也有一定的投资、投机机会。

事实上，投资者可以利用K线理论判断低价圈。低价圈的主要K线特征有：连续几根阴线，出现一根短阴线或短阳线，然后再出现几根长阳线使股价回至始降处，随即进入盘整，走势脱离对称性；长阳线在跌势末期单独出现或连续出现，虽有长阴线出现导致行情震荡，随之又有阳线或者强有力阳线突破阻力线，低价圈形成；长阳线出现后虽仍回跌，可是下跌轨道趋于水平，然后大涨产生，低价圈确立；最终缺口出现，K线在缺口下方呈密集形态，阳线与阴线互有胜负，最后上涨补空，低价圈成立；整理形态末期，股价向上反转，突破颈线，回跌有限，颈线成为股价支撑线，低价圈成立。

3. 股价已经有一段急速的下跌，或者股价在低价圈内进入盘整期，突然走出一条比较长的阳线，表明多头能量得以重新聚积，便是买入信号。如果这条较大的阳线带一点上影线或下影线也没关系，另外，如果成交量逐步放大，更进一步证实这一信号的可靠程度。

4. 股价大幅度下滑后，已经停止下跌或下跌幅度缩小，即进入低价圈内的盘整期。如果这一盘整期出现十字线或者“类似十字线”，是买进的信号。

5. 股价在大幅度下跌后，进入低价圈时停止下跌。如果互相促进时出现跳空上涨，为买入信号。股价越是跌得厉害，那么这种跳空上涨的信号越强烈。此时，如果有成交量的配合，那么可靠性更高。

6. 当股价跌入低价圈时，出现一条开盘大幅低开，随后逐步上盘的阳线，一般预示着次日（或次周）股价将开始回升，是买入信号。若是这一阳线带有下影线，那么买进信号更为强烈。需要指出的是，若此时出现的是阴线而不是阳线，那么只要带有长长的下影线，也是不错的买入时机。

K 线解析

在具体应用低价圈理论的时候，应注意个股的复权问题。另外，运用时该个股公司的基本面需正常，如出现一些重大的变故，应具体问题具体分析、适当调整。

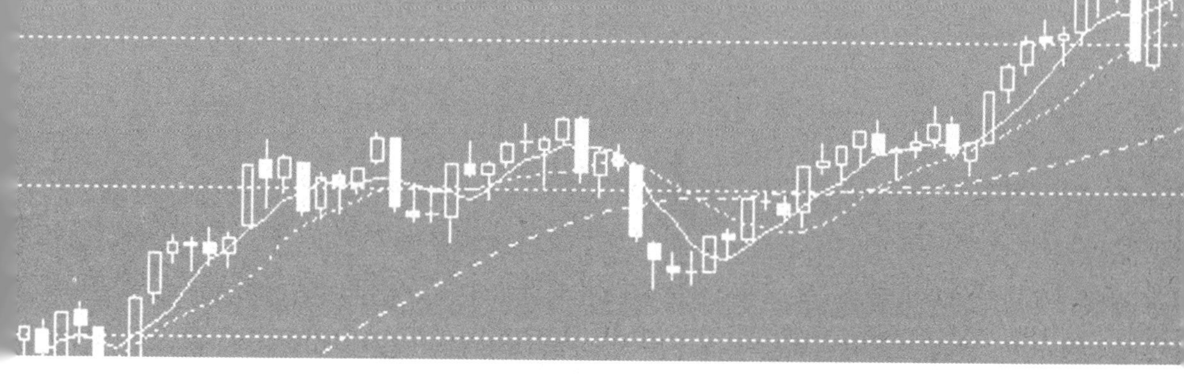

第八章

成功方略：正确对待 K 线的卖出信号

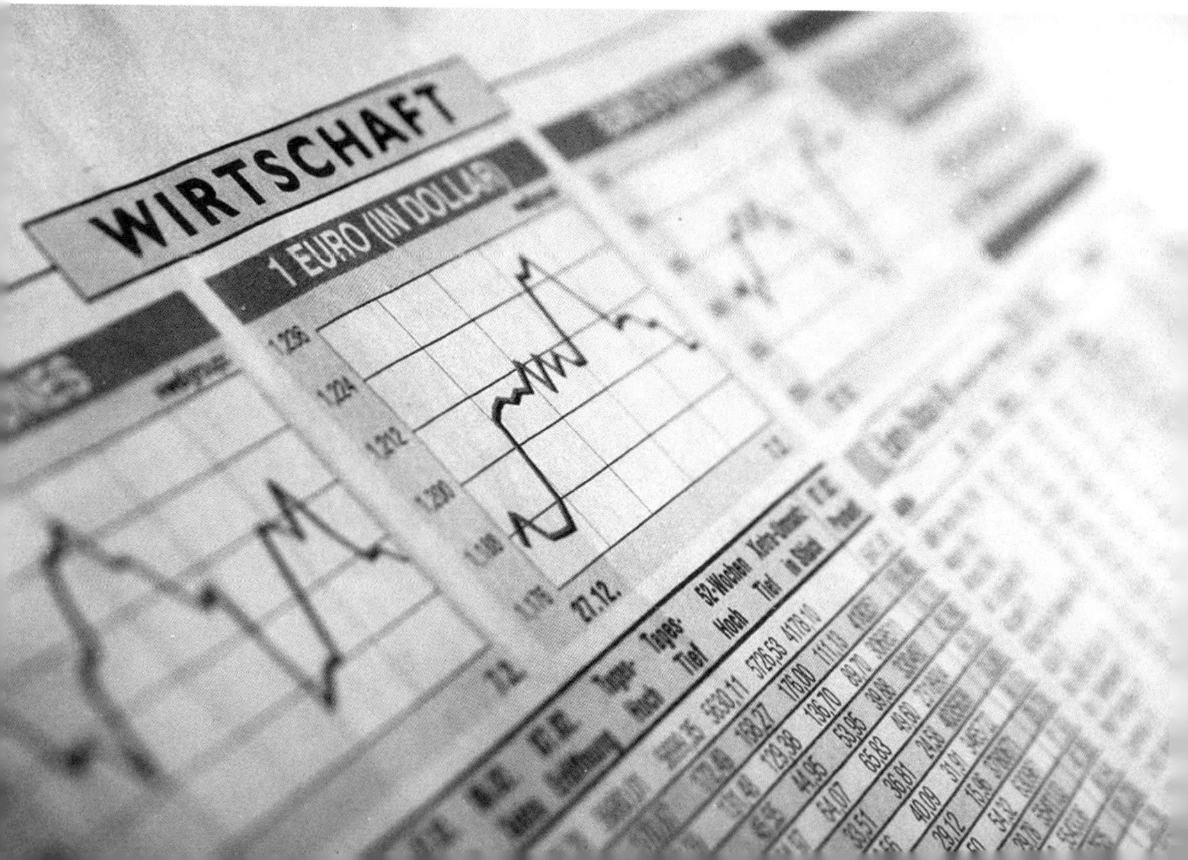

第一节　通过移动平均线寻找卖出信号

一、盘头

所谓盘头，是指均线从上升逐渐走平，再到向下倾斜，股价从均线上方向下跌破均线。此图形出现为卖出信号（图 8-1）。

图 8-1　盘头

在实战中，一旦均线从上升开始走平或者下跌，股价自上而下跌破平均线，说明上涨趋势结束下降行情开始，是非常重要的卖出时机。

一般而言，一旦出现这种卖出信号，投资者可以采取的卖出方式有以下两种：第一，在出现盘头的图形后，股价没有继续上涨的潜力时，逢高卖出；第二，在出现盘头图形的当天收盘前及时卖出。就这两种卖出方式来讲，股价跌破均线后再卖出，虽然离顶部最高价相差一定价位，但此时下跌趋势已经很明确，跌势才刚刚开始，依然是卖出机会，并且股价跌破均线才卖出股票，最大的优点是不会因为只是暂时的回档而低价卖出股票，错失股票上涨带来的获利良机。

另外需要说明的是，在持续较长时间的上升趋势中，股价在上升的中途产生回档时跌破了均线但又很快站上均线继续上升，待第二次甚至第三次股价跌破均线才真正下跌，这种情况经常出现。因此，在上升趋势末期，当股价第二次或者第三次跌破均线时往往是最佳的卖出时机。

二、反弹

在下降趋势中，股价经过先期的快速下跌之后，由于短期跌势太猛，必然出现股价调整，但是只要股价不突破均线且均线仍然继续下降，就说明是正常的短线调整，下跌行情还没有宣告结束，此时是逢高出货的好机会。

需要指出的是，如果股价在上涨到移动平均线附近后突破移动平均线继续上涨而不是下跌，特别是放量上涨的时候，说明行情有可能真的即将反转上升，投资者应抓住机会买入，一旦操作失误，等股价跌破移动平均线时再卖出也不迟。

三、股价暴涨远离移动平均线

一般而言，如果股价暴涨向上突破移动平均线，且远离移动平均线为短线卖出信号。

具体来讲，当股价已经在移动平均线之上，股价上升速度较快，离移动平均线越来越远，表明近一段时间内买进的投资者都获得了不少利润。因此，短线投资者应该及时卖出股票离场观望。因为需求方大幅度减少，供求出现了失衡，这其实也是股价暴涨远离移动平均线为卖出信号的原因（图8-2）。

图 8–2 股价暴涨远离长期均线

通常情况下，股价在均线之上特别是在中长期均线上运行的股票属于强势股，在均线之下运行的股票属于弱势股。多数投资者都存在极强的中短线投机心理，都愿意追涨杀跌，希望买了股票就上涨或者买入上升趋势中（即在均线之上）的强势股，而不愿意持有在均线之下的弱势股。然而，物极必反，股票的强弱是相互转换的，因此在上升趋势中，股价在均线的支撑下一路上涨，远离均线致使乖离率过大时，必然会回档而返回均线，再次考验支撑。

结合我国沪深股市的实际操作，在一些暴涨时机，对于综合指数而言，当 10 日乖离率大于 10 以上时，预示股价指数已经出现超买现象，可开始逢高卖出股票；而对个股而言，10 日乖离率大于 15 以上为短线卖出时机。

四、死亡交叉

所谓死亡交叉，是指下降中的短期移动平均线由上而下穿过下降的长期移动平均线，这个时候支撑线被向下突破，表示股价将继续下落，行情看跌。如 10 日平均线与 30 日均线交叉时，10 日平均线向下突破 30 日平均线，形成30日平均线在上，10日平均线在下时，就是“死亡交叉”（图8-3）。

图8-3 死亡交叉

一般来讲，死亡交叉的特征可以归纳如下：出现在下跌初期，短期均线从上而下交叉中长期均线，如果中长期均线也弯头向下，发出的信号更有意义。若此图形产生上方并无“头部形态”，则此死亡交叉代表构筑头部形态的可能性大增。

在具体应用上，若股价大幅上涨后出现死亡交叉，可积极做空，中长线投资者可在周K线出现该信号时卖出股票。实际上，时间越长的均线，形成的“死亡交叉”意义也越强。

另外，当死亡交叉出现的时候，如果其他一些技术指标，如相对强弱指标、随机指标等也处于超买状态，那么此时的卖出信号就更加可靠。反之，则有可能是小幅波动造成的假信号。

K线解析

在实战中，无论是黄金交叉还是死亡交叉，都是一个买卖信号。在个股走势的分析中，可以把握进出的时机，在指数走势的分析中，又可以判断牛熊的态势，这两种交叉，在长期应用中准确率比较高。需要注意的是，投资者仅仅依据黄金交叉或死亡交叉来买进或卖出股票是有片面性的。因为移动平均线只是一种基本趋势线，在反映股价的突变时具有滞后性。因而，黄金交叉或死亡交叉只能作为一种参考。

第二节　通过趋势线寻找卖出信号

一、股价向下突破上升趋势线

当股价经过较长时间的单边上涨走势后，一旦股价从上向下打破支撑线，形成有力度的中阴线或大阴线（此时有可能有大成交量的支持，也可能没有大成交量的支持），都应离场。因为股价上涨不易，下跌却非常容易。

客观来讲，股价跌破上升趋势线也有可能只是短期的回调，几天之后可能又重新涨回来，因此需要判断是否是有效跌破。跌破的有效性可以从突破的程度和成交量的变化进行判断，一般而言，利用此种方法进行短线操作时应注意以下几点：确认短期上升趋势的时间，不应超过四周；股价跌破上升趋势线，不应再拿 3% 的涨跌幅度去衡量，应该采取破位即离场的原则；股价跌破上升趋势线，成交量同步放大则加深跌势，即使没有成交量的配合，股价也会自然滑落。

另外，如果上升幅度较大，跌破上升趋势线后下跌的幅度也就越大；上升幅度较小，则股价下跌可能仅仅是短期回落，股价仍将继续上升走势。而且，上升趋势线的时间跨度越长，跌破上升趋势线的意义就越大，跌破越为可靠，当日下跌的幅度就越大。

二、股价向下跌破水平趋势线

一般而言，股价长时间横向运行，每次下跌到某一价位点附近都会受到支撑，把这若干个低点连接起来，便形成一条水平支撑（趋势）线。当股价在某一天跌破这条水平趋势线时，可视为卖出信号，短线操作者应及时止损（图 8-4）。

图 8-4 股价向下跌破水平趋势线

利用此种方法操作时应注意：水平趋势线既可以是股价上升途中回调时形成的支撑线，也可以是股价下跌途中形成的支撑线，短线投资者应掌握破位即离场的原则。

另外值得投资者注意的是，由于横向走势是股价运行过程中的特殊现象（或局部现象），水平线的应用也更多地表现在与趋势局部特征相关的形态分析中。例如头肩型、M 头和 W 底的颈线、三角形的水平压力线、矩形的上下边界等。而事实上，水平线还常用于特殊阻挡价位的标志。例如价格的成交密集区的上下边界，前期交易的重要高、低点价格，整数心理价位以及历史最高价和历史最低价等特殊价位，都是潜在的关键阻挡价位。用水平趋势线将它们标志出来，就可在以后的操作中提供重要的分析和参考依据。

三、股价上涨至趋势线附近

一般情况下，对于已经被套的投资者来讲，在股价下跌趋势中，当股价发生反弹，上涨至趋势线附近时，就是应好好把握的卖点。

事实上，下降趋势越可靠，那么卖出信号也就越可靠。对于下降趋势线的可靠性，投资者可以从以下几点加以分析：第一，趋势线所经过的次级下降顶部越多，就越有意义。也就是说，如果股价回到趋势线上后，再度下跌时，下跌的次数越多，趋势线的有效性就越可以获得确认。第二，股价能离开趋势线而停留在低价位一段时间后才产生中级上升，并向趋势线靠近才有意义。如果股价距离趋势线所连的两个次级底部比较远并在此期间大幅度下跌，则它的可靠性愈大。第三，趋势线和它两个顶部连线所形成的角度是估量中级趋势线的标准。一条角度非常陡的趋势线容易被一个横向的整理形态突破，对于技术分析者来说，这条趋势线的测量价值就会降低。因此，任何突破发生时，投资者都应该加以小心，谨慎分析。

需要强调的是，下跌趋势线并不是一成不变的，它通常会随着下跌行情的展开而改变斜率，因此，应当根据实际情况适时调整下跌趋势线，以便更加准确地判断行情走向和把握买卖时机。

四、股价向下跌破下降通道

一般来讲，在下跌趋势末期，由于多方支撑的信心丧失，空方力量的增强，股价会忽然向下跌破下降通道下轨的支撑，出现短期内股价暴跌的情况。在前期的下跌趋势中，手中依然持有股票的投资者应及时卖出，否则将会受到更大的损失。

事实上，从量价关系上看，向下跌破下降通道时并不需要成交量放大的配合，这一点与向上突破上升通道是不一样的，后者若没有成交量的放大，则往往是假突破。

通常情况下，跌破下降通道后下跌的幅度通常至少为下降通道的垂直高度，可以据此大致判断股价未来的低点将是多少。另外，股价跌破下降通道加速下跌，表明下跌趋势即将走向尽头，空方在做最后的挣扎，股价下跌的趋势不会维持太长的时间，因此适合于短线操作，在跌破下降通道时卖出股票，在股价跌至低点，跌无可跌时再将买回股票，如此操作可以降低股票的持有成本（图 8–5）。

图 8–5 股价向下突破下降通道

K线解析

在正常的走势运行中，价格在时间和空间结合上保持着大致相同的波动和强度向前发展。从平行通道中的表现看，就是其高点和低点主要落在趋势平行线上，趋势平行线成为衡量价格波动的最好标准，也是较好的买卖时机。而当价格不再服从平行通道的制约，“超越”了平行线的压制或者未到达平行线即掉头向趋势线运动时，意味着原来主导趋势发展的交易力量可能发生了变化，是趋势即将反转的前兆。

第三节　通过量价关系寻找卖出信号

一、空头多浪量价背离

一般而言，在多波段上升行情中，股价一浪比一浪高而成交量却一浪比一浪低，这种区域性背离状态的出现，是行情反转的前兆，为卖出信号。

此卖出信号的原理如下所述：在多波段的上升行情中，前期高点区域为当前的阻力区域，股价对前期高点的突破必须有相应的成交量配合，这种突破才显得有效。股价虽然形成突破却未能得到成交量的有效配合，这种突破明显表现为动力不足，所形成的量价背离是顶部反转的征兆。

概括来讲，此卖出信号有两个主要特征：出现在多波段上升行情中，量价背离表现为区域性背离。

由于此卖出信号是多波段行情操作的重要技巧，应从多波段行情的角度整体而全面地进行量价分析。当第一个突破位出现背离走势时，稳健的操作策略应是果断出局。对于短线投资者来讲，可在上升行情中每次出现量价背离后逢高卖出股票，特别是上升行情持续很长时间后出现量价严重背离时，更应该果断出局。

二、高位放巨量收长阴

一般来讲，股价经过大幅度的上涨之后，经常会看到有些个股在高位区域突然放出巨大的成交量，但是股价却没有上涨，收盘时收出一根长阴线。在股价运行到市场高位区域时出现这种走势，就称为“巨量长阴”。

事实上，高位放巨量收长阴，通常说明主力在出货。其实，主力出货时最常用的一个手法，就是在股价运行到市场高位时，让股价维持一段时间的震荡走势，然后再采用对倒的手法，让股价突然出现大幅度的高开，有时甚至让股价直接向上跳空高开。股价高开后，盘面上就会看到有大手笔的主动性买单，遇到这种情形，会有部分投资者认为新一轮上涨行情就要开始了，从而跟风买进，主力正好趁这个机会出货。在场外资金的不断涌入下，成交量会大幅度放大，但股价高开后并没有如期上涨，反而出现震荡回落的走势，最终收出一根放量的长阴线。

对于投资者来讲，在应用这一卖出信号的时候，应对以下几点予以关注：第一，必须是在上升行情持续较长时间之后，股价自一轮行情的起动点涨幅在 30% ~ 40% 以上，该信号才为有效。第二，要注意两种行情的高位概念：其一，上攻行情的高位是从本轮行情的启动点计算；其二，反弹行情从反弹点计算，在满足高位升幅和近期巨量特征后，对于反弹行情而言，其前期高点附近往往是反弹顶部的形成区域。第三，顶部放天量有几种状态要注意：其一，股价大跌，主力出货意愿坚决；其二，股价大涨，如成交量已连续放大表明主力可能强势拉高出货；其三，顶部放天量同时表现为两相邻大阴大阳线相吞，是较强烈的顶部信号。

在实战中，一旦发现股价在高位区域出现这种巨量长阴的走势时，投资者一定要十分谨慎，更不要在这种情况下看到股价出现回落就贸然买进。通常情况下，稳健型的投资者应该在出现巨量长阴当天清仓出局。出现这种走势的第二天，如果股价低开的话，那么一开盘投资者就应该果断地卖出，不要对后市抱有什么幻想，此时参与的风险要远远大于收益。此外，出现巨量长阴之后，如果股价继续震荡向上，那么也应该时刻谨慎，一旦股价上涨无力，投资者就要立刻出局。

三、高位现天量

所谓“天量”，是指某一个时间单位（比如日、周）内的成交量为近期最大成交量。所谓“天价”，是指在某一个时间单位的价格（比如日、周）是近期最高的价格（图 8-6）。

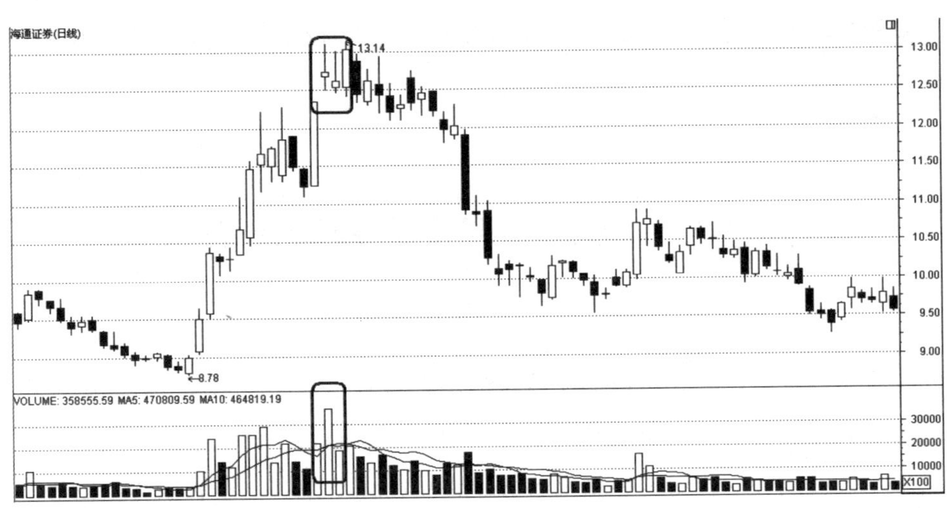

图 8-6　高位现天量

一般而言，高位出现天量，大多是主力大量派发筹码所致，股价下跌就在眼前，如果不及时清仓离场，前一段的胜利果实将会化为乌有。所以，一旦投资者发现高位出现 10% ~ 30% 甚至更恐怖的巨量换手，基本可以看作是主力在大肆出货，需及时卖出。有句话为"天量见天价，见了天价回老家"。股市高手往往都是"天不怕地不怕，就怕成交量放大"，其后期走势除了下跌还是下跌。

观察沪深两市的历史情况，通常为"先见天量后见天价"，即出现天量之后的 1 ~ 2 日才会出现天价。这其实是在告诉投资者：股价不日就要下跌，快点清仓离场。有时候也会发生天量和天价同时出现的情况，此时更应该及时离场。

需要说明的是，投资者在具体操作的时候还应该注意以下两点：第一，出现天量时股价（或指数）的位置必须处于相对高位，相对高位的确认可以根据该股的历史走势来判断；第二，成交量必须是近期内最大的成交量。

K 线解析

在实战中，量价关系充分反映了买卖双方对市场的认可程度。因此，观察股价涨跌与成交量增减的关系，有利于投资者准确把握买进和卖出的时机。

第四节　根据消息面寻找卖出信号

所谓消息面，就是可以影响股价的消息和基本面、技术面、政策面、资金面等共同成为分析股价走势的依据。对于个股而言，导致股价下跌的消息面有：业绩出现下跌或者业绩增长小于市场预期，出现严重影响公司声誉的报道，大小非减持等。在实战中，根据消息面寻找卖出信号的时候，投资者应把握下面几点：

一、上升趋势末期出现利好消息

一般来讲，由于股市经过长期的上涨，主力机构已有了很大的账面利润，此时往往会借助利好消息出货。所以，投资者应及时卖出股票，落袋为安。

二、上升趋势初期出现利空消息

在实际操作中，如果上升趋势初期出现利空消息，将促使股价快速回调或二次探底，甚至创出新低。对于投资者而言，应在利空消息朦胧之时卖出，待利空消息被证实，股价回调获得支撑并重新抬头或股价完成二次探底并回升时再买入。

需要指出的是，若某只股票有朦胧消息刺激上涨，可及时追进。朦胧消息是刺激股价上扬的动力，正因为朦胧消息的不确定性，才给人们留下丰富的想象空间。有些投资者求稳怕乱，非等消息明朗时才放心追进，岂不知这正中了主力的圈套。传消息进场，出消息抛筹，已成为某些机构大户的惯用手法。

三、上升趋势末期出现利空消息

事实上，推动中国股市走出大行情的动力主要来源于一些资金实力雄厚的机构大户。但这些机构入市的资金中有一些是经不起审核的，每当审查各机构资金使用情况的消息传出，一些资金来源经不起审查的机构便会不惜成本地清仓离场。而当股市过于狂热的时候，管理层往往也会出面干预，当这些利空消息传出时，股市的上升行情便走到了尽头。因此，上升趋势末期出现利空消息时应及早离场。

四、下跌趋势初期出现利空消息

一般情况下，在下跌趋势初期，由于人们惯性的牛市思维，认为牛市中下跌只不过是牛市上升中途的回调整理，股市仍会上升而抱着股票不放，对见顶信号也不予以重视，就在此时利空消息传出，等投资者明白过来，大市已进入下降趋势，于是出现恐慌抛售，股价大幅下跌。若投资者在顶部没有及时出货，待利空消息传出时应果断离场。

需要强调的是，如果根据消息来判断买卖股票，要鉴别到底是小道消息还是可靠信息。一般情况下，若利空消息传出，基本面差或者业绩出现下滑的股票要毫不犹豫地一次性卖掉。

中国股市中消息面对大盘的影响非常大，大盘及个股的暴涨与暴跌大多是由利好与利空消息造成的，因此要求投资者对不同情况下利空或利好消息带来的影响有所了解，以采取不同的应对措施，捕捉买卖时机。

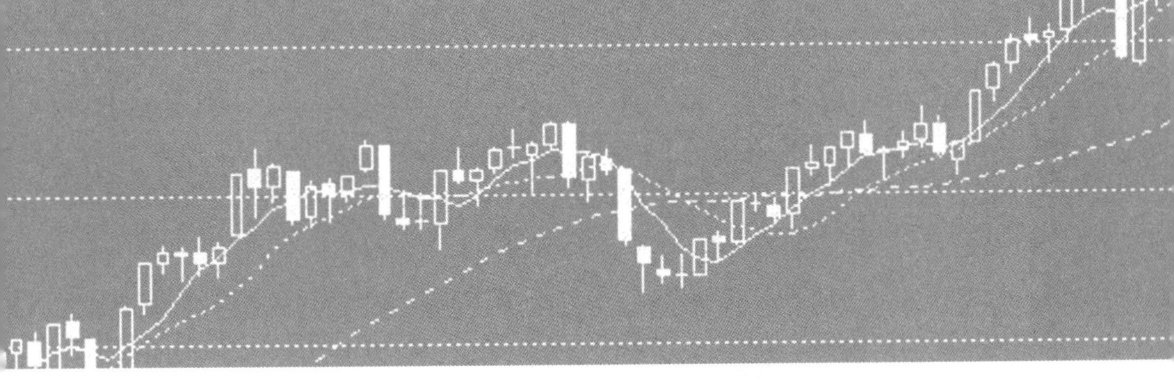

第九章

笑傲股市：揭开主力神秘的面纱

第一节　主力概要

一、主力的概念

主力顾名思义，就是主要力量。股市中的主力是指持股数较多的机构或大户。股民一般把主力理解为庄家，事实上每只股都存在主力，但是不一定都是庄家。理论上，主力要控制 50% 以上的股票才能控盘，但实际上，因各上市公司的情况不同，有的持股 10% 至 30% 即可控盘。

对于主力的理解，投资者需要把握以下几点：主力也是股东；主力通常是指持有大量流通股的股东；主力坐庄某股票，可以影响甚至控制它在二级市场的股价；主力和散户是一个相对概念。

在实战中，主力炒股票也要获利，同样是通过买卖的差价获利，与散户不同的是，主力可以控制股票的走势和价格，也就是说散户获利是靠期待股价上涨，而主力则是自己拉动股价上涨。所以，主力坐庄通常包括四部分：建仓、拉高、整理、出货。

事实上，主力也有属于自己的优势与劣势，资金巨额是主力独有的主要优势。拥有巨资的主力，其最重要优势就在于能清清楚楚知道散户的持仓量，而散户却不能准确知道主力的持仓量是多少。主力的优势是来自于资金巨大，而其劣势也恰恰就在这巨额的资金上，巨资在股市中是易进难出的。虽然主力尽可能运用巨资在股市兴风作浪，一意孤行，或推高、打压股价，但若想让其巨资退出股市就由不得他了，就算他想割肉出局，也不会有那么大的出局空间，因为价值数千万、数亿乃至十多亿的筹码，不是想卖给谁就能卖出去的。

二、主力的类别

股票市场是一个非常庞大的系统，参与的成分繁芜复杂，主力的种类更是形形色色。要想精确地描绘他们，难度很大，投资者只有从某些特定的角度来概述。

（一）根据坐庄时间划分：短线主力、中线主力与长线主力

短线主力：主力运作周期仅几周、几个月，短则几天的时间；重势不重价，不强求持仓量，个股持仓量较少；上市公司基本面较一般；时间、仓位不定。主力习惯操作速战速决，股价在短期内爆发力极为强大，其惯用手法为：抢反弹。在股票价格接近低点时买进，随后快速拉高，待散户介入时主力反而及时出局。炒题材。在目标股出现重大利好消息前拉高吃货，或者利好消息出现后拉高出货，其后迅速拉升，并及时获利出局。

中线主力：运作的周期一般为半年至一年。有明显的筹码收集期，常为流通盘的 30% ~ 50%，升幅可观，最小升幅应该在 40% 以上。中线主力大多采取波段式操作，因为其操纵的股票会有较大的升幅，所以其每拉升一定幅度就要充分洗盘，让散户手中部分筹码换手。中线主力往往是借助于大势的中级行情，或者是个股公司基本面的重大变化拉高股价或通过板块的联动抬拉股价，以节约成本，在较短时期内完成派发。

长线主力：运作周期最少在 1 年以上，大多在两年以上，股价上涨幅度不少于 1 倍以上，大牛股数十倍以上，控盘程度在 60%~80%，特征有明显的坐庄阶段。实际上，他们是以投资者的心态入市的。由于长线主力资金实力大、底气足、操作时间长，在走势形态上才能够明确地看出吃货、洗盘、拉高、出货。所谓的“黑马”，一般都是从长庄的股票中产生。长线庄的一个最重要的特点就是持仓量。由于持股时间非常长，预期涨幅非常大，所以要求主力必须能买下大部分的股票，其实主力也非常愿意这样做。这样，股价从底部算起，有时涨了一倍了，可主力还在吃货。出货的过程也同样漫长，而且到后期时不计价格的抛，这些都值得投资者注意（图 9-1）。

图 9-1 长线主力

（二）根据坐庄手法划分：善庄、恶庄

善庄：长期走独立行情，基本无大的洗盘，在大盘猛跌之时仍然十分抗跌。此主力选择的多为成长型公司的股票，散户有跟进机会，出庄的时间充分，即使被套，在大盘走稳之后股价也有机会创出历史新高。

恶庄：主力操作手段凶狠，股价波动幅度较大，大涨大跌。主力吸货时拼命打压股价，使其跌穿所有中期均线或重要支撑位。而拉升前期拼命洗盘，把市场中所有跟风盘清除出局。主力出货时股价震荡幅度极大，常采用打压出货和跌停出货两种方式。个股经常逆大势反向操作，主力所持股主要集中在小盘股。

（三）根据入庄时间划分：新庄、老庄

新庄：主力第一次入驻目标股，一般表现为刚上市的新股或者老庄已经撤出的个股。这类主力在选股、选时、资金、题材等方面较有充分的准备，其吸筹、洗盘、拉高、派发的过程比较完整，操盘手法迅速，拉高既快又猛，往往使许多技术指标失灵。

老庄：已经进驻目标股的主力，对个股的股性清楚，股价走势把握较好，股价走势呈规律性波动。由于老庄账面盈利丰厚，由于其落袋为安思想较重，加上已无多少资金可用于继续拉高股价，因此，只要有人接货他就会出货。只有当承接盘少，无人买账时，老庄才会拿出少量资金集中推高股价以吸引散户跟风，以便其在较高位出货。

（四）根据涨幅划分：强庄、弱庄

强庄：强庄的前提是持仓量大。持仓量越高，主力拉高股价的成本就越低。所谓的强庄，并不是主力一定就比别的庄强，而是在某一段时间股票走势较强或是该股预期升幅巨大。

弱庄：一般是资金实力较弱的主力。由于其大幅拉升股价却顶不住抛盘压力，所以只能缓慢将股价推升，并靠洗盘、打差价来垫高股价。由于主力持仓量低，靠打差价就能获得很大的收益，所以股票累计升幅并不大。

（五）根据坐庄形式划分：合伙庄、单独庄

合伙庄：两个以上的主力共同坐庄。一般其所持股票基本面较好，各路基金、机构收集了部分筹码。因股票流通盘较大，单个主力坐庄能力有限，如果两个主力通力合作，坐庄必然成功，如果主力各自为战，坐庄必然失败。

单独庄：目标个股中只有一个主力坐庄，主力实力强，控盘能力极高。主力控盘在50%左右，其所控股票走势较为规范，涨幅较大。

（六）根据坐庄是否获利划分：获利庄、被套庄

获利庄：是指获得利润，坐庄成功的主力。

被套庄：被套庄分两种，一种是股价低于主力的建仓成本，且主力已没有操纵股价的能力，这种主力比散户被套要惨，因为没有新庄入场的话，就没有解套的可能，而选择割肉的话，又苦于没有接盘。另一种，是由于主力操控手法不对或所炒股票明显超出合理价值，导致没有跟风盘，结果虽然股价高于成本但却无法兑现。这类主力由于其具备控盘能力，所以通过制造题材以及借助大盘走势总会有解套的可能。大家看到的跳水股，往往属于这一类。

主力和散户的关系是“鱼水”关系。没有散户参与的庄股，最终会把自己做死；没有主力参与的个股，一年到头会是“死水一潭”。可是，很多时候，他们的关系又是对立的。比如主力在建仓或初期拉升的时候，非常忌讳大量散户大量吃进，没有任何一个主力能够容忍自己的成本和散户接近，于是，就有了主力洗盘、震仓行为。从某个角度讲，主力喜欢那些不看盘、帮助他们锁定筹码的中长线投资者，因为，这些筹码一旦被他们买进就几乎不流动，主力做高股价的过程中不管怎么拉升，也不会对其构成抛售压力，使主力拉高股价非常轻松，这个阶段这样的持股者是令主力喜欢的；而令主力最害怕也是最头疼的就是短线投资者。

第二节 主力的坐庄过程

一般而言，主力坐庄的基本原理是利用市场运作的某些规律，人为控制股价而使自己获利。主力坐庄必须要控制好整个坐庄活动的各个环节，即坐庄流程的每一个细节，才能从市场上获取利润。市场中最简单、最原始的一种坐庄过程是低吸高抛。然而，在实际市场中，一个完整的坐庄流程应该包括十个阶段，按时间顺序分别是建仓、试盘、整理、初升、洗盘、拉升、出货、反弹、砸盘、扫尾，这是一个较完整、标准的坐庄流程，以其思路清晰、操作性极强而被称为主力坐庄的整体模式，也称为学院模式。

然而，主力的坐庄风格却各式各样，并不是每个主力的坐庄过程都要经过这十个阶段。但是，多数主力都会经历建仓、试盘、洗盘、拉升、出货这五个步骤。

一、建仓阶段的操作方式

（一）主力建仓概要

主力对某股的做庄过程并非是灵机一动，而是需要经过较长时间的准备，首先必须看准适当的时机，若国家的宏观经济面并不支持股市向上的走势，主力则会较少进行对某股的炒作。主力进行建仓阶段常会研究“天时、地利、人和”。所谓“天时”，即指最好的坐庄时机，一般是当宏观经济运行至低谷而有启动迹象之时，此时入庄意味着在日后的操作过程中能得到来自国家客观经济基本面的正面配合，从而顺应股市大趋势的发展。所谓“地利”，即选择合适的个股。所谓“人和”，是建仓必须且很重要的条件。这个条件必须是主力能看到较长一段时间内股市有走强的趋势和在一定时间符合建仓的人为条件：首先必须看好大盘，同时又必须有投资者不看好某只股票的条件；其次必须对个股的情况进行题材的挖掘。

值得投资者注意的是主力建仓完成并不会立刻拉升股价，主力拉抬股价通常会借大盘走强的“东风”，已完成建仓的主力通常采取沿某一价位反复盘整的姿态等待拉抬股价时机。

（二）主力建仓方式

主力的建仓方式有很多，比较常见的有以下几种：

第一，打压建仓法。一只股票从主力出货以后都会有几波大的下跌，而这时就具备了主力再次建仓的条件。不论是老庄出货后的再次建仓还是新庄入场，都会打个提前量，即在见股价大底以前开始收集筹码，然后利用手中的筹码打低股价，待股价不断创出新低投资者人心涣散时，再配合以利空传闻，使得投资者纷纷被迫割肉，主力借机慢慢收集筹码。底部历时越长，主力收集到的筹码就越多，选择这种手法建仓的主力一般有较雄厚的资金，保密工作也做得好，否则打压时被别人接盘会前功尽弃，其所持股票还要有潜在的题材，择机选择大市不断下跌的调整走势或个股有重大利空消息时介入，这样更可以达到事半功倍的效果（图 9-2）。

第二，横盘震荡式建仓法。当股票从高位下降到低位时主力择机进场，然后在高点挂大卖单给股价回升带来压力，同时还会在低位挂大买单，使股票成箱体震荡的走势，这种方式主要是考验散户的耐心，利用长期的小振幅走势挤走没有耐性的散户，达到吸筹的目的。箱体震荡整理时间越长，拉升空间越大。

第三，平台式建仓。主力在离大盘底部下降一个台阶开始收集筹码，当目标股逐步脱离了大盘的下跌走势，成交量温和放大，股价来回上下震荡构筑了一个低位平台。如在大牛市中主力也有利用高位平台建仓。此类建仓方式为各主力最常用的手法，因为收集的筹码成本较低，风险相应也较小，若收集时间越长则该股成为大牛股的概率越大（图 9-2）。

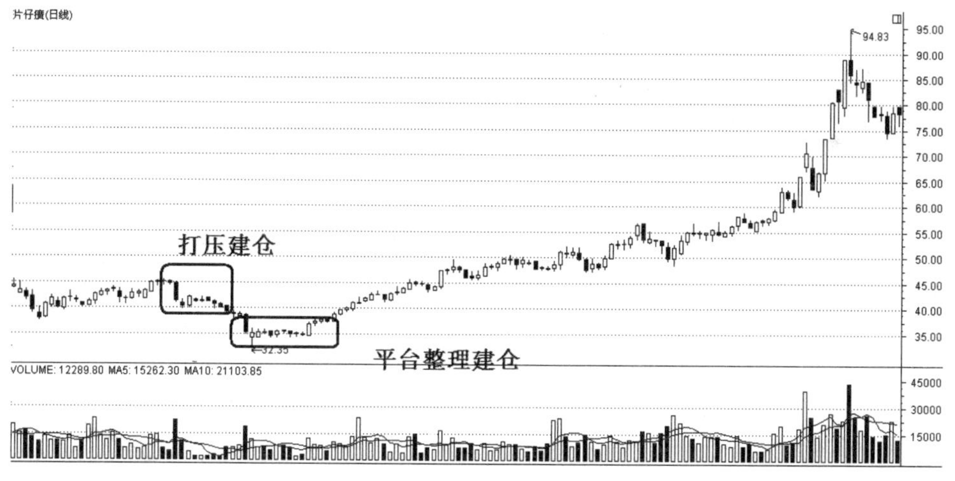

图 9-2 平台式建仓

第四，反弹式建仓。这是主力为了节省建仓时间经常采用的一种建仓手法。即利用投资者“高抛低吸”、“见反弹出货”、“见反弹减码”的心理而大口吃进筹码。当股价跌到低位后，主力虽已吃到一定的筹码，但离自己目标还差得多。为了引发投资者更多抛盘，主力每过一段时间就要制造一波反弹，然后又将股价打回原形，经过几次反复震仓以后，使散户们慢慢形成了“股价到了什么价位就可以抛掉，然后在低位又拣回”的心理定势。但待最后一次反弹时，投资者纷纷抛售股票而主力借机拉抬股价，使其直线上升，抛售股票的投资者只有后悔或者到更高位追回来。采用这种方法建仓，主力一般会在K线图上留下双重底、复合头肩底等形态，只要大家认真去分析还是比较容易发现主力动向的。

第五，拉高建仓：由于市场人士大多认为主力为了降低成本会采取打压股价进行建仓或主力建仓往往在低位的习惯性思维而采取逆反手段，把股价推升至相对高位建仓的一种方法。高位建仓方法的使用必须具备几条先决条件：股票绝对价位不高；必须确定大盘处于牛市初期或中期；公司后市有重大利好或大题材做后盾；有大比例分配方案；有足够的资金控盘；具备中长线运作思路，以上条件缺一不可。部分投资者往往把主力高位建仓误解为主力拔高，推高后的建仓行为理解为主力派发，这样主力就很容易买进大量筹码。虽然主力成本相对较高，但由于大盘处于大牛市的初、中级阶段，个股背后又有重大题材和利好消息，在高位建仓的背后，个股就会存在更大的涨幅。

第六，趁利空消息出现时建仓。股市中常会有一些利空消息的出现，其中既有管理层对市场调控作用的利空措施，也有上市公司所出现的利空消息（当然有少数上市公司的利空是故意发布的，其目的是为了配合主力实行震荡吸筹）。在重大利空消息出现时，不乏是主力对股票进行吸纳的好机会，在盘中常见一些个股下跌幅度不深而成交量却很大，这类个股很可能成为主力建仓的对象。

第七，连拉涨停法。这是主力针对冷门个股常用的方法，其不经过底部收集筹码的过程，而是通过连续几天拉高股价，不断利用涨停板的打开与关闭快速地完成建仓。长期冷门的股票使股民形成“死股”的概念，大盘涨、它不涨，大盘跌、它跟着跌。被套的人都很被动，因此，一遇该股上涨被套者便会纷纷抛售手中的股票。这样,主力就轻而易举地收集到了大量的筹码。

需要说明的是，在主力建仓的时候，如果投资者过早进场操作的话，很有可能买在股价比较高的位置。投资者在遇到打压建仓方式的个股时，不但要分析判断该股是否有主力进场建仓，还要把握好进场的时机。一般来说，当主力建仓接近尾声的时候，股价的下跌速度会明显放缓，并且K线走势图上会出现止跌信号，比如底部十字星之类的信号。有的会在股价下跌一段幅度后，在底部收出一根长长的大阳线，并且在接下来的几天里股价都处于比较强势的态势，这些都是主力建仓接近尾声的特征。散户可以在出现这些特征之后进场参与操作，但前提是必须确定有主力进场建仓。

另外，投资者必须认识到，主力建仓方式绝对不是一成不变的，如果轻易暴露建仓痕迹，势必会引来投资者跟风，也引来其他主力的绞杀，这对主力来说无疑是“自杀”，因此，主力的建仓必定是隐蔽的，手段也只会越来越狡猾。

二、试盘阶段的操作方式

（一）试盘概要

试盘就是庄家对将要进行的操盘活动进行试验，故意采取特殊的手法，造成股价比较明显的异动，以此来试探市场对该股的反应，这样可以从中获取一些有用的信息，然后据此来分析、判断，更好的调整或决定自己下一步和下一个阶段的操作策略。主力建仓、拉升，出货等各阶段前中都有试盘（图9-3）。一般情况下，试盘的K线特征如下：大阴大阳线、小阳伴大阴、小阴伴大阳、上下长影线，跳空缺口等。

概括来讲，主力试盘的目的为：测试盘内筹码锁定的好坏；测试盘内大户或其他主力动向；测试浮筹情况；测定市场追涨杀跌意愿。

从另外一个角度来讲，试盘往往是机构在吃了一定货以后试探性地上攻动作，这种上攻的特点就是因为是主力计划内的动作，即便不成功，多吃点货也问题不大，不会导致无顾忌地杀跌，因此从交易上往往呈现“涨带量、跌没量”的态势。

图 9-3 试盘

（二）试盘的方式

对于普通投资者而言，试盘可以先从以下两个方面了解：首先，试盘的时间。一般来说，主力的试盘时间比较短，来得猛、去得快。短线主力在几分钟、十几分钟内就可完成一次试盘动作；中线主力会在几天的时间完成试盘动作；长线主力的试盘则可能要几周的时间来完成。对不同的股价形态的底部，试盘动作也有所不同。其次，试盘的幅度。试盘幅度是指主力在试盘期间使股价在一定范围内波动，也称试盘空间。这个幅度必须要适当，如果过高或者过低，都会很难达到主力试盘的目的。通常情况下，长期底部横盘的个股试盘空间为正负 5% ~ 15%；一般状态的个股试盘空间为正负 15% ~ 30%。投资者在试盘阶段的操作难度非常大，一般以快进快出、速战速决的方法操作，并且目标利润不能过高。

在实战中，主力试盘的方式往往会结合大势的状况和其他一些基本面的变化情况来实行：

第一，强势中的试盘方式。此时主力基本上已经完成了建仓任务，准备开始股价的拉升行情，K 线形态上为小阴小阳线的方式缓慢上涨，成交量呈温和放大，股价有脱离底部的明显特征，主力常常会采用不参与的手法，听任股价随意波动以此来试探中小散户的抛盘和接盘情况。

第二，平衡市中的试盘方式。在股价相对较低的位置，并且行情较为平淡的交易日，主力往往会对目标股进行突然的大幅拉升或大幅打压，收出一根中、长阳线或阴线，以此来观察筹码的锁定状况和市场对该股关注和参与的热情。

第三，弱势中的试盘方式。在弱势中试盘，主力一般都喜欢借题发挥，走势上表现为中长阴线、无量下跌、短期均线呈空头排列等。

另外，主力还往往会利用消息和板块联动进行试盘等，投资者可以多多留意。

其实，试盘也不是主力的专利，散户大可拿来一试，以确定当前风向。试盘操作的具体做法：投资者在买卖之前，先以少量股票挂单进出，最好以十分钟为参照点，试验该股票是否容易买卖。如果挂单进出很快成交的话，说明股市有继续升跌的可能，该次买卖应该暂作观望，留待修正。而如果在参照时间内未能成交，则表明试盘一般正确，可以以市价进行交易。散户通过试盘不仅可以确定股票走势，还可以了解主力的动向。值得投资者注意的是，要留意大势，因为大势对一个涨停的股票影响是较大的，大势不好先卖出，待低价时再买进，这样也可以吃到一些差价。此外，还要关注在涨停时量能的变化。

三、洗盘阶段的操作方式

（一）洗盘概要

所谓洗盘，是指主力为达到炒作目的，必须让那些跟风低价买进、意志不坚定的散户抛出股票，以减轻上档压力，同时让持股者的平均价位升高，以利于施行做庄的手段。

一般而言，主力洗盘动作可以出现在任何一个区域内，基本目的无非垫高其他投资者的平均持股成本，把跟风客赶下马去，以减少进一步拉升股价的压力。同时，在实际的高抛低吸操作中，主力也可兼收一段差价，以弥补其在拉升阶段将付出的较高成本。事实上，主力洗盘其仅想甩掉不坚定的跟风盘，并不是要吓跑所有的持股者，其必须让一部分坚定者仍然看好此股，稳定持有，帮其锁定筹码。所以，在洗盘时，某些关键价位是不会跌穿的，这些价位往往是上次洗盘的起始位置，这是由于上次已洗过盘的价位不需再洗，也即不让上次被震出去的人有空头回补的机会，这就使K线形态出现十分明显的分层现象。

通常来讲，洗盘阶段K线图所显示的特征为：大幅震荡、阴线阳线夹杂排列、走势不定；成交量较无规则，但有递减趋势；常常出现带上下影线的十字星；股价一般维持在主力持股成本的区域之上。若投资者无法判断，可关注10日均线，非短线投资者则可关注30日均线或按K线组合的理论分析，洗盘过程即整理过程，所以图形上也都大体显示为三角形整理、旗形整理和矩形整理等形态。

（二）洗盘的方式

很多投资者在买进某种股票以后，对其信心不足常致杀低出售、被主力洗盘出局，而事后又懊悔不已，但其只能眼睁睁地看着股价一直涨上去。所以，投资者应该对主力的洗盘方式有所了解。在实战中比较常见的洗盘方式有以下几点：

第一，开高杀低法。此法经常发生于股价高档无量而低档接手强劲之时，投资者可以看到股价一到高档（或开盘即涨停）即有大手笔杀跌，而且几乎是快杀到跌停才住手，但股价并没有跌停或者是在跌停位不断出现大笔买盘。此时缺乏信心的投资者会低价沽出，借此主力统统吃进。所以，当投资者看到某股低位大量成交时，应勇于大量接盘。

第二，震荡洗盘。通过盘中剧烈的震荡来达到洗盘目的，虽然时间短，但效果特别好。K线图表现为长下影线，盘中震荡剧烈，尾市只要少量的筹码就可以将股价收上去。K线图多为十字星、实体大阴线或者长下影线的图形。当股价沿着上升通道前进时，突然出现一根下影线较长的K线，只要随后几天不跌破下影线底部，反转上涨的股票可以立即介入。这种方式一般在优质股票或者热门题材股中，因为主力一旦向下打压股价，很可能打压出去的筹码变成“打狗的肉包子——有去无回”，因此只好通过以时间换空间的方式洗盘。

第三，连阴线洗盘。当股价上涨一段时间后，K线图上出现连续下跌的阴线，但是股价跌幅不大。这种洗盘结束以后，一般有比较好的行情。在实际操作中应当注意平台连阴的洗盘，K线连收阴线而股价不跌，这是上涨的前兆。这种形态并不常见，如果发现该形态，应当密切关注，一旦成交量放大立即介入，回报丰厚。

第四，边拉边洗。主力如果控盘不足但实力较强，或者发动行情的时间比较紧迫的话，便有可能采取边拉边洗的方式洗盘（图9-4）。主力每天会采取盘中大幅震荡的方式，吓出胆小的跟风者，同时采取阴阳相间的K线组合形态，不断抬高底部，从而边拉边洗或增仓。其图形表现为均线系统不断多头发散，K线阴阳交错，成交量有规则缩放。

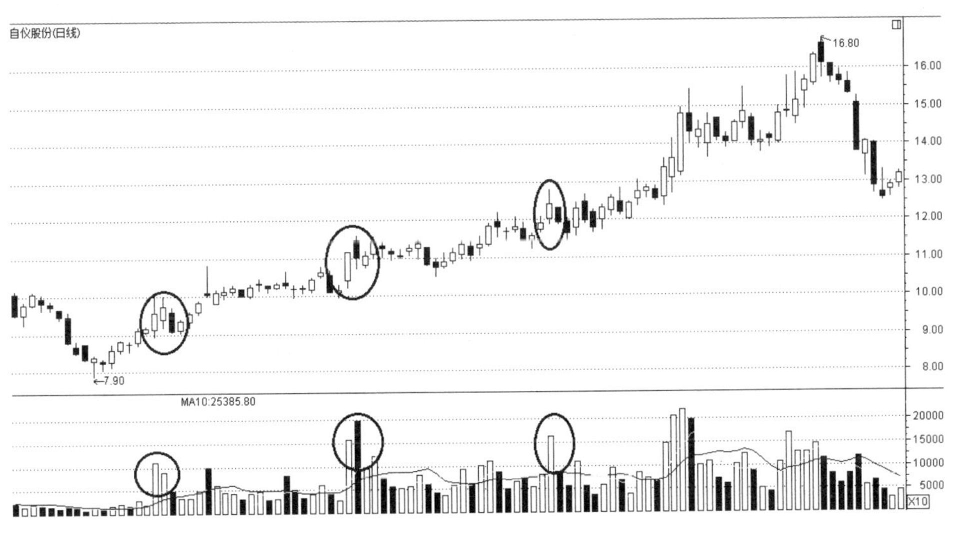

图9-4 边拉边洗

第五，固定价位区洗盘法。此种情况的特征乃是股价不动，但成交量却不断扩大。其洗盘的方式为：如某股涨停价 25 元，跌停价是 15 元，而主力会在 18 元处限价以超大量的单子挂入。这样的结果将导致一整天股价将“静止”在 18 元和 17 元之间，只要股价久盘不动，大部分投资者将不耐烦将其抛出，不管再多的量全部以 17 元价格落入主力的手中，直到主力满意为止，随后的股价涨幅就由主力决定，而散户只有追高或抢高的份了。

第六，上冲下洗法。当股价忽高忽低，而成交量又不断放大时，投资者应该设法在低位挂单。此法乃是主力利用开高走低、拉高、压低再拉高走势将筹码集中在他手上的方法，故称为“上冲下洗”。此法通常会造成巨大的成交量。

需要说明的是，大部分庄股在拉升中途均会出现洗盘震仓，一旦清洗完毕，主力往往便会展开主升行情，这时抄不到“底”的投资者亦可抄到半山腰。具体来讲，在洗盘结束点寻找买点的操作要点为：观察近期正处于拉升阶段、离底部已有一定升幅但尚未放量急拉的个股，即是已有主力介入但尚未展开主升浪的个股；关注这些个股何时出现明显的洗盘震仓动作，未出现前可静观其变；一旦洗盘结束后向上突破，投资者可在股价突破洗盘前的高点时介入。主力的洗盘手法千变万化，花样不断翻新，投资者把握了这点，就不会被浮云迷住了双眼。

对于普通投资者而言，在主力洗盘阶段还要保持一个良好的心态，尤其当股票从底部刚刚拉起，市场中常有心态还停留在空头思维之中，切不可因一些短期震荡便被洗出局，而应该以一种以不变应万变的心态坚定持股，未达目标，不轻易做空。而对于一些大幅下跌的打压洗盘手法，则可根据成交量来判断，如果没有出现太大的成交量，就不可轻易出局。

四、拉升阶段的操作方式

（一）拉升概要

任何人在股市中获利，都是建立在高抛低吸基础之上的。因此，主力的拉升就成了必不可少的因素。严格来讲，主力的拉升是含有多种性质特点的，如整理拉升、中继拉升、价差拉升、出货拉升等。

事实上，拉升这个阶段初期的特征是成交量稳步放大，股价稳步攀升，K 线均线系统呈多头排列状或即将呈现该状态，阳线多于阴线。大牛股股价的收盘价往往在 5 日均线之上，依托均线股价向上延伸。此阶段中后期的特征是伴随着一系列的洗盘之后，股价上涨幅度越来越大，上升角度越来越陡，成交量越来越大。当个股交易火爆，成交量惊人之时，大幅拉升阶段也就快结束了，此时投资者操作策略应是逢高减磅、获利出局。

一般来讲，主力拉升最根本的目的当然是为了获利，但在战术方面也是有所考虑的。其一，由于主力在建仓、整理、洗筹等环节投入了大量的资金，如果不拉升股价完成出货任务，将会大大增加成本；其二，随着主力的运作过程延长，其意图和某些商业秘密泄露的可能性也就越来越大，这样将造成许多不必要的麻烦和损失，股价的拉升可以很大程度上避免这些发生；其三，股价的拉升可以提升股票的形象和积聚市场人气，为日后出货打下较好的基础。

（二）拉升的方式

在实战中，主力拉升有几个基本原则：一是拉升速度要快，有时整个升幅只有几根大阳线就宣告完成，因为快速拉升可以产生“暴利”效应，能更好地吸引场外资金的介入，同时又使股价迅速脱离主力成本区域。二是拉升要准备好理由，因为主力拉高股价的目的是为了要让市场接受其股价的变化，最终说服散户投资者在拉高后的价位上接走主力的筹码。所以，主力通常都喜欢借助某些利好消息来拉高，甚至编造出某些消息来说服市场，从而使自己的拉升行为变得更加容易。比如，许多垃圾股主力就常常喜欢编造出一些真假难辨的重组传闻。通常情况下，主力比较常用的拉升方式有以下几种：

第一，上升波浪的拉升方式。股价在上升过程中，主力缓慢地推高股价，当股价出现一定的升幅后，主力在相对高位抛出一定数量的筹码，使股价回落，给市场投资者产生主力出逃的感觉便纷纷抛售股票，主力借机吸筹以摊低成本，然而时隔不久，股价再次缓步走高，整个走势沿着 30 日均价缓步上升，股价底部逐步抬高，量价涨跌有序，这样主力不但降低了成本，而且增加了利润。

第二，直拉式。此类主力一般实力强大，喜欢急功近利式的短线凶悍炒作。

第三，台阶式。此类主力往往不具备控盘的实力，或者由于关联单位涉及面广而无法保证绝对保密不走漏消息，故采用此手法尽量减轻上行时的压力。

第四，波段式。此类主力一般较具耐心，多为中长线做庄，故采取循序渐进、稳扎稳打的手法。

第五，逼空的拉升方式。这种拉升方式一般表现为市场中的极端势力股，主力采用连续高举高打的逼空手法快速拉高股价，以逼散户在高价买货，这既保证了主力的低成本，又使行情在疯狂拉升中派发主力的筹码。

需要说明的是，主力在拉升之前，散户可以从盘面观察到一些蛛丝马迹，并以此为根据来跟进获利。具体的征兆如下：较大的卖单被打掉；盘中经常出现一些非市场性的大单子；盘中多次出现脉冲式上升行情。脉冲式上升行情就是股价在较短的时间内突然脱离大盘走势而上冲，然后又很陡地回落到原来的位置附近，伴随着这波行情的成交量有一些放大但并没有明显的对倒痕迹；盘中走势稳定，但个股盘中出现压迫式下探走势，而尾市往往回稳。对于投资者而言，在观察到出现以上的几种情形时，不要一味地高兴，还要注意一些细节，多方确认主力将要进入拉升阶段后，再稳健入场。

五、出货阶段的操作方式

（一）出货概要

概括来讲，主力出货的目的是尽量吸引买盘，通过各种手段稳定其他持股者的信心，而自己却在尽量高的价位上派发手中持有的股票。

实际上，主力在出货前是有一些预兆的：当投资者用几种不同的方法来预测主力的出货价时，当预测的主力出货目标位接近当前股价时，就是主力可能准备出货的时候；在基本面向好形态、技术都预测要上涨的情况下不涨，这就是主力要出货的前兆；官方消息增多，就是报刊上、电视台、广播电台里的关于该股的消息多了，这时候就是主力要准备出货的时候；传言增多，这也是主力出货的前兆；放量不涨，不管在什么情况下，只要是放量不涨，就基本确认是处理出货。如果有了上述征兆，一旦出现了股价跌破关键价格的时候，不管成交量是不是放大，投资者都应该考虑出货。因为对很多主力来说，出货的早期是不需要成交量配合的。

（二）出货的方式

一般情况下，主力出货的手法大致有以下几种，当然这几种手法同一主力并不一定只使用其中一种，有时候也交替使用，具体使用哪一种要根据大盘和个股本身的情况还有主力自己的一些需要来定。

第一，快速直线出货法。其特点是主力快速持续地将大笔筹码抛出，使股价快速下跌。这一出货方式常见于前期股价已有较大升幅的股票，由于主力获利颇丰，以这种方式出货可迅速落袋为安，并减少随后可能发生的风险。缺点是由于出货手法迅速简单，出货过程中股价下跌幅度较大，主力获利程度相对减少。此手法一般运用于大盘疲软态势，市场对后市预测趋淡等情况。目前市场中，许多处于相对高位的股票主力采用此种方法出货，表明主力急于了结心态较盛。这时主力往往集中出货，有时连拉数根阴线，并对股票本身造成极恶劣的市场影响，使得人气一时难于恢复，需要一段时间的修整，因此，投资者不宜过早介入抢反弹，而应冷静观察其底部调整情况，相机而动，否则极有可能被套。

第二，高位放量滞涨。高位放量滞涨就是股价经过长期炒作后已经处于相当高的位置（或许已经翻了三倍），然后在一段较短时期内出现成交量不断放大而价格却停滞不前的情况（当然也可能创出了历史新高，但总之涨幅较小），此时主力出货概率较大，大家应当重视。这种情况较多地出现在大幅除权后，因为股价突然变得较低，许多不明真相的投资者一看如此好股才这么点钱，就忍不住想买点，这就是因为高位变得模糊不清而容易蒙蔽人的地方。在实际操作中，一旦发现股票高位出现放量滞涨，一定要先退出观望，即使个别股票存在高位换庄的可能，也应当在放量完毕后视其后续走势来定是否跟进。

第三，边拉边出货。主力如果直接出逃，散户会逃得更快，其结果必然是主力逃不掉，所以主力出货造成指数下跌后通常又会把盘子拉起来吸引散户追进再接着出货。如此反复多次，边拉边派，在拉拉派派中麻痹了散户，这样主力才能顺利出逃。用边拉边派的方法出货比用暴跌出货法更有隐蔽性和欺骗性，但用边拉边派的方法出货也有弊端，就是这样出货的杀伤力不如急跌，有时候主力会选择急跌的方式从散户那里获得利润。

第四，横盘震荡出货。主力使股价长时间在高位横盘震荡，让散户误以为股价只是在进行上涨中途的调整，在横盘震荡的过程中主力逐渐出货。横盘震荡出货的方法比较有隐蔽性，不会引起恐慌性抛盘。当股价从底部启动涨幅超过 50% 之后横盘震荡，谨防这种震荡是主力在出货时进行的掩饰。

第五，涨停板出货。如果主力操作得当可以把股价拉到涨停板附近，然后故意在涨停板上挂几十万或者上百万的买单，等待追涨的人买进，有的时候还自己吃掉一些。最后股价封住涨停板，并在涨停板上挂几百万的买盘，让追涨的投资者买进。最后主力把自己的买单逐渐撤掉，放在最下面（按照时间优先的原则，先挂上去的先成交），随后再自己卖出。所以，如果一只股票在涨停板上的成交量比较大，就是主力出货的迹象（图 9-5）。

第六，无量阴跌出货法。这种出货手法较隐蔽，不易引发跟风出货的现象，对股票后市的走势也留有余地。这种出货方式与震荡调整蓄势行情表现相似，稍有不慎就会出现失误。区分两者最关键点在于，如股票的股价前期有过较大拉抬，且下跌时无明显支撑时，一般可认定为出货；反之，则可判断为震荡。

图 9-5 涨停板出货

另外，在空头市场里有些急于“退庄”的主力往往不是温和出货，而是以“大幅跳水”的方式出货。这种方式常出现在以下五种情况之中：第一种，主力已提前得知大盘或上市公司有重大利空消息出台，提前低价卖出股票；第二，由于主力年终要现金结账，向融资单位归还资金而被迫出货；第三种，做庄已全线被套但无后继炒作资金，只好先割肉卖股以兑现资金，等到该股跌无可跌之时再低位补仓；第四种，由于股价已拉得过高，远远超过投机价值，主力获利甚丰，通过迅雷不及掩耳之势压低出货，靠跳水的方式套牢短线投资者，以求出场的机会；第五种，趁大盘涨势喜人之时，以连续跌停板的方式抢先跳水出货。

K线解析

一般来说，坐庄是必赢的，控盘成本肯定比获利少。因为坐庄控盘虽然没有超越于市场之外的手段无成本地控制局面，但股市存在一些规律可以为主力所利用，保证其控盘成本比建仓获利要低。控盘的依据是股价的运行具有非线形，快速集中大量的交易可以使股价迅速涨跌，而缓慢的交易即使量能已经很大，对股价的影响仍然很小。只要市场的这种性质继续存在下去，主力就可以利用这一点来获利。股价之所以会有这种运动规律，是因为市场上存在大量对行情缺乏分析判断能力的盲目操作的投资者，他们是主力坐庄成功的基础。随着投资者总体素质的提高，坐庄的难度会越来越大，但坐庄仍然是必赢的，原因在于坐庄者掌握主动权，广大投资者在信息上永远处于劣势。

第三节　解读主力的持仓量

一般而言，股价的涨跌在一定程度上是由该股筹码的分布状况以及介入资金量的大小决定的：动用的资金量越大、筹码越集中，走势便较为稳定，不易受大盘所左右；动用的资金量越小、筹码分散在大多数散户手中，股价走势涨难跌易，难有大的作为。事实上，计算主力的持仓量可以很好地帮助投资者判断主力目前处于何种阶段，如果是建仓阶段就应该伺机跟进，如果是出货阶段就应该赶快平仓出局，这其实也是股市制胜的一个要点。但要准确地知道主力的持仓量是一件不可能的事情，投资者只能根据不同的阶段、不同的时间采用某种方法去大致估算。

对于主力的持仓量，可通过以下几个方面来分析。

一、通过底部周期长短判断

对底部周期明显的个股，将底部周期内每天的成交量乘以底部运行时间，即可大致估算出主力的持仓量：

主力持仓量 = 底部周期 × 主动性买入量（忽略散户的买入量）

通常情况下，底部周期越长，主力持仓量越大；主动性买入量越大，主力吸货越多。因此，若投资者看到底部长期横盘整理的个股，通常正有资金默默吸纳。主力为了降低进货成本所以高抛低吸并且不断清洗短线投资者；但仍有一小部分长线资金介入。因此，这段时期主力吸到的筹码至多也只达到总成交量的 1/3 ~ 1/2 左右。所以，忽略散户买入量的主动性买入量可以结算为总成交量 ×1/3 或总成交量 ×1/2 。

二、通过筹码密集区的无量上穿来判断

主力吸筹往往会在筹码分布上留下一个低位密集区，在大多数情况下，主力完成低位吸筹之后并不急于拉抬，甚至要把股价故意打回到低位密集区的下方，因为这个区域基本上没有抛压，所有投资者均处于浅套的状态，护盘相对容易一些。一旦时机成熟，主力从低位密集区的下方首先将股价拉抬到密集区的上方，形成对筹码密集区的向上穿越，这个穿越过程的难易程度要看主力的持仓状况，如果主力巨量持仓的话，盘面上就不会出现太多的解套抛盘，即股价上穿密集区而呈现无量状况，这时投资者就可知道该股已由主力高度持仓了（图 9-6）。

图 9-6 高度持仓

事实上，在具体应用的时候，投资者一旦发现筹码密集区以低迷的成交

量向上穿越，被穿越的筹码大部分是主力持仓。这种估计主力持仓的方法尽管简单，但对于低位捉庄的参考价值却是很大的。

三、通过换手率变化判断

在许多情况下，如果股价处于低价位区域时，成交相当活跃、换手率很高、但股价的涨幅却很小，一般都是属于主力的吸筹行为。就这方面因素来说，股价在低位区域换手率越大，表明主力吸筹就越充分，这点也提醒投资者应该重点关注那些股价在低位落后于成交量变化的个股，它们将是下一阶段机会较多的一批个股。一般而言，投资者可以将换手率以 50% 为基数，每经过倍数阶段如 2、3、4 等，股价走势就进入新的阶段，也预示着主力持仓发生变化，利用换手率计算主力持仓的公式为：个股流通盘 ×（个股某段时期换手率 - 同期大盘换手率），计算结果再除以 3。此公式的实战意义是主力资金以超越大盘换手率的买入量（即平均买入量）的数额通常为先知先觉资金的介入，一般适用于长期下跌的冷门股。因此，主力一旦对冷门股持续吸纳，投资者就能相对容易地测算出主力手中的持仓量。

在股市中，通过计算总换手率可大致判断主力的建仓及锁筹程度，可使自己的利润最大化、时间最短化，这对分析那些刚上市不久的新股准确率尤其高。在平时的看盘中，投资者可跟踪分析那些在低位换手率超过 300% 的个股，然后综合其日 K 线图、成交量以及结合一些技术指标来把握介入的时机。

四、通过周 K 线特征判断

周 K 线图对于判断主力持仓参考意义很大，参看个股的周 K 线图时，周均线参数可设定为 5、10、20，当周 K 线图的均线分布呈多头排列时，就可以证明该股有主力介入。只有在主力有大量资金介入时，个股的成交量才会在低位持续放大，这是主力建仓的特征。正因为筹码的供不应求，使股价逐步上升，才使周 K 线的均线分布呈多头排列，投资者也就从中初步认定找到了主力。

兵法云：知己知彼，方能百战百胜。投资者要想在股市中赚大钱，就必须跟庄，要跟庄就必须摸清主力的底细，最重要的当然是主力的持仓量。一旦投资者摸清了主力的底牌，就可以在操作上有的放矢，不再惧怕主力操作上的软硬兼施，看清股价的涨跌不过是主力在玩儿的心理游戏。如此这般，自然会成为股市中的“常胜将军”。

第四节　识破主力的伎俩

一、利用技术分析骗人

现在的投资者越来越精明，识破主力诡计，利用技术分析居然常常到主力身上剥皮。主力也越来越精明，深知投资者懂得一些技术分析要领，常常反技术使投资者疲于奔命、高吸低抛留下买路钱。主力对普通投资者所掌握的所谓技术分析理论早就研究得比谁都精通，任何坐过庄的人都知道，技术图形是用来骗人的，越经典的图形越能骗人。

事实上，技术分析的范围相当广大，要熟悉精通绝非易事。况且当某种技术分析指标被大多数人接受时，这种技术分析就会失效，同时会被主力利用。所以当某只股票明确有主力存在时，就不能使用技术分析，而改用感觉比较合适。在实战中，技术分析适用于在平稳的大盘状态、平稳的上市公司、平稳的股价位置这些先决条件下。也就是说技术分析适用于证券市场的大多数时间和大多数上市公司，准确而熟练地运用是能够赚钱的。但是，技术分析也有局限性，对于突发性重大事件就没有反应能力，对于长期走势更没有办法预测，对于主力股票简直是相反指标。

具体而言，主力经常在以下四个阶段利用技术分析欺骗投资者：

1. 建仓。主力常制造一系列技术上的卖空信号，引诱投资者出局。

2. 突破。突破阶段主力往往会先虚张声势，制造巨量突破的图形吸引市场的注意，拉升的早期会反复震荡，不断试盘以确认市场对股票走势的附和程度，同时摆脱不坚定的跟风盘。

3. 拉升。主力常制造一系列的假象诱使普通投资者追涨。在投资者争先恐后追涨之时，主力的去意已决，一场“大屠杀”已悄然部署完毕。

4. 出货。这个阶段出现的图表形态大多都是主力设计的陷阱，美丽如花的K线图上到处都是地雷。

概括来讲，主力利用技术分析骗人的手段主要有以下几种：第一，K线。主力利用投资者所掌握的K线形态做骗线，例如“长下影线表示下方支撑比较强”，但很多时候，主力特意拉出长下影线，把散户骗进去，然后股价继续下跌。还有很多K线形态主力都可以做骗线，大家可以自己浏览个股历史走势。第二，均线。均线是由K线得来的，所以均线当然也可以做骗线。第三，形态。投资者可以根据K线组成的不同形态来判断后市涨与跌。形态主要分为三角形、旗形、矩形、菱形等。主力利用形态做骗线的手法有很多种。第四，技术指标。目前市场上的技术指标五花八门，很多投资者只是知道什么情况该买，什么情况该卖，而完全不知道这个指标的编制方法和理论，这就属于“知其然而不知其所以然”。也正是这个原因，投资者很容易就会陷入主力的骗局。

作为初入股市的投资者必须要学习技术分析，了解技术指标的来龙去脉，并且努力学会识破、规避主力的技术分析骗术。

二、制造题材骗人

在股市中，题材起着十分重要的作用。其作用在于号召市场资金投向某一热点，因而题材是造就个股行情的主要动力之一。题材股是有炒作题材的股票，这些题材可供炒作者（所谓主力）借题发挥，可以引起广大投资者跟风。但“题材”概念容易被滥用，任何一种现象都有可能被称为题材，这会使所有的股票都成题材股。其实，作为股票的题材，只是一种比较抽象、朦胧且具有经济意义和时效性的消息。正因为抽象朦胧才提供了炒作的想象空间。

市场上题材变化万千，总的来说有以下几类：经营业绩改善或有望改善，拥有庞大土地资产可以升值，国家产业政策扶持，合资合作或股权转让，增资配股或送股分红，控股或收购。所有的炒作题材大都逃不出上述几类，在主力的挖掘和夸大之下，这些题材显得具有无穷的能量，激起了人们的购买欲望。事实上，这些题材对上市公司本身有多大好处不是随便可以确定的，许多具体情况有待具体分析，绝不能一概而论。

一般而言，能引发行情、形成概念股的题材只是少数：第一，市场主力所关心的、所需要的题材。主力为了造市，常常需要在市场中制造热点，推出概念股便是其中一种基本方法。由于我国股市大机构主力大多数属国家所有制性质，他们对国家的宏观和微观经济政策、重大的经济政治动向十分敏感，偏好于在这方面发掘题材。第二，能强烈激发市场人气的题材。一旦这样的题材出现，及时跟进都会有不错的收获。然而，很多主力为了达到自己的目的，也会利用题材诱骗投资者。此时，投资者就需要极其小心谨慎。

在实战中，炒作题材纷纭复杂，投资者很容易被它们搞得眼花缭乱，似乎身边到处都是炒作题材，搞不清谁真谁假。所以，投资者第一件事就是要看传说中的题材是真是假。其实，对于大多数题材尤其是上市公司本身的题材，在上市公司的各种公告和报表中都有可能找到侧面的证据或否认。事实上，分析题材的最好方法是拿题材来与盘面情况对比，看盘面走势是否支持该题材的存在。真正的炒股高手根本不需要整天去打听什么消息，一切都在盘面上清楚地反映出来。因为这里有一个观点，即：某个题材到底能给盘面造成多大的影响，不决定于题材的情况，而决定于盘面当时的处境。盘面的反映就是供求关系的变化，因此盘面的状态就是指目前供求关系的状态。

三、利用成交量骗人

市场中流行这样一句话："股市中什么都可以骗人，唯有量是真实的"。传统的经典理论认为趋势需要成交量来确认，认为成交量的大小与股价的上升或下跌成正比关系，例如成交量增加价格才能涨、缩量跌不深、天量之后有天价值得期待，并认为成交量往往是不会骗人的，而股价则更容易受主力或大户操纵，这些观点一般情况下是正确的，但往往也有片面和错误的时候。因为股票交易过程中，买卖双方的身份带有极大的不确定性，这就给投资者分析判断多空力量的真实意图带来极大的难度。实战操作中，多数主力不但经常利用操纵股价来骗人，同时也常常利用成交量来骗人。主力利用成交量诱骗投资者的常用手法如下：

1. 久盘后突然放量突破。所谓久盘，是指股价在炒高相当大的幅度后的高位盘整，有的是炒高后再送配股票除权后的盘整，还有的是中报或年报公告前不久的盘整。一般情况下，主力在久盘以后知道强行上攻难以见效，如果长期盘整下去又找不到做多题材，甚至还有潜在的利空消息已经被主力知道，为了赶快脱身，主力在久盘后经常采取滚打自己筹码的方式，造成成交量放大的假象，引起短线投资者的关注，诱使其盲目跟进。这时，主力只是在启动时滚打了自己的股票，而在推高的过程中许多追涨的投资者接下了主力的大量卖单。而那些在追涨时没有买到股票就将买单挂在那里的投资者更加强了买盘的力量，并为主力出货提供了机会，主力就是这样利用量增价升这一普遍被投资者认可的原则制造了假象，达到出货的目的（图9-7）。

2. 无量反弹。股票指标或股价走出底部的初期，由无量反弹展开的行情屡见不鲜，这时候往往散户被跌怕了，认为无量反弹是市场人气不旺的表现，同时场外资金观望气氛浓但追涨情绪不高，成交量也难以有效放大，反弹"夭折"的可能性极大，因此，散户不敢也不愿意进场。其实，这往往也是一个陷阱，只要主力筹码锁定好，仅用少量资金将股价推高是不成问题的。等市场反应过来时，指数或股价已经相对较高，许多散户因此而踏空。

图 9-7 突破骗线

3. 逆市放量上涨。有些个股本身随大盘同步下跌或逆市抗跌，构筑平台整理，但某一天在大势放量下跌个股纷纷翻绿之时，该股却逆势飘红，放量上攻，可谓“万绿丛中一点红”很是吸引投资者眼球，此时多数投资者会认为该股敢于逆势上扬，一定是有潜在的利好或者有大量新资金入驻其中从而大胆跟进，不料该股只有一两天的短暂行情，随后反而加速下跌，致使许多在放量上攻当日跟进的投资者被套牢。

4. 缩量阴跌。许多主力会利用投资者的惯性思维采用缩量阴跌的方式缓慢出货，让高位套牢的投资者产生缩量不会深跌的麻痹思想，从而丧失警惕性，错过及时止损出局的较佳机会，一步步掉入深套的陷阱。

事实上，主力可以扮演散户，但散户绝不可能扮演主力，主力行为有时和散户行为是相似的，他更会利用成交量的情形来诱骗一般投资者。如果投资者一定要用量价关系来判断行情的话，也一定要分清行情发展的阶段特征，同样的量增价升出现在大盘的顶部和底部意义完全不一样。

主力为了达到洗盘或出货的目的，一般都会想方设法引诱中小散户跟风

追涨或杀跌。随着广大投资者对主力操盘手法的逐渐认识，主力制造陷阱的手法也越来越隐蔽和多变。投资者必须学会正确识别各种成交量骗局防范风险，具体可根据当时的大盘背景、个股盘口异常以及个股具体位置的高低综合分析，即可准确识别。

第五节　谨防主力制造的陷阱

一、多头陷阱

（一）多头陷阱概要

所谓多头陷阱是指主力利用资金优势、信息优势和技术优势，通过技术处理手段操纵股价和股价走势的技术形态，使其在盘面中显现出明显做多的势态，诱使中小投资者得出股价将继续上升的结论并蜂拥买入的市场情形。例如甲种股票以10元升到18元并在17元到18元之间反复上下波动了几个回合（17元在此就称为支撑价位），突然冲破18元而到达19元或20元。这时有些图形分析专家会得出结论认为股价开始走向新高，投资者跟风而纷纷“进货”。然而，在一个较短的时期内，股价却迅速回落并且向下跌破了17元的支撑价位，使在18元至20元之间买入的投资者因图形误导而被套牢，那么“18元至20元”就称为多头陷阱。

一般情况下，多头陷阱往往发生在行情盘整形成头部时，成交量已开始萎缩，但多数投资者对后势尚未死心不愿杀跌出场，因而其形态完成时间相对较长，多头陷阱一般具有以下特点：在多头市场形成多头陷阱往往是在个股中段整理过程中；而在空头市场则必然是出现在个股大举反弹之后的盘头阶段；主要均线的支撑有愈来愈靠近市场行情价格的趋势，原上升角度逐渐从陡峭趋于缓和，这种情形暗示只要未来有一根长阴线，则均线的支撑系统将悉数被破坏；量能的萎缩期开始形成，且中短期均线和量能有形成下降的趋势，甚至可能略微形成 M 头的态势（图 9-8）。

图 9-8　多头陷阱

（二）多头陷阱的识别

事实上，主力设置多头陷阱的先决条件就是必须有获利空间，从这个意义上说，多头陷阱的出现并不仅仅是在股价处于高位时，如果主力有获利空间，即使当股价下跌到低位，也一样会出现貌似反转、实为反弹的多头陷阱。因此，多头陷阱可以分为两类：一种是股价构筑顶部时形成的多头陷阱，另一种是股价在下跌过程中形成的中继型多头陷阱。一般来讲，对多头陷阱的识别主要是从消息面、基本面、资金面和技术面等方面进行分析研判。总之，识别多头陷阱需要有一定的市场经验，并能够将盘面的信号与基本面的分析和宏观政策的变动结合起来判断。

（三）多头陷阱的应对策略

在判断多头陷阱时，盘面表现是关键。在一些主力操作手法很隐蔽时，判断会比较困难，但有一个要点，即一定要谨慎。概括来讲，多头陷阱的应对策略如下：在盘头形态或尚未确认的中段整理时宁可保持观望的态度，待支撑确认后再行做多也不迟。否则，多头陷阱一旦确立，必须在原趋势线破位后停损杀出，因为在以后的一段可观的跌势中，做空的利润或许足以弥补做多的停损损失了。

具体来讲，投资者规避“多头陷阱”的方法有以下几种：第一，从图形上分析主力目前的持股状态；第二，留一定时间和空间研判指标的变化。主力以资金面、消息面和其他手段操纵技术指标来掩盖自己的真实目的，从根本上来讲是逆势而为，成本很高。因此，主力只能在一时做出一段多头排列的技术指标。投资者在看盘时，不仅要看 5 分钟线、15 分钟线，更要看日线，特别是周线和月线，主力常设置的“多头陷阱”一般都在日线上，但是投资者可以从周线图上发现卖出信号。此外，投资者还可以通过能量潮 OBV 线图的成交量的变化趋向来观察主力目前的意图。

二、空头陷阱

（一）空头陷阱概要

股谚云：“空头陷阱，多头馅饼”。投资者能够正确判断和识破个股拉升前的空头陷阱是股市制胜的关键技巧。

一般而言，股价在低位区域突然出现向下突破的假象，比如突破长期均线等的支撑并伴随各种利空消息的出现。由于担心市场再度大跌，许多投资者在恐慌中卖出手中股票，随后市场却不跌反涨，一波牛市行情重新开始。随着股价上涨，成交量也不断放大，股指一并突破重要的阻力线。这时，就可以将前面出现的向下突破的走势看成是引诱空头做空（诱空）的陷阱，即空头陷阱。那些在低点清仓或者不敢补仓的投资者就成了空头陷阱受骗者，从而踏空一轮行情。

（二）空头陷阱的识别

通常来讲，空头陷阱可以划分为两类：一类是建仓前期的空头陷阱，通常是以打压建仓为目的，下跌幅度大并且持续时间长；另一类是主力建仓后的属于震仓性质的空头陷阱，这类空头陷阱是为了清洗浮筹，抬高散户成本，从而使主力减轻拉抬股价的压力。由于此时主力已经大致完成建仓过程，通常不愿让其他资金有低位吸纳的机会，所以，这一时期的空头陷阱往往下跌速率快，走势形态非常不好，但持续时间却比较短。无论是哪种类型的空头陷阱，都会伴随着底部的出现，而且空头陷阱制造出来的底部最低限度也是一个阶段性底部。投资者可以从以下几个方面掌握空头陷阱的识别技巧：

1. 从技术分析上看：空头陷阱在K线组合上的特征往往是连续几根长阴线暴跌并贯穿各强支撑位，有时甚至伴随向下跳空缺口，引发市场中恐慌情绪的连锁反应；在形态上，空头陷阱常常会故意引发技术形态的破位，让投资者误以为后市下跌空间巨大而纷纷抛出手中股票，从而使主力可以在低位承接大量的廉价筹码，这时往往是投资者介入该类个股的良机（图9-9）；在技术指标方面，空头陷阱会导致技术指标出现严重的背离特征，而且不是其中一两种指标的背离现象，往往是多种指标的多重周期的同步背离。因此，投资者应首先从技术面识别空头陷阱，然后再从基本面实施选股。

图 9-9　空头陷阱

2. 从成交量与消息面来识别：空头陷阱在成交量上的特征是随着股价的持续性下跌，量能始终处于不规则萎缩中，有时盘面上甚至会出现无量空跌或无量暴跌现象，个股交投也不活跃，给投资者营造出阴跌走势及遥遥无期的氛围。恰恰在这种悲观的氛围中，主力可以轻松地逢低建仓，从而构成空头陷阱。在实际操作中，主力资金往往会利用宣传的优势来营造做空的氛围。所以当市场利空不断，股价或股指不断下跌时，投资者反而要格外小心。因为，有时主力正是利用各种利空消息影响低位建仓。

三、K 线陷阱

（一）底部现三大阳线陷阱

一般而言，个股底部三大阳线的出现往往表明一个强烈上涨趋势的展开。虽然底部现三大阳线是稳健的上涨走势形态，但也说明此股上升速度缓慢，从另一个角度说就是多头力量不够强大，行动迟疑。因此，投资者经常在高位看见底部现三大阳线一步三回头，最后终因坚持不住股价反转下跌。而不明原因的投资者看到底部现三大阳线还以为是稳健的上涨，结果掉进陷阱里。对于投资者而言，想要准确地识别底部现三大阳线是否为主力设置的陷阱，可以从以下几点进行分析：第一，关注股价的整体位置。通常在低位的底部现三大阳线是主力逐步建仓的表现，后市继续上涨的可能性大；如果是股价上升末期则意味着股价很可能马上见顶；在股价下跌途中出现底部三大阳线是个股弱势反弹的表现，投资者不要轻易追进。第二，关注量能。如果量能稳步放大，则应是主力稳健介入的表现；如果量能非常不规则，特别是第三根阳线的时候突然放量，则有可能引发回调。第三，关注底部现三大阳线是否有上下影线，光头光脚的底部三大阳线比有上下影线的三大阳线走势更为稳健。第四，关注后市的表现。

（二）顶部现三大阴线陷阱

通常来讲，顶部现三大阴线的形态，个股股价下降幅度并不是很大，然而也足以对投资者产生心理影响。因此，顶部现三大阴线也经常被主力用来制造诱空陷阱，营造惨淡的市场气氛，逼迫投资者交出廉价的筹码。对于投资者来讲，如果想要判断顶部现三大阴线是否为主力制造的陷阱，可以从以下几点入手：第一，关注股价整体位置。股价在大幅下跌之后出现的顶部三大阴线很多是诱空陷阱，待最后一跌完成后股价可能就反转；在股价大幅上涨后出现的顶部三大阴线，则很可能是股价将反转下跌，后市应该还有较大跌幅。第二，关注量能。洗盘的顶部现三大阴线通常量能明显萎缩，说明主力并未出逃；反转信号的顶部现三大阴线不一定放量，但前后应该有异常的量能放大。第三，关注后市的走势。

在实际操作中，底部现三大阳线和顶部现三大阴线是一种较强的趋势持续形态。但在实际运用中，连续 2 ~ 3 组的底部现三大阳线出现后，最后一组的底部现三大阳线形态很有可能演化为多头陷阱；在下跌中连续出现的数组顶部现三大阴线形态也一样可能成为空头陷阱；底部现三大阳线是多头趋势的延续，但出现在相对高价圈，意义就不是很大了，要提防主力利用技术形态诱多；顶部现三大阴线出现在低价圈也是一样的意义。

（三）底部低开后收大阳线陷阱

众所周知，主力在拉升股价前都要有一个洗盘动作，而底部低开后收大阳线常常被主力利用作为途中震仓洗盘的一种手段。因此，投资者只有看清主力的真正意图并仔细观察股价重心究竟是在向上还是在向下后，才能做出正确的抉择。

一般而言，如果股价连续上升至一定高位后，主力为了将获利筹码顺利派发，往往会利用投资者的追涨心理，将股价形态制造得十分完美，给市场造成股价即将突破前期高点之势，然后迅速将筹码派发给追涨的投资者；如果股价连续下跌至一定低位，主力为了回补做空后的筹码，往往利用投资者的悲观焦躁情绪，向下打压股价造成股价还会继续下跌的假象，使得意志不坚定的投资者割肉出局，随即大幅拉升股价收出一根阳线，最后小幅拉升股价继续诱骗筹码出局，以达到空头回补筹码任务。

在实际操作中，投资者判断底部低开后收大阳线这种 K 线形态是否为主力所制造的陷阱，可以重点把握以下两点：一看股价所处的位置，二看量价配合情况。

（四）异常的上下影线

一般来讲，影线可以分为上影线与下影线。上影线长，表示上方阻力大；下影线长，表示下方支撑强烈。但是，由于市场内大的资金可以调控个股价位，影线经常被主力用来进行骗线，上影线长的个股并不一定有多大抛压，而下影线长的个股也不一定有多大支撑，投资者不应死搬教条，见到个股拉出长上影线就抛股并不一定正确。

概括来讲，主力通过上下影线制造的陷阱有以下几点：第一，K线学是根据K线的形态去判断涨跌，所以主力就利用人们所掌握的形态做骗线。例如，K线学中说“长下影线表示下方支撑比较强”，但很多时候，主力特意拉出下影线，把投资者骗进去，然后股价反而继续下跌。第二，有些主力拉升股票时操作谨慎，在欲创新高或股价上涨至前期高点时均要试盘，往往会利用上影线试探上方抛压。此时，如果投资者认为长上影线有大的抛压而卖出股票时，事后会被证明这是个错误的决策。上影线长，但成交量未放大，股价始终在一个区域内收带上影线的K线是主力的试盘动作，如果在试盘后该股放量上扬，则投资者可安心持股，如果转向下跌，则证明主力试出上方确有抛压，此时可跟庄共同抛股，然后在更低位接回。需要指出的是，如果一只股票大涨之后拉出长上影线，投资者最好马上退出。

K线解析

陷阱是人们所熟知的，它甚至也曾蒙骗并猎获过有绝佳经验的股票图形分析家。因为在初期，一种股价到达一个新的高点时，看起来好像是延续该趋势的信号。在一般情况下，它是照着比较规则的形势演变的。也正如我们所强调的，一只股票股价的移动是沿一个固定的方向继续往前进行，而股价突破至新的高点以后更表现出该趋势会维持下去。然而一个突然的反转或陷阱随时可能会出现。因此，投资者随时都要准备一旦证实是错误的变动时尽快放弃原先的看法，这是成功的投资者应持的态度。

参考文献

[1] 皖城. K 线戏法——股市逃顶与抄底技巧［M］. 上海：上海财经大学出版社，2010.

[2] 宋建文. K 线其实很简单［M］. 北京：中信出版社，2011.

[3] 老牛. 从零开始学 K 线［M］. 北京：人民邮电出版社，2011.

[4] 陆春明. K 线藏天机［M］. 成都：四川人民出版社，2011.

[5] 励佰专业理财机构. 经典 K 线一周通［M］. 北京：经济管理出版社，2011.

[6] 张永彬. K 线精讲——从入门到精通［M］. 北京：中国劳动社会保障出版社，2010.

[7] 天池心海. 从零开始学 K 线：股市 K 线获利实战技法［M］. 北京：中国纺织出版社，2010.

[8] 郝鸿雁. 从零开始学 K 线［M］. 北京：中信出版社，2011.

[9] 吴行达. 短线为王之五——解读 K 线玄机［M］. 北京：经济管理出版社，2010.

[10] 刘元吉. K 线图一看就懂［M］. 北京：人民邮电出版社，2010.

[11] 徐子城. 盘口点金 在 K 线变幻中玩转黑马股［M］. 上海：上海财经大学出版社，2009.

[12] 陈容. 股市操练大全［M］. 北京：企业管理出版社，2009.

[13] 康凯彬. 新股民股市操练大全［M］. 北京：中国纺织出版社，2010.

[14] 老郭. 价量技术分析［M］. 广州：广东经济出版社，2009.

[15] 刘元吉. 移动平均线细节：破解股价运行轨迹［M］. 北京：中国纺织出版社，2011.

[16] 程鹏. 主力心里操纵术：散户与主力博弈的实战兵法［M］. 北京：新世界出版社，2011.

[17] 徐子城. 量价实战新典［M］. 北京：机械工业出版社，2009.

[18] 江河. 一眼看穿主力：最实用的跟庄策略［M］. 北京：中国经济出版社，2010.

[19] 王亚卓. 对碰主力：散户透析主力操盘的全新技术［M］. 北京：企业管理出版社，2008.

[20] 宋福胜. 我用K线盈利——股市投资16年成功操作经验［M］. 北京：中国科学技术出版社，2008.

[21] 张展. 揭穿股市图表陷阱［M］. 北京：人民出版社，2011.

[22] 范江京. K线精解：从入门到实战（第二册）［M］. 北京：机械工业出版社，2010.

[23] 弈樊，孤帆远影. 图解10大看盘操盘技术指标［M］. 北京：人民邮电出版社，2011.

[24] 李郑伟. 股市常用技术图谱大全［M］. 北京：机械工业出版社，2011.

[25] 铁手. K线操练大全2：关键K线操练［M］. 合肥：黄山书社，2009.

[26] 赵博. 股市K线战法：炒股要懂K线图［M］. 北京：企业管理出版社，2009.

[27] 鲁周伦. 股票买卖信号［M］. 北京：中国宇航出版社，2011.

[28] 尼尉圻，王国胜. 新股民入市必读［M］. 北京：中国水利水电出版社，2011.